POP 2000

50 JAHRE POPMUSIK UND JUGENDKULTUR IN DEUTSCHLAND

...natürlich vom idealverlag

idealverlag

www.idealverlag.de

ISBN 3-932912-21-7
Herausgeber: Stefan Kloos
Autor: Peter Wagner
Cover-Layout & Design: Steffan Böhle, www.kunstfrei.de
Produktion: PetervonStahl Medienservice, www.vonstahl.de
Lektorat: Karl Spurzem
Fotos: WDR
Druck & Litho: Pergamos Druck, Hamburg
Printed in Germany
Katalog Nr.: 3932912217

Vielen Dank für die Mitarbeit der Film-Autoren:
Christian Bettges, Frank Jastfelder, Tom Theunissen, Stefan Kloos

Besonderen Dank für die Realisation:
Jörg A. Hoppe, Ralf Plaschke, Simone Adelsbach, Rolf Bringmann

Die Deutsche Bibliothek – CIP-Einheitsaufnahme

Wagner, Peter:
POP 2000: 50 Jahre Popmusik und Jugendkultur in Deutschland; das Begleitbuch zur 12-teiloigen Sendereihe des WDR in Co-Produktion mit den Dritten Programmen der ARD / [Autor: Peter Wagner. Hrsg.: Stefan Kloos]. – Hamburg : Ideal-Verl.,1999
ISBN 3-932912-21-7

WDR FERNSEHEN
POP 2000 ist eine Produktion von: MME und musik komm.

IN CO-PRODUKTION MIT DEN 3. PROGRAMMEN DER ARD - MIT FREUNDLICHER UNTERSTÜTZUNG VON
Filmstiftung Nordrhein-Westfalen · EMI ELECTROLA · DER SPIEGEL SPIEGEL-Leser wissen mehr. · 1LIVE Radio Eins Live · VIVA · DEUTSCHE PHONO AKADEMIE

POP 2000

50 JAHRE POPMUSIK UND JUGENDKULTUR IN DEUTSCHLAND

...natürlich vom idealverlag

INHALT

<0> Vorwort

Am Anfang stand die Idee, erstmals die Geschichte der populären Musik in Deutschland zu erzählen. Die Idee, Musik einer Nation als Teil ihrer Identität zu begreifen. Die Idee, Musik als Spiegel gesellschaftlicher und kulturgeschichtlicher Phänomene zu sehen, Musik als Soundtrack zum jeweiligen Zeitgeist und Zeitgeschehen zu verstehen. Aus dieser Idee heraus ist POP 2000 entstanden: eine zwölfteilige Fernsehdokumentation über 50 Jahre Popmusik und Jugendkultur in Deutschland. Dieses Buch erweitert das Spektrum.

Die Autoren der zwölf Filme führten über 100 Interviews mit Stars und Zeitzeugen aus fünf Jahrzehnten. Wir wühlten in den Archiven der Rundfunkanstalten, fahndeten nach verschollenen Zeitdokumenten und bettelten um Fundstücke aus Privatarchiven. Alles, um 50 Jahre Popmusik und Jugendkultur in Deutschland erlebbar zu machen. Einer Kultur, die immer hin-und hergerissen war zwischen angloamerikanischem Import und eigenständigen Ideen. Einer Kultur, die ihren notorischen Minderwertigkeitskomplex zum Ende dieses Jahrtausends endlich abgelegt zu haben scheint.

Mit der Landung des Rock 'n' Roll in Deutschland beginnt die Zeit der Popkultur. Der Teenager ist ein neues Wesen, das sich mit unbändigem Selbstbewusstsein in die heile Welt des Wirtschaftswunder-Deutschland stellt und die etablierten bürgerlichen Strukturen seiner Eltern in den Grundfesten erschüttert. Aus heutiger Sicht freilich ist mancher Generationskonflikt kaum mehr nachvollziehbar. So brav, so harmlos muten die Jugendrevolten der 50er Jahre an.

Jugendkultur lebt von der Abgrenzung, dem Wunsch anders zu sein, unverwechselbar - und doch aufgehoben in seiner Gruppe. Bis in die siebziger Jahre hinein ist das eine lineare Entwicklung: Der Rock 'n' Roll entsteht als Protestkultur, die nach Abgrenzung sucht – bis die Marketingexperten die Zielgruppe, und die breite Masse die Mode für sich entdeckt. Von da an ist es nur eine Frage der Zeit, bis Eltern die Musik ihrer Kinder in, freilich abgeschwächter, Form vereinnahmen. Zeit für neue Schock-Kuren: Der Beat wartet schon, und mit ihm lange Haare, Bands, E-Gitarren. Aber auch Joints, freie Liebe, Demos, usw. verlieren irgendwann ihren Schockeffekt – und deuten schon an, was in den 90er Jahren schließlich zum bestimmenden Zeichen werden soll.

Das Dickicht der Popkultur bröselt immer weiter auf, diversifiziert sich immer mehr, bis wir inmitten einer undurchdringlichen Vielzahl von Szene und "Tribes" leben, die allesamt ihren eigenen Gesetzen gehorchen. Jugend hat die Macht an sich gerissen: Die undankbaren Bälger, die gammeln, feiern, herumtrampeln auf den mühsamen Errungenschaften ihrer Eltern, wissen längst, dass sie Moden, Medien und Märkte beherrschen. Mit Protest muss man sich nun nicht mehr aufhalten. Ein anderer Reiz ist da: Jugendkultur ist Massenkultur – und lebt gerade deshalb in ihren Nischen weiter.

Wir entschieden uns, die Geschichte von 50 Jahren Popmusik und Jugendkultur in Deutschland im Kern chronologisch zu erzählen – nur so konnten wir Entwicklungsschritte deutlich machen, und dennoch den Geist einer jeweiligen Zeit, eines Rahmens, der uns als Gliederungsabschnitt sinnvoll erschien, als eigenständigen Film erzählen. Gleichzeitig war es unsere Absicht, diesseits und jenseits der innerdeutschen Grenze zu forschen, wie sich Jugendkultur entwickelt, auf welchen gesamtgesellschaftlichen Boden sie fällt, was daraus erwächst. Eine solche Behandlung der deutschen Geschichte in Ost und West war, so fanden wir, lange überfällig.

Das Buch folgt den TV-Filmen in ihrer Struktur, ihren Themen, ihren zentralen Protagonisten. Und es vertieft, wie es nur ein Buch leisten kann. Es bietet die Chance zum Nachlesen und Nacherleben, wenn sie die Fernsehreihe gesehen haben. Und es wird Sie als eigenständiges Kompendium begleiten und unterhalten, wenn Sie einfach nur lesen wollen, wie sich 50 Jahre Popmusik und Jugendkultur in Deutschland darstellen.

Stefan Kloos
Filmautor und Projektleiter POP 2000

<1> Halbstark

ca. 1949 bis 1963

BOHNENKAFFEE, DIE GUTE BUTTER, PERSIL und Overstolz - Deutschland in den fünfziger Jahren freut sich über Handfestes. Am 1. Mai 1950 erklären die Siegermächte in den West-Zonen die Lebensmittelmarken für ungültig. Übergewicht und Fettsucht sind Fremdwörter, doch es gibt genug Speck für alle. Die Deutschen spucken in die Hände und machen sich an die Arbeit, aus dem bereits halbwegs wieder aufgebauten Staat ein kleines, sauberes Wirtschaftswunderland zu machen. Adenauer, Kanzler über drei Legislaturperioden, hetzt über den zweiten deutschen Staat im Osten ("Das Regime in Pankow") und wird von den Westmächten mit der eingeschränkten Souveränität für seine Bundesrepublik belohnt. In Pankow kontert die SED angesichts der militärischen Einmischung der USA in Korea mit "Kolonie der US-Imperialisten", muss dann aber doch Sowjet-Panzer rufen, um seine eigenen rebellierenden Arbeiter im Juni 1953 mundtot zu machen. Deutschland West freut sich am 4. Juli 1954, den Sieg der Nationalmannschaft bei der Fußball-WM im Ersten Deutschen Fernsehen bejubeln zu können. Nicht mal zehn Jahre nach Kriegsende schon WELTMEISTER - kein Zweifel, wir sind wieder wer.

WELTMEISTER wurde das Team von Bundestrainer Sepp Herberger durch ein knappes 3:2 über Ungarn im Finale.

Dass nur einen Tag später ein gewisser Elvis Aaron Presley in den Sun Studios in Memphis seine erste kommerzielle Schallplatte ("That's Alright") aufnimmt, ist den Deutschen egal. Sie träumen mit den Caprisonne-beschienenen Schnulzen von Peter Alexander, Vico Torriani, Freddy Quinn und dem "lachenden Vagabunden" Fred Bertelsmann in ihren Schlager-Scheinwelten von Sittsamkeit, Anstand und dem neuen Nierentisch aus dem Möbelfachgeschäft. Pop-Stars gibt es noch lange nicht, höchstens ein paar Idole. Der Ton in der Politik ist eher leise und bescheiden: Politiker versprühen angesichts der schlechten Erfahrungen mit lärmenden Ideologen der Nazi-Zeit nicht mehr rhetorischen Elan als ein aus Basalt gehauener Sargdeckel.

Nach dem jähen Ende der Swing-Ära hält sich wildere Musik allenfalls in ein paar düsteren Jazzkellern, wo kettenrauchende Rollkragenträger mit den Fingerspitzen auf ihren Sartre-Büchern den Takt mitklopfen. Die einzige Avantgarde des Landes fummelt unter Anleitung von Karl Heinz Stockhausen in dessen neu gegründetem "Studio für elektronische Musik" in Köln an selbst gelöteten Sinusgeneratoren herum und treibt damit höchstens einer Hand voll sortenreinen Feuilletonredakteuren die Zornesröte ins Gesicht. Keine besonders spannende Lebensplattform für junge Menschen, die zwischen Arbeitsalltag und Familiensinn, zwischen Wiederaufbau West und sozialistischem Aufbau Ost, zwischen Heimatfilm und Faltenrock immer stärker spüren, dass es auch eine Existenz jenseits dieses volkskünstlichen Sittengemäldes geben muss. Schließlich sind es seit Menschengedenken dieselben Hormonschübe, die Jugendliche in pubertäre Turbulenzen stürzen, dieselben Erwachstumsschmerzen, die sie gegen die vermeintlich verkrustete Welt ihrer Eltern rebellieren lassen, derselbe juvenile Überdruck, der sich ein passendes Ventil suchen muss. Kein Wunder, dass eben dieses Ventil angesichts der Kaugummi- und Nylonstrumpfkultur, die die mächtigste aller Siegermächte dem Verlierer im Westen mit prophetischem Eifer einpflanzt, einen englischen Namen trägt: Rock 'n' Roll.

Demokratie, Fleiß, kapitalistisches Wirtschaften und ein für alle auch im eigenen Geldbeutel spür-

Foto: WDR

Traumpaar der fünfziger Jahre: Cornelia „Conny“ Froboess und Peter Kraus

bares Wachstum sind das Saatgut, das bei den Erwachsenen im Westen Deutschlands auf fruchtbaren Boden fällt. Auf der Krume der Jugend sprießt dagegen ein härteres Pflänzchen - selbst wenn es auf den ersten Blick ganz und gar Schwiegermutter-kompatibel wirkt: Bill Haley, ein auch für damalige Verhältnisse eher unscheinbar wirkender Country-Sänger, nimmt in den USA mit seiner Begleitband The Comets 1955 den Song "Rock Around The Clock" auf. Die Single floppt gnadenlos. Erst als der Song ein Jahr später in dem Film "Saat der Gewalt" (Original: "Blackboard Jungle") zum Soundtrack der jungen Lederjackenträger wird, schafft es die rockende Schmalzlocke auch in die Charts - weltweit gehen über 15 Millionen Singles über den Tisch. Der Rock 'n' Roll ist geboren. Als Begriff schon ein paar Jahre im Umlauf, melden trotzdem nachträglich Dutzende die Vaterschaft an. Doch wie die Musik selbst hat auch die Bezeichnung "Rock 'n' Roll" ihre Wurzeln natürlich bei den Schwarzen: Schon die Sklavenarbeiter in den Südstaaten nannten rhythmische Bewegungen zwischen Mann und Frau schlicht und sehr anschaulich "Rock 'n' Roll". Doch wieder soll es ein Weißer sein, der - wie ELVIS den Sound - das Schlagwort "Rock 'n' Roll" popularisiert: der New Yorker Radio-DJ Alan Freed.

ELVIS Aaron Presley, geboren am 8. Januar 1935, machte den ehemals tiefschwarzen Rock 'n 'Roll auch bei den Weißen Musikfreunden gesellschaftsfähig. Für viele ist er bis heute der größte Star der Pop-Musik.

Als der Film (und später Haley selbst) nach Deutschland kommt, ist plötzlich nichts mehr, wie es war. Ted Herold, einer der ersten, der diese neue Musik in deutscher Sprache singt, erinnert sich später: "Das war der Durchbruch für den Rock 'n' Roll. Der Film hatte ja was Aufmüpfiges. Bill Haley singt 'Rock Around The Clock' - und schon war er Nummer eins in den Charts."

Für den älteren Teil der deutschen Bevölkerung - noch tief geprägt von den Vorstellungen, wie ein arischer Mensch auszusehen habe - sollte der

Rock 'n' Roll Jahrzehnte lang eben dies bleiben: Negermusik. Doch die Elterngeneration ahnt nicht, dass es noch viel schlimmer kommen wird. Bill Haleys Honigkuchengesicht mag vielleicht noch durchgehen - aber Elvis Presley, das ist der wahre Verderber. Gemeinsam mit ihm entdecken Millionen von Jugendlichen in der ganzen Welt den Unterkörper des Rock 'n' Roll. Erst Elvis macht den Rock 'n' Roll sexy und degradiert Softies wie Bill Haley zu langweiligen Tanzmusikern.

Bis dahin wurde die Jugend von den Erwachsenen nicht sonderlich ernst genommen. Sie mussten das konsumieren, was die Alten ihnen vorschrieben - die Musik, die Mode, die Filme, die Weltanschauung. Rock 'n' Roll ist das erste Lebensmodell nach dem Zweiten Weltkrieg, das die Älteren richtig ärgert. Genau das wollen die jungen Leute. Peter Kraus, neben Herold der zweite große Rock-Star im Deutschland der fünfziger Jahre, fühlt sich in diesem neuen Paradigma sofort pudelwohl: "Zum ersten Mal wurde Musik von Jugendlichen für Jugendliche gemacht. Das war das Interessante. In meiner Kindheit habe ich an internationaler Musik nur Fred Astaire oder Frank Sinatra gekannt, und als der Rock 'n' Roll aus den USA zu uns kam, dachte ich mir: Wow, da macht jemand eine ganz einfache Musik, die aus dem Bauch heraus kommt - und der ist in unserem Alter! Das war das Entscheidende: nicht dass die Musik anders war, sondern dieses Gefühl, dass sie von Gleichaltrigen für uns gemacht wird."

Was Kraus dabei nicht erwähnt: Ohne die hormonelle Kraft, die diese voll und ganz körperbetonte Musik sowohl in sich trägt als auch bei den Fans freisetzt, könnte der Rock 'n' Roll nie zum alles beherrschenden Sound der fünfziger Jahre werden. Und der Körper will zweierlei: Tanz - und

Berührung mit dem anderen Geschlecht. "Wir sind tanzen gegangen, damit man sich mal anfasst, den anderen mal spüren darf", meint Cornelia Froboess, die im Anschluss an eine große Karriere als Kinderstar nun an der Seite von Peter Kraus mit zwei Filmen ("Wenn die Conny mit dem Peter" und "Conny und Peter machen Musik") und etlichen Single-Hits Ende des Jahrzehnts zum Jugendidol aufsteigt. "Die Musik war das beste Mittel, einander näher zu kommen." Näher, als es mit Peter-Alexander-Schnulzen jemals möglich wäre. Schlager ist zwar noch lange nicht tot, er riecht nur für den jüngeren Teil der Bevölkerung etwas abgestanden. Ted Herold, selbst zu dieser Gruppe gehörig: "In dem Moment, als der Rock 'n' Roll kam, war für mich und die meisten in meinem Alter die normale deutsche Schlager-Welt völlig weg vom Fenster."

Jüngere Zeitgenossen wie Udo Lindenberg können sofort einsteigen in den neuen, wilden Strudel. Zappeln statt stillsitzen: "Wir mussten nun nicht mehr die Eltern mit ihrem ganzen Langweilerkram nachmachen. Von wegen 'Mach deine Schnauze nicht so weit auf' oder 'Mach uns keine Schande' - jetzt gab es Randale. Das fanden wir interessant und wichtig. Das war mehr als nur Musik, das war ein anderes Lebensgefühl."

Ein Lebensgefühl, das nicht nur gefühlt, sondern tatsächlich gelebt werden will. Landauf, landab besorgen sich die jungen Wilden Gitarren und lernen die wenigen wichtigen Griffe. Locker und unbefangen stolpert auch Frank Farian, besser bekannt als späterer Disco-Hitproduzent (Boney M.), in die Musik: "Für mich war klar, dass ich auf die Bühne muss. Ich habe 1961 eine Band gegründet. Wir spielten Songs von Gene Vincent und Buddy Holly. 1962 hatte ich meinen ersten Auftritt in einer ganz großen Halle in

Saarbrücken - vor 3000 Menschen. Es war unglaublich, was allein ein völlig unbekannter Rock-'n'-Roll-Sänger wie ich bewirken konnte: am Nachmittag um 17 Uhr so viele Menschen zusammenzubringen."

Was es dagegen bewirken kann, wenn 3000 Menschen zusammenkommen, um einen der ersten Rock-'n'-Roll-Gigs in Deutschland sehen zu können, ist seit dem spektakulären Konzert von Bill Haley im Berliner Sportpalast 1958 Wasser auf die Mühlen derer, die in den Rock 'n' Rollern die Inkarnation des Antichristen sehen, der die Jugend der Welt in seinen verderblichen Bann ziehen will. Haleys Comets haben vorsichtshalber die GITARREN-Koffer in Griffweite, als sie unter ohrenbetäubenden Anfeuerungspfiffen die Bühne betreten. Bei Haley-Konzerten - das wissen sie aus langer Tourerfahrung in den USA - fliegen wie im Sperrfeuer diverse Gegenstände in Richtung Bühne. Der deutsche Veranstalter dagegen lässt die Band unvorsichtigerweise ohne ein vor die Bühne gespanntes Netz spielen - und zahlt dafür einen verdammt hohen Preis: Die Band flüchtet samt Instrumenten nach wenigen Songs in die Garderobe, die entfesselten Fans zerlegen in Windeseile das komplette Mobiliar. In der Halle sitzt auch ein schwer verstörter Peter Kraus, der das skandalöse Konzert so erlebt: "Das war für mich eigentlich eine sehr enttäuschende Angelegenheit. Bill Haley spielte am Ende seines Konzerts 15 Minuten lang nur ein Riff, und das brachte das Publikum zum Kochen. Dann ist die ganze Band einfach gegangen und kam nicht mehr raus. Das ist natürlich die reine Provokation. Und dann kam auch noch ein Feuerwehrmann und hat von der Bühne aus die Leute nass gespritzt. Mein Herz hing an der Musik, aber wenn da alles klein geschlagen wird - was hat das noch mit Musik zu tun?"

DIE GITARRE konnte sich aus drei Gründen zum beherrschenden Instrument der Pop- und Rock-Musik entwickeln: Sie war leicht zu erlernen, lieferte durch Verstärker die nötige Lautstärke und sah auf der Bühne erotischer aus als ein Konzertflügel.

Sehr viel, wie sich mit den Jahren herausstellen wird. Rock 'n' Roll ist vor allem deshalb so erfolgreich, weil er als willkommener Katalysator taugt, um all die aufgestaute Wut gegen den Spitzendeckchenmief des Elternhauses auf einen Schlag herauslassen zu können. Das Establishment ist übermächtig, doch die Kids stark genug, sich aufzulehnen. Zumindest halbstark.

Der Schauspieler Rolf Zacher (Jahrgang 1941) muss die Zeit als jugendlicher "Halbstarker" erleben, denn genau mit diesem Etikett werden alle Jugendlichen von den älteren Generationen belegt, die auf der Straße eine Lederjacke tragen und sich darin üben, wie ihr Vorbild James Dean die Overstolz lässig im Mundwinkel verglühen zu lassen - ohne ständig den beißenden Rauch in die Augen zu bekommen. Als ob dies nicht schon schwierig genug sei, müssen die jungen Männer auch stets haarscharf differenzieren, ob sie sich nun als Halbstarker sehen oder als Rock 'n' Roller. Zacher: "Ich war natürlich ein Halbstarker. In dem Sinne, dass die Leute gesagt haben: 'Du gehst hier mit 'nem Mädchen lang, das gehört sich nicht.' Halbstarker zu sein hieß doch, sich zu wehren gegen die eingefräste Norm. In Wahrheit war ich eher ein Rocker als ein Halbstarker - Halbstarke wollten sich nur prügeln. Man hat natürlich auch den Lässigen gemacht, aber James Dean war ja auch kein Halbstarker. Die Leute, die Bürger, haben ihn dazu gemacht." Die "Leute" reagieren mit Hass und Abscheu auf diesen Teil ihrer jungen Generation: "Ein Halbstarker", bekommt Ted Herold oft genug zu hören, "muss erst mal erwachsen werden, seine Lederjacke ausziehen und die Haare ein bisschen auf deutsch schneiden - dann ist er wieder ein normaler Mensch."

BAP-Sänger Wolfgang Niedecken erinnert sich

mit gemischten Gefühlen an seine ersten Begegnungen mit den sogenannten HALBSTARKEN - als Typen in Ordnung, in der Gruppe eher gefährlich. "Ich bin in einem Mehrfamilienhaus aufgewachsen. Dort gab es einen Typ, der hörte die Elvis-Platten, und der lief auch so rum. Den fand ich super. Der hörte Zeug, das kein Mensch verstand und bei dem die Erwachsenen 'igitt' sagten - das war wichtig, dass die das schlecht fanden. Ich weiß aber noch, wie diese Typen auf der Kirmes mit ihren Lederjacken immer beim Autoscooter rumstanden. Das waren ziemliche Asis. Da hatte man Angst. Das war Furcht erregend, nichts zum Identifizieren. Faszinosum, aber: Abstand!"

HALBSTARKE waren Jugendliche, die glaubten, schon richtig stark zu sein, gleichzeitig aber unter dem Wissen litten, im Grunde noch wie kleine Hosenscheißer zu wirken.

Größeren Abstand wahrt auch Peter Kraus zu diesem Teil seines Publikums. "Das war doch eine Minderheit. Aber in einer Halle mit 2000 Leuten hat es genügt, wenn zehn bis 15 Mann hinten Rabatz gemacht haben und angefangen haben, Stühle zu zerschlagen." Dahinter steckt oft mehr als nur die bloße Lust an der Randale - viele Fans der ersten Stunde nehmen es Kraus übel, im Laufe der Zeit weniger Rock 'n' Roll und mehr Balladen veröffentlicht zu haben. Kraus mutiert zum ersten "Verräter" des deutschen Rock 'n' Roll. Ein Strickmuster, das sich durch sämtliche Musikjahrzehnte wie ein roter Faden spinnt: Kaum ist ein Star richtig erfolgreich und konzentriert sich auf das, womit er erfolgreich wurde - zumeist massenkompatible, unanstößige Sounds -, ist er für die Fans der ersten Stunde nur noch der Teufel, der die gute Seele an den schnöden Mammon verkauft hat. Kraus hat längst den Abstand gewonnen, um diese Entwicklung gelassen zu kommentieren. "Wir fingen mit den Rock-'n'-Roll-Sachen an, haben aber schnell mitbekommen, dass die Mädchen die B-Seiten lieber mögen. 'Susi Baby' zum Beispiel kam auf 130 000 Platten, 'Wenn Teenager träumen' dagegen sofort auf 600 000. Also haben wir umgestellt, und das haben die Halbstarken nicht gut gefunden. Die wollten Rock hören, aber das war eine ganz kleine Randgruppe. Irgendwann musst du dich auch als rebellischer Musiker einer Plattenfirma unterordnen, die dein Material verkauft. Da gab 's dann schon mal ein weinendes Auge, weil ich auch gerne die fetzigen Sachen gemacht hätte. Aber man musste sich damals den Gesetzen unterordnen. Rock 'n' Roll hin oder her: Die weiche Welle für die Mädels zu spielen, das war auch sehr schön."

Der größte Teil der Plattenkäufer freut sich natürlich über die weiche Welle bei Peter Kraus, Elvis feiert während seines Militärdienstes in Deutschland die größten Hits mit Schnulzen, und auch Ted Herold landet mit einer sanften Ballade ("Moonlight") seinen ersten Nummer-eins-Hit. Die überwältigende Mehrheit der Deutschen denkt ohnehin wie Adenauer: "Keine Experimente" schreibt der Alte auf seine Wahlplakate - und wird im September 1957 prompt für eine dritte Legislaturperiode Bundeskanzler. Im Osten nichts Neues: Die Volkskammer der DDR bestätigt den Staatsratsvorsitzenden Wilhelm Pieck im Amt. Das breite Volk ergötzt sich an der Traumhochzeit des Jahrzehnts und gibt sein Herz dem Klatschgazettenpaar Fürst Rainier und der zu Gracia Patricia geadelten Grace Kelly. Die Auseinandersetzung mit dem in Volkes Seele noch immer schwelenden Hakenkreuz wird überdeckt von dem Sputnik-Schock: Einen Tag nachdem Herbert Karl Frahm (alias Willy Brandt) es zum Regierenden Bürgermeister West-Berlins brachte, kreiste der erste von Menschenhand gebaute Satellit im All. Hochgeschossen haben ihn die Russen - eine tiefe Schande für die USA, zumal die von Senator McCarthy angeheizte Kommunistenhatz nicht nur immer groteskere Züge angenommen hatte, sondern sogar die ersten Rock-'n'-Roll-Künstler in ihrer Arbeit behinderte.

Dennoch war es ausgerechnet die Armee der Vereinigten Staaten, die in Deutschland die einzige, alle hier ansässigen Jungbürger verbindende Medienplattform schuf, auf der zu dieser "Negermusik" so richtig abgehottet werden konnte. American Forces Network - damals wie heute als AFN bekannt - schickte den neuen, rebellischen Sound in den Äther. Während die deutschen Radiostationen von den Rock-Platten - wenn überhaupt - die zumeist soften B-Seiten spielten, knarzten via AFN aus den Kristall-Radios Elvis und Haley, und wer in mühevoller Feinjustage die Ami-Station endlich drin hatte, rührte den Sendersuchknopf so schnell nicht mehr an. Einer, der sich nächtelang heiße Ohren holte, war Drafi Deutscher. "Ich bin ja in Berlin groß geworden, im sogenannten amerikanischen SEKTOR. Da gab es einen Sender - AFN -, den wir rund um die Uhr hörten. Deutsche Sender wurden überhaupt nicht eingeschaltet. Ansonsten hörten wir Presley, Chuck Berry, Jerry Lee Lewis, Fats Domino und Little Richard - das war unsere Musik. Und das habe ich nachgesungen. Zunächst mit einer einfachen, simplen Gitarrenbegleitung. Zwei Akkorde - die meisten Lieder hatten höchstens drei. Den dritten konnte ich noch nicht zu der Zeit. Wir haben uns da irgendwie durchgeschummelt. So habe ich mich dann eines Tages einer Band angeschlossen und im Jugendfreizeitheim Musik gemacht. Bei einer solchen Gelegenheit wurde ich dann entdeckt, wie es so schön heißt."

SEKTOREN waren die Bereiche der ehemaligen Reichshauptstadt Berlin, die von den jeweiligen Siegermächte (USA, England, Frankreich und Russland)nach Kriegsende kontrolliert wurden

Als Teil der Volkserziehungskampagne fährt die US-Armee auch mit Lautsprecherwagen durch die Lande, aus denen AFN dröhnte - damit auch Deutsche ohne Radiogerät die wichtigsten Messages vernehmen können: Seid friedlich und demokratisch, liebt eure Befreier und trinkt Coca

Cola! Nicht nur Zeitgenossen, die auf Zigaretten und Jim-Beam-Gallons scharf sind, suchen die persönliche Freundschaft mit den GIs - auch die Jugend bekommt von der Army den Stoff, aus dem ihre Träume war: blau, aus fester Baumwolle, mit einem Levi's-Logo hinten drauf. "Ich hatte Freunde beim AFN", erinnert sich Peter Kraus. Da bekam man die echten Jeans her und auch die ersten Tonbänder. Sogar AFN hat Rock 'n' Roll nur nachts gesendet. Und dadurch, dass ich die Bänder hatte, konnte ich das schon spielen, als es langsam bei uns rauskam." Auch für Peters Partnerin Cornelia Froboess waren die Amerikaner weit mehr als nur Besatzungsmacht: "Uns kam es so vor, als seien das nicht nur unsere Befreier, sondern auch die Befreier des Herzens, der Seele. Man darf nicht vergessen, dass hier vor kurzem noch ein Nazi-Deutschland war. Die Amerikaner haben Utopien in uns aufgebaut. Wir dachten, was ganz Tolles machen zu können, ohne zu wissen, mit welchem Ziel."

Das zumindest ist für die Altersgenossen in den östlichen Landesteilen klar definiert. Wie auch immer sie in ihren Herzen dazu stehen - das Ziel ist der Aufbau der sozialistischen Deutschen Demokratischen Republik. Eine Republik, die zum damaligen Zeitpunkt noch an die Kraft ihrer Selbstdefinition glaubt - ganz im Gegensatz zu Millionen ihrer Bürger, die sich über die durchlässigen Grenzen in den Westen aufmachen, um dort ihr Glück zu suchen. Nur wenige - vor allem in Berlin - haben die Möglichkeit zum direkten Systemvergleich. Mit Ost-Geld in der einen und West-Geld in der anderen Hosentasche können sie halbwegs ungehindert die Sektoren wechseln und das Beste auf beiden Seiten genießen. Der Rest - ausgenommen des Sendelochs im "Tal der Ahnungslosen" rings um Dresden - ist mit Hilfe der West-Medien zumindest informiert. Für den

Ost-Berliner Musikwissenschaftler Peter Wicke verläuft deshalb die Entwicklung der Jugend in Ost und West zumindest am Anfang parallel. "Jugendliche erhielten Kenntnis über die Entwicklung durch Medien und hatten ähnliche Generationskonflikte. Sie griffen nach ähnlichen kulturellen Ausdrucksmitteln wie im Westen. Der Osten war von der allgemeinen europäischen Entwicklung nicht abgekoppelt."

Natürlich fühlen sich die etablierten staatlichen Institutionen von jeglichen Anzeichen der Unruhe zunächst bedroht. Während im Westen die Angst vor den "Affen mit ihrer Negermusik" wächst, fürchten die SED-Kader die Amerikanisierung ihrer Jugend. Das Ergebnis bleibt in Ost wie West das gleiche: Ablehnung der neuen Jugendkultur. 1958 zum Beispiel säuselt eine nette, bürgerliche "Schallplattenverkäuferin" in der DDR-Sendung "Gut aufgelegt": "Rock 'n' Roll und solche Geräuschplatten werden bei uns nicht geführt. Ich bin sowieso der Meinung, Mädchen von heute sollten noch andere Dinge im Kopf haben als nur Tanzen". Staatlich geförderter Schlager soll die Jugend im Lande im Zaum halten, doch "die hat sich immer für die Sender aus dem Westen interessiert, sich die Musik vom Westen geholt" (Peter Meyer von den Puhdys). Dieter "Maschine" Birr, ebenfalls ein altgedienter Puhdy, war sofort Feuer und Flamme für den neuen Sound. "Ich kannte diese Musik vorher nicht. Als ich sie dann zum ersten Mal hörte, stand für mich fest: Det isset. Man hat AFN gehört, dann kamen die Beatles, die Stones. Es ging los mit den langen Haaren - und all das war für mich der Grund, eine Band zu gründen." Auch Fritz Puppel von City hörte nächtelang AFN. "Das war angesagt. Ich habe irgendwann meine Wandergitarre genommen, mich vor den Spiegel gestellt und gesagt: Ich will Elvis sein. AFN war schon deshalb toll, weil die

Erwachsenen es total bescheuert fanden."

Die SED und ihre bereits 1946 gegründete Jugendorganisation FDJ spürt, dass sie die das ganze Land überspülende Rock-Welle nicht mehr aufhalten kann und erteilt - wenngleich auch unter strikten Auflagen - Spielgenehmigungen für junge Bands. Auch Puppel bekam den Stempel: "Wir mussten zur Einstufungskommission. Das war aber nicht so dramatisch, wie es meist geschildert wird. Natürlich mussten wir auch DDR-Sachen spielen, wie Schlager oder Lipsi. Das war der totale Gräuel." "Lipsi" ist die real existierende Antwort auf den Rock 'n' Roll und als gezähmter Tanzschritt in etwa so aufregend wie die staatstragenden Schnulzen von Schlagersängern wie Bärbel Wachholz, Fred Frohberg, Helga Brauer oder Werner Hass (der immerhin seine "See You Later, Alligator"-Coverversion "Mister Patton aus Manhattan" beim volkseigenen Amiga-Label veröffentlichen kann). Das Problem der DDR-Musiker, die ein paar Gänge härter spielen wollen, ist weniger die gestrenge staatliche Zensur als vielmehr die Willkür. "Verwestlichung", erklärt der Musikwissenschaftler Peter Wicke, "war das, was Funktionären im Weg war. Alles konnte Verwestlichung sein, je nach Auslegung, es gab keine Logik. Begriffe wie DDR-Rock-Musik oder Jugendtanzmusik wurden nie konkretisiert." Die Darstellung des Westens als Hochburg der Dekadenz ist auch eine Abwehrschlacht gegen neue Verlockungen. Dennoch läuft der DDR das Volk in Scharen weg. Denn während der Osten noch unter den Reparationszahlungen an die russischen Besatzer leidet, ist in der BRD das Wirtschaftswunder 1958 auf seinem Höhepunkt angelangt.

FDJ, die Freie Deutsche Jugend, wurde von der Sozialistischen Deutschen Einheitspartei (SED) gegründet, um frühzeitig den sozialistischen Nachwuchs kontrollieren zu können.

Ein Wirtschaftswunder, das natürlich auch seinen Preis hat: Je besser es den Bürgern der BRD geht, um so weniger interessieren sie sich für ihre politische Lebensumgebung. Statt dessen suchen sie Entspannung im Silberwald: "Förster-Christl und Schützen-Lisel", graust es Ted Herold noch heute vor der damaligen Flut der Heimatfilme in den Kinos. "Mit Heimat konnte man in Deutschland immer viel Geld verdienen. Das merkt man heute an der volkstümlichen Musik, damals war das genauso. Die Egerländer waren neben Max Greger das bedeutendste Orchester damals - die haben abgeräumt. Volksmusik war ein Riesengeschäft. Damit hat sich das deutsche Volk immer gerne identifiziert - und Papa zu Hause war glücklich, wenn er morgens die Egerländer im Radio hören konnte. Das ist etwas, was ich nie begreifen werde: Das deutsche Publikum kann einfach nicht klatschen; die können einfach nicht auf die '2' im Takt klatschen, die klatschen immer auf die '1'. Die Amerikaner können das, aber die Deutschen schaffen das nicht. Die sind mit dem Marsch aufgewachsen und werden das nie können!" Kein Wunder also, dass auch Herolds Tourneen von den bürgerlichen Medien in der BRD entweder totgeschwiegen werden oder aber die Kritiker jegliche Beißhemmung verlieren - viele sahen in Herolds Show den Untergang des Abendlandes.

Erst recht geht für viele deutsche Michel das Abendland unter, als sie in dem gerade neu gegründeten Zentralorgan Babylons, der "Bravo", lesen, dass diese Rock-'n'-Roll-Unholde nun nicht nur auch ihren Töchtern an die Wäsche wollen. Nein - die Töchter selbst sind es, die sich im Angesicht ihrer Idole selbst das Mieder vom Leib reißen. Zwei neue Idealtypen der Jugendbewegung sind geboren: Die Jugendlichen heißen nicht mehr wie früher "Buben und Mädchen", sondern "Teenager". Und die weiblichen unter ihnen, die es an den sittenstrengen Hotelportiers vorbei bis in das Zimmer ihrer Idole schaffen, bekommen endlich auch einen Namen: Groupies. Bis zum heutigen Tag sind sie die letzte weibliche Bastion gegen Emanzipation und Selbstbestimmung der Frau. Als Ikone des Rock 'n' Roll sogar im seriösen "Webster's New Encyclopedic Dictionary" nachzuschlagen: "Weiblicher Fan einer Rock-Gruppe, der üblicherweise auf der Tournee von Konzert zu Konzert mitfährt". "Webster's" verschweigt dabei zweierlei: Erstens gibt es nach wie vor junge Damen, die den Wirkungskreis ihres Groupie-Daseins auf den heimischen Landkreis beschränken. Und zweitens geht es nicht nur darum, Fan zu sein, sondern dem jeweils angehimmelten Star wichtige, körperliche und seelische Dienstleistungen kostenlos zu offerieren, die er normalerweise auf Tour nur unter erheblichem zeitlichem wie finanziellem Aufwand bekommen kann.

So etwas ist natürlich der Skandal schlechthin zu Zeiten von Ted Herolds Tourneen - auch wenn es nicht immer so wild zuging: "Natürlich gab es auch Hotels, bei denen es niemand geschafft hätte, Mädchen mit aufs Zimmer zu nehmen. Vor allem in streng katholischen Gegenden wie Speyer, Worms oder Köln. Es gab Hotels, in denen man dem Portier den Ausweis zeigen musste, wenn man aufs Zimmer ging. Damit auf keinen Fall Männlein und Weiblein ein Zimmer benutzen."

Auf keinen Fall jedoch benutzen - ganz im Gegensatz zu späteren Unisex-Phasen der Pop-Kultur - Männlein und Weiblein dieselben Klamotten. Weibliche Teenager entdecken die Segnungen der Drogerieartikelforschung, um sich im Petticoat noch ein wenig fescher aufzuporschen als die Nachbarstochter, wohingegen die Jungs sich mehr an James Dean oder den Rock-Idolen orientieren. Auch für den Schauspieler Rolf Zacher, damals ein völlig typischer Jugendlicher, waren Klamotten ganz wichtig. "Ich hab mich im Keller immer umgezogen: rote Jacke und Jeans."

Foto: WDR

Der erste einheimische Rock 'n' Roll-Held Deutschlands: Ted Herold

Für Drafi Deutscher war der neue Look "in erster Linie auch Protest gegen die Alten. Wir jungen Leute haben unsere eigene Musik, wir haben unseren eigenen Stil. Wir tragen unsere eigene Haartracht. Zu der Zeit war es Wella-Form. Wenn man damals beim Friseur erschienen ist, hat der gefragt, ob man einen Schnitt will oder 'nen Ölwechsel. Ich gehörte zu den Jugendlichen, die nicht die Kohle hatten, Brisk oder Wella-Form zu kaufen. Wir haben es dann mit Margarine gemacht. Das ging genauso gut, es stank nur ganz furchtbar. Irgendwann nach sechs, sieben Stunden fing das furchtbar an zu muffeln."

Doch das ist nur ein vergleichsweise laues Muffeln angesichts des gesellschaftlichen Miefs, gegen den die Teenager anzukämpfen versuchen. James Dean ist längst in den Trümmern seines Porsches gestorben, als Ende des Jahrzehntes immerhin die ersten Intellektuellen beginnen, öffentlich die längst überfällige Auseinandersetzung des deutschen Volks mit seiner schwarz-braunen Vergangenheit einzufordern. Während im Westen Schriftsteller wie Günter Grass ("Die Blechtrommel") beginnen, die Persönlichkeitsschichten des autoritätshörigen alltäglichen Faschismus abzuschälen, und Filme wie Wickis "Die Brücke" wenigstens den Irrsinn des Kriegs thematisieren, nimmt im Osten allenfalls die Berliner Bevölkerung an der erwachenden Konsumwelt teil. Der Teenager wird als kaufkräftige Zielgruppe erkannt, Jugendliche geben 1960 mehr als 200 Mio. Mark für Schallplatten aus, kaufen die HULA-HOOP-REIFEN-Stände leer, und Cornelia Froboess wirbt in "Bravo"-Anzeigen für Mopeds der Marke Milano. Eine Warenwelt, die immer mehr Menschen aus dem Osten magnetisch anzieht. Zu viele, meinen die Kader. Bald erklingt im Osten Deutschlands ein neues Schlagerliedchen: "Was willst du denn in Rio? / Man sitzt doch gern beim Vino / in Dresden und Berlino / mit einer zuckersüßen Maus". In München und Hamburgo sitzen sie die nächsten 30 Jahre nicht mehr: Am 13. August 1961 regelt die Volksarmee den Ostsektor Berlins ab, zwei Tage später rücken die Arbeiterkolonnen an und ziehen die Mauer hoch.

HOOLA-HOOP war die erste Trendsportart der Jugendkultur: Ein knatschbunter, dünner Plastikreifen kreiste um die Hüften – nur durch heftige Beckenbewegungen am Herunterfallen gehindert

O-Ton Ted Herold

Herold, am 9. September 1942 in Berlin als Harald Schubring geboren, landete mit "Hula Rock" im Februar 1959 seinen ersten Charthit. Obwohl er sich bereits gegen Ende der sechziger

Jahre aus dem Showgeschäft zurückzog, gilt er bis heute als der Mann, der den Rock 'n' Roll für die deutsche Sprache erschloss.

Hat Bill Haley den Rock 'n' Roll erfunden?

Die Anfänge des Rock 'n' Roll liegen viel früher. Die Schwarzen haben eigentlich schon Jahre zuvor Rock 'n' Roll gemacht - zumindest Rhythm and Blues -, aber sie kamen nie durch, weil sie eben schwarz waren. Mit dem Rock 'n' Roll hatten die ersten Schwarzen Erfolg - Little Richard und Fats Domino. Aber es gab in den Staaten noch viele Orte, wo sie nicht auftreten durften.

Was hat Sie an Elvis Presley fasziniert?

Elvis stand alleine auf der Bühne und bewegte das Becken. Er schmiss seine Glieder durch die Gegend - und das war der Kick schlechthin. Erst jetzt war der Rock 'n' Roll völlig da, weil sich die Jugend vorher zwar mit der Musik von Bill Haley identifizierte, aber nicht mit Bill Haley selbst. Als Elvis kam, wollten alle so aussehen wie er.

Wann wurden Sie von dem Rock 'n' Roll-Virus infiziert?

Es passierte bei einem Elvis-Film. Da gab es eine Szene, bei der er mit einer Gitarre auf die Bühne springt und "Poor Boy" singt. Sofort wollte auch ich eine Gitarre haben. Es war Weihnachten '56, als ich meine erste Gitarre bekam, eine ganz kleine, für 45 Mark. Am gleichen Abend habe ich mir das Rhythmusspielen beigebracht. Dann hab ich mir ein Heft gekauft, in dem die Griffe gezeigt werden. Nach ein paar Wochen konnte ich schon die ersten Lieder begleiten. Irgendwann habe ich dann mal ein paar Klassenkameraden eingeladen, und die fanden das ganz toll. Sie haben mich überredet, meine Gitarre mit ins Schwimmbad zu nehmen. Ich hab in Badehose für die anderen Badehosen im Schwimmbad geklimpert. Es flogen die ersten Pfennige, keiner ging mehr ins Wasser.

Was war das revolutionäre am Rock 'n' Roll?

Mit dem Rock 'n' Roll hatte die Jugend zum ersten Mal ihre eigene Musik und konnte selbst bestimmen, was sie hören wollte. Und wenn sie abends dann die Stereoanlage von Daddy benutzten, haben sie seine Zarah-Leander-Platte runtergenommen, Bill Haley aufgelegt - und der Alte ist durch die Decke gegangen. Das war auch eine Art Ventil. Die haben in Kauf genommen, dass sie dafür irgendwelche Strafarbeiten oder Hausarrest bekommen.

Sie selbst standen anfangs ja auch im Kreuzfeuer der Kritik?

Wenn ich mir die Kritiken, die ich damals bekommen habe, zu Herzen genommen hätte, dann wäre ich wahrscheinlich nach einem halben Jahr abgetreten und hätte mich erschossen. Viele Leute haben die Welt nicht mehr verstanden, als ich mit Max Greger auf der Bühne stand: Wie kann sich ein renommiertes Orchester wie Max Greger mit so einem dahergelaufenen Rock'-n'-Roll-Barden schmücken, der auf der Bühne steht, wild mit seiner Gitarre in der Gegend fuchtelt und von sich behauptet: "Ich bin ein Mann". Das ist doch der Untergang des Abendlandes!

<2> Beat! Beat! Beat!

ca. 1962 bis 1965

SELTEN BEGINNT EINE MUSIKDEKADE kalendarisch so exakt wie die Beat-Bewegung in Deutschland. Am 16. August 1960 kommt eine britische Band in Hamburg an, die 1957 als The Quarry Men gegründet wurde, inzwischen in England aber längst unter ihrem endgültigen Namen spielte - The Beatles. Zu dieser Zeit noch bestehend aus John Lennon, Paul McCartney, George Harrison, Pete Best und Stuart Sutcliffe, stoßen die Beatles auf den Promoter Bruno Koschmider. Der sucht für den "Indra Club" auf der Großen Freiheit 34 dringend eine neue Hausband. Die Beatles sind jung und spielhungrig - also lassen sie sich auch nicht von den heute unvorstellbar schlechten Konditionen abschrecken: Das Engagement sieht vor, dass die Band vier SETS pro Nacht spielen soll, und das sieben Tage die Woche. Jeden Donnerstag kommt Koschmider mit der Gage in bar vorbei: 30 Mark für die gesamte Band pro Woche (bei einem Eintrittspreis von allerdings auch nur zwei Mark pro Abend).

SETS sind die verschiedenen Blöcke eines Konzertes, jeweils durch kurze Pausen unterbrochen. Die Liedreihenfolge heißt in der Musikersprache „Setlist“.

Für die Beatles sind die ersten Monate in der knallharten Kiezumgebung die beste Lehrzeit, die man sich als Band vorstellen kann: Sie lernen, auch vor sechs zahlenden Gästen noch mit dem vollen Einsatz zu spielen. Als am 21. November George Harrison von der Polizei des Landes verwiesen wird (er ist noch nicht volljährig) und die Band kurz darauf erst mal wieder zurück nach England geht, spricht schon halb Hamburg von den Beatles. Ein Ruf, den sie bei dem zweiten Gastspielaufenthalt in der Hansestadt vom 27. März bis 2. Juli 1961 vor allem mit dem inzwischen auf stattliche Größe angewachsenen

Repertoire an eigenen Songs festigen können. Für manche Zeitgenossen ist es aber weniger die Musik, mit der sich die Beatles von anderen Bands, die in Hamburg gastieren, unterscheiden. Der heutige BDI-Chef (Bundesverband der Deutschen Industrie) Hans-Olaf Henkel zum Beispiel, der in Hamburg damals mit Stu Sutcliffe und der Fotografin Astrid Kirchherr abhing, erinnert sich in einem Interview mit dem "SZ-Magazin": "Ich bin überzeugt, dass es Astrid Kirchherr und dem Haarschnitt, den sie von ihr hatten, zu verdanken ist, dass die Beatles in diesem riesigen Wettbewerb mit den anderen Bands aus Liverpool einen solchen Vorsprung hatten."

Eine Einschätzung, in der sicher ein Körnchen Wahrheit steckt: Die Pilzfrisuren der Beatles üben einen nachhaltigen Eindruck auch auf die deutsche männliche Jugend aus. 1964 ist das Jahr der weltweiten Beatlemania. John, Paul, George und der inzwischen hinzugekommene Drummer Ringo Starr (Stu Sutcliffe stirbt 1962) brechen weltweit sämtliche Verkaufsrekorde. In den US-Charts schaffen sie das Kunststück und belegen die ersten fünf Plätze gleichzeitig. Bis zu ihrer Trennung 1970 werden sie weit über eine Milliarde Tonträger verkaufen. Und sie werden den Haarschnitt einer ganzen Generation bestimmen. Während etliche deutsche Männerfriseure anfangs bei dem Kundenwunsch nach einer "Beatles-Frisur" noch passen müssen und die Teens an den Langhaarkundigen Damenfriseur eine Straße weiter verweisen, kommt mit der Zeit eine wahre Beat-Artikel-Industrie ins Brummen. Es gibt Beat-Jacken, Beat-Hosen, Beat-Schuhe. Jugendprodukte ziehen die Taschengelder der Nation an wie Magneten. Das läßt auch die Modeverkäufer jubeln: "Der Teenager von heute ist nicht mehr die Erscheinung in zu engen Hosen und hüftlangen Pullovern. Der Teenager von heute ist schließlich und endlich ein angenehmer Kunde in unseren Modehäusern."

In Deutschland interessiert sich nur eine Minderheit der Jugendlichen für Gesellschaft, Psychologie und politische Skandale wie die "Spiegel"-Affäre, die den Verteidigungsminister Franz Josef Strauß zu Fall bringt. Trotzdem bringt John F. Kennedys legendärer Satz "Ich bin ein Berliner" (23. 6. 1963) die Jugend auf den Straßen ebenso in Wallung wie die Todesschüsse auf den US-Präsidenten - in den Augen der jungen Deutschen fast ein Gleichaltriger - im November des gleichen Jahres. Persönlich stärker betroffen sind die Beat-Fans jedoch von WIEDERBEWAFFNUNG und Wehrpflicht in Deutschland. 1958 wird von der erzkonservativen CDU-Regierung die Wehrpflicht auch deshalb wieder eingeführt, weil man sich erhofft, der verlotterten Jugend damit wieder Zucht und Ordnung beibringen zu können. Als 1966 der Frontmann der deutschen Band The Rattles - Achim Reichel - zum Bund muss, ist seine Karriere auf einen Schlag zu Ende. Die Band selbst spielt zwar weiter, kann aber an die früheren Erfolge nicht mehr anknüpfen.

WIEDERBEWAFFNUNG meint die Erlaubnis der Siegermächte für die erstmalige Einrichtung einer eigenen Deutschen Armee nach dem Kriegsende - die Bundeswehr.

Der Beat von Bands wie The Animals, Gerry And The Pacemakers, Dave Clark Five oder den Kinks - das ist vor allem die körperliche und seelische Befreiung, die Leinwand, auf die sich alle unterdrückten pubertären Sorgen und Hoffnungen projizieren lassen. Auch das spätere Fräuleinwunder und Babe der Nation Uschi Obermeier erlebt bei dem neuen Sound ihr Coming-out: "Musik war der große Eingang für mich, speziell als die Beatles und Stones aufgetaucht sind. Das war die Welt - und ich konnte nicht in Worten fassen, was die mit ihrer Musik ausgedrückt haben." Beat zielt direkt auf den Unterleib, womit auch der spätere BAP-Sänger Wolfgang Niedecken seine liebe Not hatte: "Die Beatles haben uns auch sexuell angemacht. Ich war 14 oder 15, und dann liefen da auf einmal diese androgynen Wesen rum. Wenn Paul und George in ein Mikro sangen, das waren ja süße Jungs, und unsere Sexualität war ja noch relativ offen, wir wussten ja noch gar nicht, wo das hingehen soll. Und dann gab es ja noch die Mädchen, die mit den Beatles zusammen waren - diese blonden Engel. Es ging also stark in die Sexualität - und die Songs waren rüder als alles, was wir bis dahin kannten. Erst hatte ich ja zu Hause den Winnetou-Starschnitt aus der 'Bravo' an der Wand. Aber als die Beatles kamen, hab ich den weggerissen." Auch andere spätere deutsche Pop-Stars sind völlig weggerissen von den Beatles, da macht der Osten keine Ausnahme. "Ich hörte bei meiner großen Schwester eine Bob-Dylan-Platte", erinnert sich City-Sänger Toni Krahl, "aber so richtig gepackt hat es mich bei einem Freund, als ich das erste Mal eine Single von den Beatles hörte - 'Roll Over Beethoven'. Seitdem wusste ich, was meine Musik ist."

Die etablierten Alt-Rock-'n'-Roller Deutschlands, die zum Teil längst in das Schnulzen-Fach gewechselt waren, haben dagegen größere Probleme mit der blitzschnell aufkochenden Beatlemania. Peter Kraus zum Beispiel bekennt heute: "Als die Beatles kamen, habe ich die so empfunden, wie mich meinerseits damals Leute wie Max Greger empfunden haben mussten. Ich dachte mir: Also, was soll denn das? Das ist doch wirklich das Blödeste. Mit so einer Frisur aufzutreten, mit diesen Anzügen - das ist doch nur ein Gag, das ist bald wieder vorbei. Ich habe sie überhaupt nicht ernst genommen. Heute empfinde ich sie als die genialsten Typen, die es jemals gab. Aber die Anfangszeit, dieses 'Yeah, Yeah, Yeah' - das war nichts Weltbewegendes. Also habe ich den Fehler gemacht, den die ältere Generation oft macht. Dieser Fehler scheint sich immer

Foto: WDR

Deutschlans Antwort auf die Beatles: The Lords

zu wiederholen." Für viele Fans, die mit den deutschen Rock 'n' Rollern nichts anzufangen wussten, sind die Beatles natürlich eine echte Offenbarung. Uschi Obermeier: "Ted Herold und Peter Kraus haben versucht, Rock 'n' Roll auf deutsche Art zu machen, aber das war schrecklich für mich. Ich war dagegen wie vom Blitz getroffen, als ich zum ersten Mal 'Love Me Do' gehört habe. Wir waren auf einer Party und haben den ganzen Abend lang nur diese Platte gespielt. Das war, als ob einer in dein Innerstes blickt und genau das ausdrückt, was du gefühlt hast. Aber als dann die Stones aufgetaucht sind, war das noch mehr mein Fall - die waren wild und frech und sexy."

Wild und frech und sexy sind die Beatles auch für viele Beat-Fans, doch offenbar ist es ein Naturgesetz der Pop-Musik, dass es zu jedem

Entwurf immer einen konträren Gegenentwurf geben muss. So wie der spätere, der schnulzige Elvis wilde, ungezügelte Rock 'n' Roller von Chuck Berry bis Little Richard an seiner Seite in den Charts aushalten muss, kommt es in den sechziger Jahren zu einer Spaltung der Jugend in Beatles- und Stones-Fans. Aus der zeitlichen Entfernung betrachtet, scheint es zwar eher drollig, wie tief die Gräben zwischen den Lagern waren, andererseits zieht sich eben dieser Doppelentwurf bis heute als verbindendes Element durch alle Jahrzehnte der Jugendkultur - wer Ende der Neunziger als HipHop-Fan auf Moses P. steht, darf trotz des ähnlichen Namens sich bei seinen Freunden nicht mit einer Oli.-P-Platte erwischen lassen.

Der Graben ist tief, aber es gibt heimliche Methoden, den Zwiespalt zu überbrücken: "Als Jugendlicher musst du dich eben irgendwann mal entscheiden", erinnert sich Wolfgang Niedecken. "Das musste ich auch. Ich musste mich entscheiden zwischen Stones und Beatles. Eigentlich fand ich beide klasse, bin jedoch als bekennender Stones-Fan durch die Gegend gerannt - und hab heimlich zu Hause Beatles gehört. Später stand ich dann nur noch auf die Stones, weil unsere Eltern die Beatles toll fanden - was der größte Fehler aller Zeiten war, weil wir ja was für uns haben wollten. Später gab es jene Eltern, die den Fehler machten, die Stones auch gut zu finden. Wir mussten dann auf Pretty Things wechseln, denn die fanden keine Eltern mehr gut." Doch es gibt auch einige junge Musikinteressierte, denen der Beatles-Stones-Konflikt völlig Wurst ist. Frank Farian zum Beispiel hörte schon damals am liebsten Soul-Platten von Atlantic und Motown: "Ich habe mir nie eine Beatles-Platte gekauft. Damit will ich jetzt nicht sagen, dass ich die Beatles nicht toll finde. Ganz im Gegenteil - das war eine sehr musikalische Truppe. Ich habe meine musikalische Heimat halt mehr in der SOUL-Musik gesehen. Die hat mich in den 60er Jahren total fasziniert - Songs von Otis Redding, Sam Cooke, The Drifters."

SOUL die beherrschende schwarze Musik in den USA der sechziger Jahre, war in Deutschland damals allenfalls ein Randthema. Die Platten erschienen – wenn überhaupt – als Importe.

Doch dass Beat zu einer derartigen Massenbewegung wird, hat auch viele andere Gründe. Zum Beispiel steigen die Medien bereitwilliger auf das Thema ein, man muss für die meisten Songs nur drei Akkorde auf der Gitarre können - und auch die technische Entwicklung bei E-Gitarren und Verstärkern ist so weit fortgeschritten, dass Amateurbands die Songs nicht nur nachspielen, sondern in einem einigermaßen akzeptablen Sound reproduzieren können. Für den Historiker Wolfgang Kraushaar ist vor allem diese Möglichkeit, selbst in einer Band spielen zu können, einer der wichtigsten Faktoren: "Die Beatmusik hatte Multiplikatoren dadurch, dass Jugendliche begannen, selber Musik zu machen und Beat-Bands gründeten. Es gab Mitte der sechziger Jahre viele Beat-Wettbewerbe. Das hat stark dazu beigetragen, dass sich Beat-Musik über Schulen und die örtlichen Bühnen wie ein großer Teppich ausbreiten konnte. Und damit hat der Beat auch die Jugendsphäre so durchdrungen, wie es der Rock 'n' Roll in den fünfziger Jahren nie vermocht hatte." Ähnliches schreibt auch die Zeitschrift "Musikexpress/Sounds" in ihrem Sixties-Rückblick: "Zahllose Jugendliche auf der ganzen Welt träumten von einem Leben fern von elterlichen Zwängen und gesellschaftlichen Normen. Was noch nichts Besonderes wäre - aufbegehrende junge Menschen gab es zu allen Zeiten. Doch die in der Miefigkeit (und auch der Geborgenheit) des Nachkriegswohlstands aufwachsende Generation erlebt erstmals ein gemeinsames Lebensgefühl. Die Kids hören die gleichen Radioprogramme, sehen die gleichen Filme, lieben die gleichen Platten - und es sind viele, Rebellen mit oder ohne Grund, nicht mehr länger auf sich allein gestellt. Es gibt sie in jeder Straße, jedem Viertel, jeder Stadt, überall."

Bandwettbewerbe laufen zum Beispiel 1964 im Hamburger "Star-Club" unter dem Motto "Wer spielt so wie die Beatles?". Mit dabei: The Rivers aus Hamburg, The Crowds aus Frankfurt, The Tornados aus Blankenese, The Germans aus Bremen - Bands, von denen man später nicht mehr viel hören wird, die sich aber zumindest in Sachen Spieltechnik (das Repertoire bestand nur aus nachgespielten Songs der britischen Vorbilder) nicht vor den großen englischen Beat-Gruppen verstecken müssen. In dieser Zeit fängt auch für den späteren Tangerine-Dream-Musiker Edgar Froese das Leben erst so richtig an: "Die ganze Welle, die von England rüberkam, war auch deshalb so faszinierend, weil mit der Musik etwas transportiert wurde: Traut euch einfach, wartet nicht darauf, dass euch jemand sagt, ihr dürft jetzt, sondern nehmt euch die Freiheit und tut es einfach. Man konnte Dinge verwirklichen, von denen man früher immer dachte: Das trau ich mich nicht, das kann ich nicht."

Viele spätere Pop-Stars erleben in der Beat-Zeit ihre ersten Bühnenerfahrungen. John Weinzierl (Amon Düül II): "Ich bin eigentlich ein Beatles-Kind, also aufgewachsen in der Beatles-Ära. Ich war damals im Internat. Man durfte nicht raus aus dem Internat, nicht mal mit dem Fahrrad. Da blieb nur Sport und Musik. Ich weiß noch, als die Beatles anfingen, da war ich in der ersten Klasse. Wir haben auch gleich eine Band aufgemacht und zehn Pfennig Eintritt verlangt. Es konnte zwar keiner spielen, aber wir haben es trotzdem gemacht. Meine erste Band hieß The Mersey Gents - immer schwarze Hosen, rote Hemden, schwarze Krawatten. So konnten wir wenigstens aus dem Internat raus, wenn wir Konzerte gespielt haben." Klaus Meine, der mit seinen Scorpions später einmal eine der größten Rock-Bands der Welt anführen sollte, wurde ebenfalls von den Beatles dazu inspiriert, Dinge zu tun, die die Eltern nicht so sehr schätzen: Haare wachsen lassen, mit Kumpels im PROBERAUM rumhängen, ins Mikro brüllen. "Ich weiß noch ganz genau, als ich das erste Mal 'Twist And Shout' von den Beatles gehört habe - es hat mich total weggeblasen. Das war ja nicht nur die Musik. Es ging um die Haare und um das Outfit, Rebellion - generell anders zu sein als die Eltern. Ich hatte immer das Gefühl, dass ich Sänger werden wollte, nur die Richtung war mir überhaupt noch nicht klar. Aber mit dem Auftauchen der Beatles, da war das für mich gar keine Frage mehr. Die einen haben sich ein Motorrad gekauft, und ich habe mir halt ein Mikrofon gekauft, damit ich mit meinen Kumpels Musik machen kann. Und aus dem Übungsraum ging's dann schnell in die ersten Clubs. Von Shadows bis Beatles - wir haben all die Titel nachgespielt. Es gab natürlich mehrere Bands, die das gemacht haben - meine Band hieß zu der Zeit Mushrooms."

PROBERÄUME zu finden, in denen man brüllend laut aufspielen kann, ist schon immer eines der größten Probleme der Bands in Deutschland gewesen. Am härtesten jedoch traf es die Ost-Rocker: In der DDR war Wohnraum staatlich verwaltet, Proberäume gab es meistens nur in Verbindung mit einer offiziellen Spielerlaubnis.

Die ambitionierten deutschen Newcomer-Musiker singen auf Englisch, das ist eisernes Gesetz. Von den wenigen, die in ihrer Muttersprache singen wollen, ohne immer nur "Schmerz" auf "Herz" reimen zu müssen, ist es Drafi Deutscher, der den größten Erfolg hat: "Ich war im Studio, und es hieß, das Stück sollte in Deutsch sein. Da bin ich fast zusammengebrochen und habe gesagt: 'Deutsch kommt für mich überhaupt nicht in Frage!' Es war die Zeit, in der man seine eigene Muttersprache nicht mochte. Es war nicht 'in'." Dass Deutscher mit Songs wie "Marmor, Stein und Eisen bricht" nicht nur zum

Superstar wird, sondern von weiten Teilen der Beat-Generation geliebt wird, liegt seiner Meinung nach daran, dass "ich unbedarfter gesungen habe als die anderen vorher. Die waren ja fast schon studierte Sänger. Die wussten genau, was man darf und was man nicht darf. Ich hab mich einen Scheiß darum gekümmert, ich hab direkt aus dem Bauch gesungen, mit all der Wut und mit all der Freude, die ich hatte. Und das hat es höchstwahrscheinlich ausgemacht."

Im anderen Teil Deutschlands herrscht Anfang der sechziger Jahre dagegen eher Wut als Freude. Die Mauer in Berlin ist gebaut, die Grenze im flachen Land ist durch den "Antikapitalistischen Schutzwall" immer undurchlässiger, das Regime greift immer tiefer in die private Lebensgestaltung der Bürger ein. Die SED kann zwar den Import der West-Platten weitgehend stilllegen, die westlichen Radio- und Fernsehwellen dringen dennoch tief in das DDR-Gebiet ein. AFN ist empfangbar, ebenso die Pop-Sendung "SFBeat". Toni Krahl von City hört denn auch wie all seine anderen Musikkollegen fleißig den Sound der neuen Zeit: "Beatles - die Musik elektrisierte. Bei jedem Ton spürte ich: Die waren anders. Die Berichterstattung in den Medien war meist negativ, wir wurden als Gammler beschimpft - und genau das hat mich und meine Freunde fasziniert. Unsere Haare wurden länger, wir nutzten alle Mittel, um die Leute zu schocken."

Anders sein, das wollen viele DDR-Teenager. In der durchorganisierten FDJ-Welt bringt der Liverpool-Sound ein Gefühl von Freiheit. Die Bands heißen ähnlich wie die im Westen: Fritz Puppel zum Beispiel tauft seine erste Band The Lunics und spielt Songs von den Beatles, den Shadows und den Stones nach. Die Ost-Bands singen bei ihren Konzerten natürlich auf Englisch. Das ist zwar offiziell nicht erlaubt, macht aber ungemein

Spaß. Nur ganz so einfach ist es nicht: "Wir haben damals die Musik auf Tonband mitgeschnitten und die Titel abgehört", erklärt Puhdy Dieter Birr. "Die Texte - wir konnten ja nicht ENGLISCH - haben wir phonetisch abgeschrieben und dann versucht, die Songs nachzuspielen. Das eigentliche Problem war der Sound, weil die Gitarren bei uns nicht so geklungen haben wie bei den Beatles."

ENGLISCH war im Gegensatz du der BRD in der DDR keine Pflichtfremdsprache, die in den Schulen unterrichtet wurde.

Noch lässt die SED den wilden Nachwuchs gewähren. Die Toleranz des Regimes hat auch außenpolitische Gründe. Bis Anfang der Sechziger glaubt man auch im Osten an eine Wiedervereinigung der beiden deutschen Staaten - natürlich unter sozialistischen Vorzeichen. Bei den sogenannten Deutschlandtreffen lädt man die West-Jugend ein, sich von der Weltoffenheit der DDR zu überzeugen. Dafür gibt man der eigenen Jugend gerne mehr Freiheiten. Mit DT 64 wird sogar ein eigener Radiosender installiert. Der Musikwissenschaftler Peter Wicke sieht in der Toleranz gegenüber Jugendlichen 1962 vor allem ein Gegengewicht zum unpopulären Mauerbau. Damit machte er sich nicht nur Freunde: "Ulbricht glaubte, die DDR ohne direkte Einflüsse von außen entwickeln zu können, und hat deshalb einiges etwas lockerer gesehen. Es kam zum internen Konflikt im Apparat. Ulbricht wollte eine von der UdSSR unabhängigere, eigenständige DDR, Honecker wollte das Gegenteil. Jugendkultur war eine hervorragende Basis, um diesen Konflikt auszutragen."

Dennoch bemüht man sich in den DDR-Medien redlich, die sozialistische Jugend an der Beatlemania teilhaben zu lassen - und nennt den Sound "Big Beat". Die staatliche Plattenfirma Amiga veröffentlicht sogar Platten der echten Fab Four aus Liverpool. Und bei einer Fernsehshow werden die heimischen Amigos gefeiert, als wären sie die Beatles höchstpersönlich. Anfang

1965 veröffentlicht Amiga zwei Big-Beat-Sampler - unter anderem mit Aufnahmen der Butlers, der Sputniks und dem Franke Echo-Quintett. Das Interesse am Beat wächst unaufhaltsam - auch bei der Partei. Von Anfang an spaltet der Beat die Partei in zwei Lager. Vor allem die Altstalinisten sehen in der Gitarrenmusik eine Gefahr für die Jugend. Von der gezielten Aushöhlung des Sozialismus durch die kapitalistische Beat-Musik ist die Rede. Man stört sich am dekadenten Habitus der Jugendlichen und ganz besonders an den langen Haaren - angesichts der vergleichbaren Reaktion des konservativen Lagers im Westen auf den Beat ein erster Vorbote der zunehmenden Verwischung von Kategorien wie "links" und "rechts". Langsam gewinnen in der DDR die reaktionären Kräfte die Oberhand. Das politische Klima wird eisiger, der Vietnamkrieg verschärft den Konflikt der großen Blöcke. Ab dem Spätsommer 1965 wird gegen die Beat-Anhänger gezielt Propaganda betrieben: "Wir hatten dann ständig Auseinandersetzungen mit der Polizei", erinnert sich Toni Krahl. "Wir standen an der Ecke und haben uns getroffen, als die Polizei plötzlich vorgefahren kam und willkürlich die mit den längsten Haaren herausgegriffen und mit aufs Revier zum Haareschneiden genommen hat."

Der FDJ-Vorsitzende Horst Schumann hetzt 1965: "Was sollen zum Beispiel diese Irrenhaus-Songs, deren Text zur Hälfte aus unartikulierten Lauten wie 'Ubadubawoba' besteht?" Schwere Zeiten für die Beat-Bands. Mit immer neuen Schikanen will die Partei den Gruppen an den Kragen. Um auftreten zu können, brauchen die Bands eine "Spielerlaubnis" - und die wird gern auch mal entzogen. Als im September 1965 bei einem Stones-Gig auf der Waldbühne in West-Berlin randaliert wird, zieht Ulbricht den Sack zu. Beim 11. Plenum der SED kommt das Ende der Beat-

In späteren Jahren ohne Achim Reichel: Die Rattles

Gruppen: "Ist es denn wirklich so, dass wir jeden Dreck, der vom Westen kommt, kopieren müssen? Mit der Monotonie des 'Jeee Jeee Jee', oder wie das alles heißt, sollte man Schluss machen."

Auch im Westen tut sich die organisierte Öffentlichkeit noch schwer mit dem Beat. Mick Jagger zum Beispiel wird im TV noch als "Meik Jäger" angekündigt. Und dennoch - es rührt sich was: Ab dem 25. September 1965 kriegen die Beat-Fans ihre eigene Sendung - einmal im Monat für ganze 30 Minuten. Der spätere "Tagesschau"-Sprecher Wilhelm Wieben moderiert die Erstausstrahlung des "Beat-Clubs" an: "Liebe Beat-Freunde, nun ist es endlich soweit – in wenigen Sekunden beginnt die erste Show im deutschen Fernsehen, die nur für Euch gemacht ist. Sie aber meine Damen und Herren, die Sie Beat-Musik vielleicht nicht mögen, bitten wir um Ihr Verständnis." Der "Beat-Club" ist eine Sendung, die sogar für etliche deutsche Bands wie The Boots, The Rattles, The Lords, The Yankees ("Halbstark") oder The German Bonds zu einem endgültigen Karrieresprungbrett wird.

Bei dieser Gelegenheit kommt auch Wolfgang Niedecken auf den Geschmack - er entdeckt das Netzhemd für sich: "Die Rattles haben wir auch mitbekommen - auch wenn die nicht das Original waren, wir fanden die toll. Bei der 'Bravo'-Blitz-Tournee waren die ja im Vorprogramm der Beatles. Da hab ich dann das Netzhemd von Achim Reichel gesehen. Das wollte auch haben - ich bin dann sogar mit Netzhemd aufgetreten."

Noch herrscht in Deutschland Zucht und Ordnung. Das Jugendschutzgesetz verbietet es den Kids unter 16 Jahren, nach 22 Uhr ohne Aufsicht oder Einwilligung der Erziehungsberechtigten die Straße zu betreten. Doch die Saat des Beat geht langsam auf. Die Eltern der sechziger Jahre werden bald verdammt gute Gründe bekommen, sich nach der harmlosen Zeit mit den netten Pilzköpfen zurückzusehnen.

O-Ton Achim Reichel

Geboren am 28. Januar 1944 in Wentdorf bei Hamburg, gründet Reichel als Gitarrist, Sänger und Songschreiber 1960 die Band The Rattles. 1963 gewinnen sie einen Beat-Band-Wettbewerb im "Star-Club" und gehen als eine der wenigen deutschen Bands vier Mal auf Tournee durch England. 1966 setzt die Einberufung zum Wehrdienst ein jähes Ende von Reichels Karriere. Später versucht er sich zunächst als Schlagersänger, dann als Elektronikmusiker, kann aber erst in den achtziger Jahren wieder als Solokünstler an seine früheren kommerziellen Erfolge anknüpfen.

Wie kamen Sie auf den Rock 'n' Roll?

Über Little Richard. Es war "Tutti Frutti" oder "Lucille". Ende der fünfziger Jahre gab es kaum Rock 'n' Roll im deutschen Radio. Einmal in der Woche kam eine Sendung von Chris Howland, er spielte am Ende die Nummer-eins-Hits aus USA, England und Deutschland. Little Richard war wochenlang auf Platz eins. Ich hatte noch nie jemanden gehört, der sich dermaßen die Seele aus dem Hals schreit. Wir waren Tonbandfreaks und haben uns LPs aus Schweden schicken lassen, weil es hier keine gab. Irgendwann stellten wir fest, dass man für die meisten der Stücke nur drei Harmonien braucht.

Was hielten Sie vom deutschen Rock 'n' Roll?

Den gab es ja gar nicht. Für mich spielte in glaubhafter Form nur Ted Herold den Rock 'n' Roll. Peter Kraus war so ein komischer Smiler, ein Sonnyboy. Aber der Rock 'n' Roll hat ja für mehr Platz als nur für die positiven Seiten des Lebens. Peter Kraus hatte zu viel gute Laune, der war ständig am Grinsen.

War Mode für Sie wichtig?

Ich habe mir damals meine Jeanshosen von meiner Schwester aus den USA schicken lassen - und damit war ich absolut der Größte bei uns in der Straße. Wir fanden James Dean toll, und ich war auf der Suche nach einem roten Lumberjack, bei dem man den Kragen hochstellen kann. Man hat sich darüber mitdefiniert. Lange Haare mussten sein, gewisse Klamotten gehörten auch dazu. Die Mädchen fanden doch lange Haare ganz goldig - die drehten uns Löckchen. Es gab ja teilweise extreme Frisuren für Frauen, wie diese Lotosfrisuren, wie sie die B 52s später auch hatten. Natürlich war das übertrieben, aber es muss die richtige Übertreibung sein. Wir selbst nahmen auch den Minirock nur am Rande wahr. Auch dass wir ein Bestandteil dieser ganzen Bewegung waren, ist uns erst sehr viel später klar geworden.

Wie kamen Sie zu Ihrem legendären Netzhemd?

Um das Auffallen ging es mir jedenfalls nicht. Man wurde ja schon wegen seiner langen Haare auf der Straße schräg angeguckt. Ich fand das Hemd einfach nur luftig - das war ja eine Bullenhitze auf der Bühne.

Hatten Sie und die Rattles das Gefühl, Sprachrohr einer Generation zu sein?

Wir waren nie eine studentische Band und haben dieses Bewusstsein für politische Zusammenhänge, wie Rudi Dutschke später, im Grunde nur beobachtet. Unsere Revolution war eine mit anderen Mitteln: Wir hatten Haare bis auf die Schultern. Unsere Provokation, unsere Revolution war eine Gitarre mit rostigen Saiten, lange Haare und das "Gib Gas"-Gefühl.

Wie fing das an mit den Rattles?

Noch bevor der "Star-Club" aufmachte, gab es auf der Reeperbahn und der Großen Freiheit diverse Clubs, in denen englische Bands spielten. Ab der Zeit, als englische Gruppen nicht mehr wie Elvis sein wollten, nannte man es Beat-Musik. Diese Doo-Wop-Gruppen wie die Drifters oder die Coasters, die wir ganz toll fanden, waren für uns die Messlatte. Wir waren eine Clique von Musikfans, die sich zum Musikhören trafen. Ich hatte einen Mignon-Plattenspieler - damit war man der Held am Elbstrand. Eines Tages kam ein Typ und fragte mich, ob ich den Plattenspieler gegen eine Gitarre tauschen wolle. Ich wusste, dass man mit drei Akkorden die meisten Lieder nachspielen kann, und habe getauscht. Am Anfang war es ein Hobby, und wir kriegten das sogar bezahlt - was kann es Schöneres geben? Erst später kamen die Schwierigkeiten, als wir viel verdient haben und Steuern zahlen mussten. Da fängt die Welt an, mit der man möglichst wenig zu tun haben will.

Welchen Eindruck hatten Sie von den Beatles?

Zunächst war das eine Band wie jede andere auch. Uns gefielen sie aber ganz besonders, weil ihre Titelauswahl ähnlich war und wir ihren englischen Humor mochten. Anfangs spielten sie im "Star-Club" noch keine eigenen Stücke. Ich erinnere mich noch gut, als sie das erste Mal "Love Me Do" spielten - und ein paar Wochen später waren sie Nummer eins in England. Wir Hamburger waren stolz: Siehste - unsere Jungs!

Wie wichtig war der "Star-Club" für Sie?

Irgendwann war der "Star-Club" ja ein richtiger Wallfahrtsort. Allein, eine E-Gitarre umgehängt zu haben, war für viele das Ding schlechthin. Viele dachten: Boah - das kenn ich nur von Bildern.

Konnte man mit der Gitarre auch Mädchen beeindrucken?

Bei bestimmten Mädels war das so. In Frankfurt spielten wir in einem Laden, der auch von Vertreterinnen des Rotlichtmilieus besucht wurde. Es dauerte nicht lange, und jeder von uns hatte eine Freundin in fast allen Tournee-Städten.

Fühlten Sie sich als ein Sexsymbol?

Na ja - die ganze Dimension war nicht so abgehoben, dass wir völlig von unseren Fans abgeschirmt gewesen wären. Die Fans warteten am Bühnenausgang, und wir unterhielten uns auch mit ihnen. In England fanden die Mädels heraus, in welchen Hotels wir waren, belegten alle Zimmer und machten Party.

Wären damals deutsche Texte möglich gewesen?

Am Anfang war klar: Es kann nur Englisch sein. Ich habe den Krieg nicht miterlebt, aber wenn ein Volk zu oft belogen wird, dann glaubt es niemandem mehr, und dann braucht es auch keine Songs, die man versteht. Die englischen Texte gaben einem das Gefühl, mitten in diesem Ding drin zu sein. Jede Generation lehnt die Welt der Eltern ab, das ist heute noch so. Ich glaube, dass ein Publikum, ein Volk eine Pop-Kultur braucht, in der sich die Zeitströmung ausdrückt. Heute ziehe ich den Hut vor den HipHoppern. Da werden Dinge formuliert, die nicht nur die Sonnenseite des Lebens reflektieren. Wir sind früher im "Star-Club" zu den englischen Bands gegangen und haben nach Textstrophen gefragt, die wir nicht verstanden haben. Es gab oft diese Antwort: "Ist doch egal, das Feeling muss stimmen!".

Wie erklären Sie sich Ihren Erfolg in England?

Erst mal fanden die unseren Akzent hinreißend, abgesehen davon, dass wir schmucke Jungs waren. In Deutschland hatte man kreischende Mädels doch höchstens in der Wochenschau gesehen - und plötzlich stehen wir auf englischen Bühnen, und das geht genauso ab: Die haben uns tatsächlich die Klamotten vom Leib gerissen.

Wir haben manchmal richtig Angst bekommen. Einmal spielten wir in einem englischen Ballroom, bei dem die Umkleideräume auf der anderen Seite des Saals waren. Wir mussten also mitten durch den Saal zur Bühne gehen. Als wir an der Bühne ankamen, sahen wir aus, als ob wir direkt aus dem Trockenschleudergang kommen würden.

In den Medien ist der Beat zunächst nicht besonders ernst genommen worden.

Es war eine Sache, die aus dem Ausland kam und von der viele dachten: Das ist im nächsten Jahr wieder abgehakt. Man hat es vom Start weg nicht ernst genommen. Die Welt war vorher anders: Diese Schlagerszene war reine Produzentenmusik. Es gab zwar Identifikationsfiguren, aber die haben nicht einen Song selbst geschrieben.

Welchen Einfluss hatten Drogen auf die Beat-Musik?

Als die Drogen mit reinkamen, LSD und Marihuana, flippten die Leute entweder aus oder wurden intellektuelle Musiker. Die Musik spaltete sich auf. Es gab Rock und Jazz-Rock, das waren zwei verfeindete Lager. Rocker und Jazzer mochten sich nicht. Von da an war es aus mit der "Beatmusik für alle". Durch Drogen kamen aber auch viele einfach anders drauf. Man hat auf Grund des Rauschs auch mehr Geduld für das Detail. Je gnadenloser unsere Zivilisation und Marktwirtschaft wird, desto verspannter, unnatürlicher werden die Leute. Es gab eine Zeit, in der Drogen wie LSD das Bewusstsein erweiterten. Plötzlich war alles Energie - und man sieht das auch noch. Das Mikrostativ schwingt. Wenn man dieses Zeugs in der Birne hat, dann merkt man, dass es noch etwas anderes gibt. Gefährlich wird es erst dann, wenn man den Rest nur noch langweilig findet.

Wie fanden Sie den Rock im Osten?

Ich habe beobachtet, dass die Leute im Osten der deutschen Sprache gegenüber viel aufgeschlossener sind als die im Westen. Da haben sich ganz merkwürdige Geheimcodesprachen gebildet, weil sie nicht alles sagen durften. Es durfte ja auch nicht jeder Musiker sein, man brauchte einen Stempel. Ich habe den einen oder anderen Song gehört und gedacht: Das ist ja gar nicht so schlecht, das ist richtig gut.

Welchen Platz hat Ihre Generation in der Jugendkultur von heute?

Heute treffe ich Leute meiner Generation mit grauen Haaren und langem Bart, und sie sagen: "Alter, du musst mal auf einen Rave gehen - das ist unser Ding von früher, das geht ab wie zur Hippiezeit." Richtig gut finde ich, dass sich deutscher HipHop durchgesetzt hat. Die farbigen Jungs aus den US-Ghettos erzählen von ihren Problemen. Ich rechne unseren HipHoppern hoch an, dass sie begriffen haben, dass wir ganz woanders leben - lasst uns also über unsere Probleme reden. Wir werden vom deutschen Radio doch zu 80 Prozent am Denken gehindert, weil sie nur englischsprachige Sachen spielen. Kein Jugendlicher sollte vergessen, dass auch er mal älter wird. Es hat sich doch eine Menge verändert. Jeder, der einen Job hat, kriegt beim kleinsten Aufmucken zu hören, dass schon 20 andere auf seinen Job warten. Diese Bereitschaft zum Anpassen, kein Aufmucken aus Existenzängsten heraus - das hat es früher nicht gegeben.

<3> DAS ENDE DER UNSCHULD
ca. 1965 bis 1968

"WAS HEUTE NOCH WIE EIN MÄRCHEN KLINGT, kann morgen Wirklichkeit sein." Ungewollt prophetische Worte im Vorspann der ersten deutschen Science-Fiction-Serie "Raumpatrouille Orion". Obwohl es an Bord des "Schnellen Raumkreuzers Orion" noch streng hierarchisch zugeht, weht im Design, den Tänzen und der Mode dieser Serie bereits der Wind der Freiheit, die Ende der sechziger Jahre Seelen, Herzen und Hirne von Millionen Teenagern in der gesamten industrialisierten Welt faszinieren wird. Noch wird improvisiert - auch an Bord der "Orion": Die Deckenkonstruktion der Brücke besteht aus umgedrehten Joghurtbechern, die Hebel der Schalttafel waren im letzten Leben Bügeleisengriffe. Doch die bemannte Raumfahrt hat begonnen, die USA sind in Gedanken längst auf dem Mond - und auch die Jugend in Deutschland schwelgt in einem seltsam schwerelosen Schwebezustand zwischen der grau-braunen, öden Vergangenheit und einer knallbunten, nach Freiheit und Abenteuer schmeckenden Zukunft.

Wie in allen fünf Dekaden Pop-Kultur nach dem Zweiten Weltkrieg ist natürlich auch Ende der sechziger Jahre die breite Masse der Jugendlichen eher an sich selbst und an der Gestaltung ihres kleinen, überschaubaren Lebensumfelds interessiert. Doch eine wachsende Minderheit - wie immer von den Medien zu einem generellen Jugendphänomen titanischen Ausmaßes aufgeblasen - formuliert ein entschlossenes Nein zu der "Formierten Gesellschaft in der sozialen Marktwirtschaft" nach dem von Kanzler KIESINGER fortgeführten Ludwig-Erhard-Modell. Ein Nein, das mit allen Ausdrucksmöglichkeiten in die Welt ge-

KURT GEORG KIESINGER geht 1966 eine Große Koalition mit der SPD ein.

schrien wird. Öffentlich zur Schau gestelltes Aussteigen aus dieser Gesellschaft, mit Schlafsack, erstmals wirklich langen Haaren und bewusst wohlstandsverneinenden Klamotten aus dem Altkleidersack - eine Spezies von Verweigerern, die nichts dagegen hat, sich als "Gammler" bezeichnen zu lassen. Das von außen betrachtet apathisch wirkende Abhängen auf öffentlichen Plätzen und in Parks ist selbstverständlich als gezielte Provokation gegen die Wirtschaftswundereltern gedacht. Und es trifft sie bis ins Mark. Überall, wo Gammler kampieren, demaskieren sie auch den bislang halbherzig übertünchten Faschismus der älteren Bürger: Mit Rufen wie "Ab ins Arbeitslager!" oder "Beim Adolf hätte es so was nicht gegeben!" feuern diese die Polizisten an, die mit Wasser aus dem Gartenschlauch und versprühten Desinfektionsmitteln die Gammler von den Marktplätzen zwischen Aachen und Zwiesel vertreiben.

Gammeln ist auch aus einem anderen Grund eine prima Möglichkeit, gegen das Establishment zu rebellieren - denn die Jugend hat so gut wie immer ein halbwegs gut situiertes Elternhaus als Rettungsnetz im Rücken. Für den Historiker Wolfgang Kraushaar ist das Gammeln "einerseits eine Reaktion auf ein sehr rigides Alltagsleben in der Familie, in der Schule und am Arbeitsplatz, andererseits aber auch ein Bauen darauf, dass eine bestimmte Form wirtschaftlicher Sicherheit erreicht war, und man sich so etwas auch leisten konnte, ohne das Gefühl zu haben, man würde vollends ins Elend abstürzen können. Insofern waren Gammler auch eine Art ambivalente Zwischenfigur: Mitte der sechziger Jahre, als die Nachkriegszeit und das Wirtschaftswunder abgeschlossen waren und man darauf aufbauend nach etwas Neuem suchen wollte".

Kein Wunder also, dass sich viele Jugendlichen

den Gammlergruppen anschließen - zumeist natürlich nur am Nachmittag nach den Hausaufgaben oder am Wochenende. Denn im Gegensatz zu dem Raum, den das Thema in den Medien bekommt, gammeln in Wahrheit nur wenige Jugendliche wirklich konsequent - schätzungsweise nicht mehr als 1.500 in der ganzen BRD. Erstaunlich, daß sich dieses Wort bis heute hartnäckig im Sprachschatz der Deutschen befindet. Der Münchener Liedermacher Konstantin Wecker erinnert sich amüsiert an die "Edelgammler" Schwabings: "Die gingen brav in die Schule und haben am Wochenende einen auf Gammler gemacht. Die Echten, die Freien, das war nur ein ganz kleines Grüppchen. Und die wurden in der Presse so hochgespielt, dass man dachte: Es gibt nur noch Gammler!"

In der DDR dagegen hat der Apparat die Lage im Griff - oder glaubt dies zumindest. Gammler sind kaum zu sehen, in den gleichgeschalteten Medien wird ein Bild einer sauberen Jugend propagiert, die beim Aufbau des Sozialismus vor lauter In-die-Hände-Spucken sowieso keine Zeit für irgendwelche Flausen hat, und Beat-Kapellen sind per Verbot in den Untergrund abgedrängt. Der Musikwissenschaftler Michael Rauhut sieht das 11. Plenum der SED als den Wendepunkt: "Danach verschwand das Thema Beat-Musik mit einem Mal aus den Medien. Die zentralen Förderinstitutionen, die sich vor dem Plenum um die Beat-Musik gekümmert haben - der Sender DT 64 mit seinem auf Jugendliche zugeschnittenen Musikprogramm und der FDJ-Zentralrat mit seiner sogenannten Gitarrenbewegung -, wurden auf dem Plenum von Erich Honecker scharf gerügt. Die Auseinandersetzung mit dieser Musik sank auf den Nullpunkt. Das hieß aber nicht, dass diese Musikkultur mit einem Schlag tot war. Das war eine sehr vitale Erscheinung, die man per Dekret nicht kaputtmachen konnte. Die Beat-Musik zog sich in Nischen zurück. An privaten Orten, auf dem Land, gab es noch Konzerte." Konzerte, bei denen die Musiker immer auf der Hut vor den staatlichen Kontrolleuren der Kulturbehörde sein müssen: "Wir haben vorher immer Zeichen mit dem Veranstalter ausgemacht", erinnert sich Puhdy Dieter Birr, "oder der Kellner kam an und sagte: 'Da sind jetzt welche.' Dann musste man halt sein Repertoire schnell auf Ost-Sachen umstellen oder zumindest auf Sachen, die nicht gleich als West-Musik erkennbar waren." Herbert Dreilich von Karat spielt in solchen Situationen einfach so lange "Sauflieder, bis die Kontrolleure wieder weg waren".

Trotz fortgeschrittener Technik und fescher Mopeds aus volkseigenen Betrieben ist die Partei natürlich noch immer nicht in der Lage, das Volk vor den Verlockungen des imperialistischen Feindes im Westen zu beschützen. West-Fernsehen flimmert in fast jedem Haushalt, und wer das neu gegründete ZDF noch nicht empfangen kann, hat bestimmt einen Bastler in seinem Bekanntenkreis, der ihm für ein Paket NYLONSTRÜMPFE aus dem Weihnachtspaket von Tante Frieda in Wanne-Eickel einen Konverter zusammenlötet. Und was sie da alles sehen können! Die "Bravo"-Blitz-Tournee der Beatles zum Beispiel, mit drei Konzerten in der BRD. Auch die Vorgruppe Rattles wird umjubelt - doch die Tournee markiert einen Wendepunkt in der Beat-Musik. Während die deutschen Bands auch in Zukunft am einfachen, bewährten Sound festhalten und immer mehr in der Versenkung verschwinden, beschreiten die Beatles bald ganz neue Wege.

NYLONSTRÜMPFE gehörten bis in die siebziger Jahre neben Kaugummis und Zigaretten zu der Notfallausrüstung amerikanischer Kampfpiloten – als Zahlungsmittel für den Fall, dass sie über Feindesland abgeschossen werden.

Auch Drafi Deutscher beobachtet mit offenem Mund ungläubig staunend, was da aus Übersee nun alles angeschwemmt wird. "Die Engländer und Amerikaner konnten sich natürlich, weil sie ja die Vorbilder waren, Wege suchen, neue Sachen ausprobieren. Wenn ich alleine an die Beatles denke, da hat sich jedes Album um Lichtjahre voneinander unterschieden. Allein die Psychoszene - was da auf einmal abging mit 'Lucy In The Sky With Diamonds' oder 'Strawberry Fields'. Damals hatte ja ich noch keine Ahnung, was man sich alles einschmeißen konnte. Die einzigen Drogen, die ich kannte, waren Alkohol und Nikotin."

Die Beatles dementieren zwar heftig, von der gerade erfundenen Bewusstseinsdroge LSD (Lucy/Sky/Diamonds) genascht zu haben, verhalten sich aber in jeder Hinsicht so, dass es kein Tripwerfer missverstehen kann. Schlagartig wird klar: Die Zeit der braven Anzüge und der drei Akkorde ist vorbei. Der Beat wird komplexer - und er wird langsam ernst genommen. "All You Need Is Love" ist die erste weltweite TV-Übertragung. Die BBC bringt via Satellit die Beatles samt Sinfonieorchester auf die Fernsehschirme von 500 Millionen Zuschauern. Einer von ihnen ist ein kleiner Berliner Junge, der viele Jahre später als Blixa Bargeld (Jahrgang 1959) mit seiner Band Die Einstürzenden Neubauten sogar Stahlwerke als Musikinstrumente benutzen wird: Blixa: "Das erste Lied, das ich singen konnte - das war aber noch vor meinen Englischkenntnissen -, war 'All You Need Is Love'."

Von nun an geht's ratzfatz: Uschi Nerke moderiert ihren "Beat Club" erstmals aus London und berichtet von dem Konzert eines amerikanischen Gitarristen, der, wenn er in guter Stimmung war, mit den Zähnen in die Saiten biss und, wenn er in noch besserer Stimmung war, seine Stratocaster schon mal mit Zippo-Benzin besprenkelte und auf der Bühne abfackelte. Edgar Froese, kurz darauf Gründungsmitglied von Tangerine Dream, erlebt diese Sternstunde des deutschen Pop-TV mit. Und auch die Reaktion der bürgerlichen Medien auf Jimi Hendrix: "Als er mit 'Hey Joe' rauskam, schrieb eine große Berliner Tageszeitung: 'Den Erfolg kann man nicht leugnen, aber der sieht ja aus, als hätte man ihn mit der Banane aus dem Urwald gelockt.' Das werde ich nie vergessen, das war der Gipfel der Dummheit und Intoleranz. Man geht immer nur nach Äußerlichkeiten, gerade in der Kultur. Man hat sich nie gefragt, woher das eigentlich kommt oder warum einigen Jugendlichen das gefällt. Man hat sich nie gefragt: Wohin sind die eigentlich im Aufbruch, wohin wollen die eigentlich, wovon wollen die sich lösen?"

Weil viele von ihnen das selbst nicht wissen, verdoppelt sich die Wut - und entlädt sich auch bei vielen Bands in Gewaltorgien. Allerdings meist nur gegen totes Material wie Gitarren, die am Ende des Konzerts im Lautsprecher stecken, oder Hotelfernseher, die von Rock-Stars reihenweise durch die Fenster auf die Straße geschmissen werden. The Who singen mit "My Generation" den Soundtrack dazu, und Drummer Keith Moon versüßt sein kurzes Leben durch den höchsten Verbrauch an Schlagzeugen in der zu diesem Zeitpunkt noch jungen Rock-Geschichte. Der Historiker Wolfgang Kraushaar wundert sich damals wie heute nicht: "Man muss ein Stichwort nennen, um begreifen zu können, was sich in der zweiten Hälfte der sechziger Jahre abgespielt hat: Grenzüberschreitung beim Ausprobieren, neue Definitionen im Selbstverständnis, in der Kleidung, in der Rolle, im Geschlechterverhältnis, in Beziehungen. Da spielten auch ganz schnell Drogen eine Rolle. Das Ganze war ein großes Experiment. Die Bereitschaft, ein Risiko einzugehen, um das auszuprobieren, war sehr hoch, weil man das Gefühl hatte, es brechen sehr viele gleichzeitig auf."

Vor allem in Amerika beginnt die Jugend massenhaft aus dem bestehenden System auszubrechen. Der Vernichtungskrieg amerikanischer Truppen in Vietnam lässt viele von ihnen am glanzvollen American Way of Life zweifeln. Die Hippiebewegung entsteht - und mit ihr der Slogan "Make Love Not War". In San Francisco versammeln sich Tausende, um mit Joints, Gitarren und Blumen im Haar den "Summer Of Love" zu feiern. Mit erstaunlich kurzer Echozeit hallt der Liebessommer auch in Deutschland nach: In Hamburg stecken sich Jugendliche rote Nelken ins Haar, nennen sich Hippies und feiern das erste "Love-in". Für Edgar Froese spielen dabei die NEUEN DROGEN eine zentrale Rolle: "Diese Kristallisation, diese Leichenstarre war ja erfahrbar, das stand nicht in der Zeitung, das war alltäglicher Prozess im Umgang mit der älteren Generation. Und die Jüngeren fragten: Was ist denn ein Wert? Ist das etwas, was eine gewisse Zeit überdauert, oder ist das etwas, was ich jeden Tag neu erfahren kann? Die jüngere Generation entschied sich für Letzteres, denn sie wollte eben jeden Tag etwas Neues erleben, in Bereiche vordringen, die vorher nicht erreichbar waren. Die Drogen hatten auf diese Art einen anderen Stellenwert als heute. Man hat intensiv nach etwas anderem gesucht als das, was die Gesellschaft als Spiegelbild vorlebte. Heute hat die Droge eine andere Funktion; sie füllt einen leeren Raum. Damals war der Raum nicht leer, er war irrsinnig angefüllt mit Ideen und Fantasien, und man versuchte, diesen Ideen eine Richtung zu geben. Und dafür hat man zum Teil sehr gezielt die Drogen eingesetzt. Dass es später völlig entgleist ist, ist eine andere Geschichte."

NEUE DROGEN dienten zunächst mehr der Bewusstseinserweiterung – und nicht der Volldröhnung: LSD (Lysergsäurediäthylamid) und Psycho-Pilze erlaubten – bei vernünftiger Dosierung – tatsächlich, in neue Bereiche der Wahrnehmung vorzustoßen.

Auch dass die gesamte Hippiebewegung im Grunde eine Möglichkeit ist, anders zu sein, ohne wirklich radikal gegen die gesellschaftlichen

Normen rebellieren zu müssen, ist eine andere Geschichte. "Wollen nur Freiheit und Ruhe haben" war die Standardantwort auf die Frage, warum man im Schneidersitz an der Erdpfeife herumnestelte und "Give Peace A Chance" dazu brummte. Entsprechend harmlos fiel auch die ablehnende Reaktion der bürgerlichen Schlagerszene aus: "Verlieb dich nie in ein Hippiemädchen, mit einem Hippiemädchen hat das keinen Zweck" (Bill Ramsey). John Weinzierl wehrt sich denn auch vehement dagegen, trotz seiner Amon-Düül-Vergangenheit als Ex-Hippie bezeichnet zu werden: "Die Leute wundern sich immer, wenn ich sage, dass ich nie in meinem Leben ein Hippie war. Ich habe zwar mal so ausgesehen, aber wir waren eigentlich keine Hippies. Nur diese Pipi-Geschichte, nur Blumen ins Gewehr stecken, das hat es ja auch nicht gebracht. Wir wollten dann auch schon was machen, und die haben sich ja immer nur an den Händen genommen und im Kreis getanzt. Das habe ich mit sechs schon gemacht, das war nicht interessant. Es war, als habe man Pril in die ganze Spannung reingeschüttet. Die ganze Szene war plötzlich total entspannt."

Und total heiß darauf, das Taschengeld für die optischen Insignien der Hippiebewegung auf den Kopf zu hauen. Wieder einmal haben auch hierbei die Engländer die Nase vorn. Das "Swinging London" entdeckt als Erstes den Wunsch der Jugend nach modischer Identität, die Carnaby Street wird zum Wallfahrtsort - auch für deutsche Teens. Einer von jenen, die in diesen Jahren nach London trampen, ist das Birth-Control-Gründungsmitglied und späterer "Tutti Frutti"-Showmaster Hugo Egon Balder: "1967 war das, zum Höhepunkt mit Flower-Power. Man lief nur noch in grünen Hosen, roten Uniformjacken, türkisfarbenem T-Shirt und orangefarbenem Halstuch rum und hatte überall 'Make love not war' drauf." Alles ist plötzlich schön bunt hier, oder - wie es der Historiker Kraushaar ausdrückt -: "Eine wichtige Rolle spielte Modekonjunktur aus London. Es war so, als habe das Alltagsleben Farbe bekommen, als sei etwas in Schwingung geraten, was den ganzen Körper erreicht. Insofern war die Musik eigentlich nur der stärkste, der verdichtetste Ausdruck von dieser Art von Gefühlsvalenz, die die Jugend durchzogen hat." Der Modeboom zieht auch in Deutschland schnell Kreise. In den Großstädten eröffnen die ersten Boutiquen. Kaufhäuser und Versandhandel locken mit "Twen-Shops" und "Beat-Mode". Die 14- bis 24-Jährigen reißen sich um den Carnaby-Look. Und sie geben allein 1966 fast fünf Milliarden Mark dafür aus. Schließlich will man zeigen, dass man jung ist. Auch in das Alltagsleben der Erwachsenen kommt Farbe: Blumentapeten an den Wänden, Plastikmöbel in Knallorange und die ersten grünen oder curryfarbenen Kloschüsseln sind die Vorboten einer gewaltigen Kommerzialisierung der Pop-Mode, die in wenigen Jahren auch die letzte Etagenwohnung in den Vorstädten erreicht haben wird. Das Wort "Design" taucht nun auch in bürgerlichen Medien auf - und Luigi Colani erlebt einen kometenhaften Aufstieg mit seinen Ei-Formen. Auch hier spiegelt sich die Sehnsucht der Hippies nach Ruhe, Geborgenheit und Schmusigkeit wider: Die Formen der Alltagsgegenstände verlieren zunehmend Ecken und Kanten, werden rund und stromlinienförmig, die Hosen haben plötzlich keine Bügelfalten mehr. Das Quadrat, der Würfel, die Ecke haben ausgedient und werden erst in den kühlen achtziger Jahren wieder entdeckt.

Mitten in die Befreiung von der kantigen Ästhetik der Eltern platzt die Minimode der englischen Designerin Mary Quant. So würde, denken sich viele Mütter, nun wirklich keine anständige Frau rumlaufen. Empörte Bürger explodieren angesichts der unsittlich zur Schau gestellten Frauenbeine - nur, um anschließend noch einen weiteren verstohlen geifernden Blick zu riskieren. Für Ina Deter, lange Zeit mitten drin in der Berliner Frauenbewegung, ist der Minirock auch der Beginn ihrer persönlichen Befreiung: "Das bewies ja auch Mut: Je kürzer die Röcke, umso mutiger war man." Nicht alle hatten diesen Mut: "Ich war keine Minirockträgerin", gesteht die spätere Silver-Convention-Sängerin Penny McLean, "weil ich O-Beine habe. Das sieht völlig furchtbar aus, wenn eine Frau mit O-Beinen Minirock trägt. Das ist peinlich."

Beat-Schuppen und Go-go-Clubs versetzen die Teens und Twens in Ekstase. Statt Livemusik kommt der Sound jetzt von der Platte. Getanzt wird fast nur noch im FREESTYLE. Man will keine Regeln - man will Spaß. Die Jugend ist es leid, sich immer nur auf das Leben vorzubereiten - sie will es leben. Und zwar jetzt! Die Welt wird zum Happening. Doch natürlich sind nicht alle Jugendlichen so hemmungslos. "In der Zeit, als ich anfing, Musik zu hören", erinnert sich Heinz Rudolf Kunze, "also etwa 1969, da waren in den Charts gleichzeitig Jimi Hendrix und Roy Black ganz oben - so war das hier." Für den größten Teil der Heranwachsenden stehen Fleiß, Ehrlichkeit und Sauberkeit nach wie vor ganz oben auf der Liste der Tugenden. Und sie haben ihre festen moralischen Grundsätze: Ein Leben ohne Trauschein können sie sich nicht vorstellen, vorehelichen Geschlechtsverkehr auch nicht (die Realität sah natürlich anders aus). Die amerikanische Pharma-Firma Searle & Co bringt die Antibabypille zwar schon 1960 zur Marktreife, doch in Deutschland wird es noch ein paar Jahre dauern, bis sich Frauen dieses erste wirklich sichere Verhütungs-

FREESTYLE war der Gegenentwurf zu den in den Tanzschulen gelehrten Paartänzen. Regeln gibt es keine, ausser einer: Beweg dich, wie du willst.

mittel flächendeckend beschaffen können. Für eine Abtreibung konnte man sogar in den Knast kommen - und sie wird heimlich trotzdem jedes Jahr millionenfach praktiziert. Und auf einen Schlag sind es die Frauen, die über die Folgen ihrer Sexualität entscheiden können. Uschi Obermeier: "Die Pille war eigentlich die wirkliche sexuelle Revolution, weil man zum ersten Mal als Frau keine Angst haben musste, dass man dann mit einem Kind dasitzt. Ich war nicht wirklich emanzipiert, ich machte nur das, was ich wollte. Und als ich den Sex entdeckt hatte - mir hatte keiner vorher gesagt, wie toll das ist -, habe ich überhaupt nicht eingesehen, warum nur die Männer das dürfen sollen. Wir waren die erste Generation, die Sex richtig ausprobiert hat." Für Ina Deter ist die Pille "die wichtigste Erfindung des Jahrhunderts - so wichtig wie für die Menschheit die Entdeckung der Relativitätstheorie durch Einstein. Wenn man heue bedenkt: Vor 25 Jahren stand Abtreibung unter Strafe, da konnte man in den Knast kommen - was ja auch oft genug passierte. Die Pille war die Befreiung, weil wir selber bestimmen konnten, ob wir schwanger werden oder nicht. Das war bombastisch und eingreifend - das bestimmte das Leben: Ich kann jetzt mitreden, ob ich ein Kind will oder nicht. Man fühlte sich stark dadurch".

In der DDR wird - sicher auch wegen des wesentlich geringeren Einflusses der Kirche - weniger Gedöns um die Pille gemacht. Sexuell ist der Osten ohnehin viel freizügiger. An der Ostseeküste Mecklenburgs gibt es sogar FKK-Strände - damals undenkbar im Westen. 1965 kommt die sogenannte "Wunschkindpille" in der DDR auf den Markt. Zwar ist sie auch im Osten verschreibungspflichtig, doch geht man damit wesentlich großzügiger um. Auch für Toni Krahl ist die "Pille kein großes Thema, wie überhaupt in DDR, weder

Foto: WDR

Rock-Pioniere im Osten: City

im Pro noch im Contra".

Da geht es im Westen schon wesentlich prüder zu. Väter, die den Freund ihrer minderjährigen Tochter im eigenen Haus übernachten lassen, laufen Gefahr, von bigotten Nachbarn wegen Kuppelei angezeigt zu werden - und auch Pop-Stars haben ihre Probleme mit der herrschenden Moral. Als Drafi Deutscher von Kindern beim Urinieren beobachtet wird, bastelt die "Bild" sofort einen "Sexskandal" daraus. Das ist, wie Deutscher erklärt, überhaupt nicht lustig: "Nach einem Fernsehauftritt habe ich aus dem Fenster gepinkelt, von meinem Balkon runter. Da sind ein paar Schulkinder vorbeigekommen, die dann ihren Eltern erzählt haben: 'Wir haben Drafi Deutscher gesehen - der hat von seinem Balkon runtergepisst.' Die haben direkt Anzeige erstattet, das war zur damaligen Zeit überhaupt nicht witzig. Da war ich weg vom Fenster - im wahrsten Sinn des Wortes."

Keine Frage, es ist höchste Zeit - Deutschland muss endlich aufgeklärt werden. Die Bundesregierung startet 1967 mit dem Film "Helga" den ersten Versuch. Doch es ist vor allem Oswalt Kolle, der mit Filmen wie "Deine Frau, das unbekannte Wesen" dem Sex in bundesdeutschen Schlafzimmern auf die Sprünge hilft - und sogar letzte Tabus wie Impotenz thematisiert. Das sieht alles recht goldig aus und ist im Grunde völlig harmlos. Dennoch gibt es trotz weitaus wichtigerer Themen - Große Koalition mit Willy Brandt in Bonn, Krieg in Vietnam - kaum eine Sache, die die deutschen Gemüter in dieser Zeit so erhitzt. Junge Regisseure wie Volker Schlöndorff oder Alexander Kluge bringen den Sex ganz unverkrampft auf die Leinwand. Das gelingt auch May Spills mit "Zur Sache Schätzchen". Uschi Glas - man mag es heute gar nicht mehr glauben - avanciert zu einer "der Galionsfiguren der Frauenbefreiung" (Penny McLean). Die sexuelle Befreiung der Frau ist auf dem Vormarsch. Immer mehr Mädchen bestimmen selbstbewusst über ihr Liebesleben, rütteln langsam, aber sicher an alten Traditionen und meinen: "Ehe ist willkürliche Sache."

Etwa zur gleichen Zeit beginnen intellektuelle Kreise an den deutschen Hochschulen intensiver und organisierter darüber nachzudenken, dass die musikalische, modische und sexuelle Befreiung doch noch nicht alles gewesen sein kann. Am 1. Januar 1967 fließen Pop und Politik in einer Altbauwohnung in Berlin-Charlottenburg zusammen - mit der "Kommune 1" gründet sich die erste echte politisierte Wohngemeinschaft der Republik. Die Kommunarden erheben von Beginn an listige und lustige Provokation zum Prinzip (siehe Interview mit Rainer Langhans). Die

Medien bauen die K1 zu einem Politpopanz auf - genau das, was die WGler der ersten Stunde, die Leute um Langhans, Teufel und Kunzelmann, erreichen wollten: Sie werden Pop-Stars. Im Fernsehen wird fast täglich über sie berichtet. Mit schöner Regelmäßigkeit sorgen die politischen Pop-Stars (die K1 bekam jeden Monat mehrere hundert Fanbriefe von Teenies aus dem ganzen Land) für Schlagzeilen, Anklagen - und meistens für Freisprüche. Die Strategie geht auf: "Wenn man sich den 'Stern' oder den 'Spiegel' aus dieser Zeit zur Hand nimmt", analysiert Wolfgang Kraushaar, "dann muss man schon sagen, dass da Pop-Stars ausgeformt worden sind. Teufel und Langhans sind im Bekanntheitsgrad so angestiegen, dass sie manche Politiker in den Schatten hätten stellen können."

Eine Spaß-Guerilla, die mit Puddingbomben und Nacktfotos die ganze Nation in Atem hält - immer mit einem Lächeln auf den Lippen. Doch es dauert nicht lange, bis aus dem Kommunenspaß bitterer, blutiger Ernst wird.

O-Ton Rainer Langhans

Neben Fritz Teufel und Dieter Kunzelmann gehört Rainer Langhans (Jahrgang 1940) zu den Begründern der Kommune 1 in Berlin - der ersten Polit-WG Deutschlands. Die K1 ist eine der wichtigsten Brutstätten der Studentenbewegung. Langhans dient der K1-Band Agitation Free als Roadie (er hat einen VW-Bus) und brüht Nichtrauchern wie dem späteren RAF-Anwalt Horst Mahler auch schon mal einen Haschtee auf. Als sich im Verlauf der siebziger Jahre die RAF abspaltet, wendet sich Langhans der Esoterik zu. Er lebt zurückgezogen mit seinem "Harem", taucht 1997 bei dem Berliner "Benno-Ohnesorg-

Foto: WDR

Traumpaar der 68er: Kommunarden Rainer Langhans und Uschi Obermeier

Kongress" erstmals wieder auf der politischen Bühne auf, gründet einen "Wohlfühl-Ausschuss" und kündigt die Mega-Party "Ready To Ruck" an.

In den fünfziger Jahren - waren Sie da ein Halbstarker?

Nein, ich war eher ein normaler Bürgersohn. Ich war in einem christlich-fundamentalistischen Internat. Meine Familie hatte wenig Geld, und ich litt darunter, dass ich keine normalen Dinge anziehen konnte. Diese Teenagermodegeschichte habe ich aber nicht mitbekommen. Ich bin erst durch Berlin in diese Sachen reingekommen, vorher war ich sogar freiwillig zur Bundeswehr gegangen. Weil ich Bedenkzeit haben wollte, weil ich nicht wusste, was mit mir los ist. Danach bin ich sofort nach Berlin gegangen, weil ich die andere Seite der Medaille sehen wollte - die Kriegsdienstverweigerer, deren Hauptstadt ja Berlin war.

Welche Musik haben Sie als Teenager gehört?

In den fünfziger Jahren habe ich im Internat unter der Decke Radio Luxemburg gehört - natürlich auch deswegen, weil es verboten war. Das war mehr so ein Teeniephänomen: Peter Kraus, Elvis Presley, diese amerikanische Kultur, das war schon sehr wichtig. Es war eine Befreiung des Körpers, der Kleidung, ein Ansatz der Ekstase, der sich ausdrückte. Elvis - da lief es einem einfach den Rücken runter.

Welcher Sound lief dann in der Kommune 1?

In der ersten Zeit der Revolte haben wir Musik gar nicht so konsequent eingesetzt. Wir haben das zwar gemacht, weil es zu dem Bunten gehörte, aber Musik war für uns nicht die große Botschafterin. Wir meinten, dass unsere Art des Köpfeanzündens viel besser als Musik ist. Drogen und Musik kamen erst in der Niedergangsphase der Kommune, als wir weniger aktiv waren. Als wir uns dann aus der aktiven Zeit zurückzogen, haben wir ein richtiges Subkulturzentrum aufgebaut. Da spielte Musik eine gigantische Rolle. Auch Rock 'n' Roll, aber im weitesten Sinne Musik psychedelischer Art. Die haben wir dann auch eingesetzt, hatten eine Riesenmusikanlage und haben eigentlich innerhalb dieser Anlage gelebt. Wer wann was auflegte, das war eine psychische Botschaft, die angenommen wurde und mit der in Beziehungen und Gesprächen gearbeitet wurde - inklusive der Verstärkung durch die Drogen.

Gab es zu Beginn eine gegenseitige Befruchtung zwischen Musik und Revolte?

Ich konnte auch deshalb diese protagonistische Figur werden, weil Musik damals nicht so rebellisch benutzt wurde in Deutschland. Erst die Revolte hat da sehr viel beschleunigt. Wäre die nicht gekommen - wer weiß, was aus dieser Musik geworden wäre?

Es rankt sich inzwischen ja eine Menge Revoltenromantik um die 68er.

Ich denke, heute geheimnist man sehr viel hinein, mehr als da wirklich war. Die wirklichen Gefühle kann sich heute keiner mehr vorstellen. Man nimmt vor allem Dinge wahr, die man heute verstehen kann, und man denkt gar nicht daran, dass die wirklich durchgängigen Gefühle in Wirklichkeit ganz anders waren. Insofern bin ich mit meiner Harmlosigkeit doch eher typisch als Leute wie Horst Buchholz oder die Gammler, die von der Presse dann auch durchgenommen wurden.

Welche Rolle spielten die Medien damals?

Die Medien waren damals noch recht unentwickelt, aber das Fernsehen begann langsam eine Rolle zu spielen. Als das Fernsehen an uns herantrat, hatten wir die Wahl. Wir haben uns als Kommune entschieden, mit den Medien zu arbeiten, sowohl auf dem Printsektor als auch mit den elektronischen Medien. Deswegen haben wir im Grunde mit Springer gearbeitet. Auf unsere Weise natürlich - ihn benutzend. Denn die haben eine winzige Gruppe multipliziert in einer Weise, dass alle davon hörten. Wir wussten auch, warum, denn wir wussten, dass sie über uns berichten müssen, denn wir waren freie Leute in einer Gesellschaft mit unheimlich autoritären Strukturen. Wenn sie uns dann über den Ekel, das Feindbild vermitten, würde das absolut unsere Sache sein, denn die Leute würden das sehen, was wir wollen. Wir haben uns auch unsere Aktionen entsprechend ausgedacht und haben am Morgen danach zuerst die "Bild" gekauft.

War der freie Sex also auch nur ein Spiel mit den Medien?

Wir haben gesagt: Wir sind eine kleine Gruppe, und es geht auch darum, dass die Besitzverhältnisse unter Menschen, die Zweierbeziehungen, nicht mehr aufrechterhalten werden können, weil das die Erfahrungen einschränken würde, die wir in Bezug auf eine neue Gesellschaft suchten. Dann fragten die Presseleute: Soll das etwa heißen, dass jeder mit jedem kann? Und schon war die sexuelle Geschichte da. Wir sahen eure Gier und eure Geilheit, also ritten wir den Tiger und spielten euch das Material zu, das ihr so offensichtlich braucht.

Fühlten Sie sich als Pop-Star?

Wir wussten, wir waren Stars. Wir waren uns dieser Mediengeschichte sehr bewusst. Wir wussten, dass wir absolut berühmt waren, die Schönsten waren, die Schnellsten waren. Das haben wir sehr genossen und - und immer wieder eingesetzt.

War Ihre damalige Freundin Uschi Obermeier die Großmutter der Girlie-Bewegung?

Ich glaube schon. Sie ist in vielen Köpfen entsprechend drin - dieses ewige Mädchen, dieses

Zauberhafte, auch Unerreichbare, diese Schönheit, dieses Alterslose. Dahinter steckt, dass Mädchen sich nicht über Männer definieren, dass sie ihre Art zu leben absolut durchziehen können, wenn sie das unbedingt wollen. Insofern ist sie schon auch als das ewige Mädchen ein Vorbild.

Und Sie selbst - waren Sie auch ein Vorbild?

Bis heute gibt es Leute, die auf mich zukommen und sagen: "Sie wissen das nicht - aber ich habe Sie damals einmal im Fernsehen gesehen, und da habe ich mein Leben verändert, und seitdem wusste ich, es geht auch was anderes."

<4> SEX & DRUGS & REBELLION ca. 1968 bis 1970

DIE "68ER" - NIE WIEDER IN DER GESCHICHTE der Jugendkultur wird eine einzelne Jahreszahl als Oberbegriff für das Lebensgefühl einer ganzen Generation derart hartnäckig die Folgejahrzehnte überleben wie jenes Jahr. Für einen kurzen Augenblick wird Jugendkulktur zur Politik - und Politik zur Jugendkultur. Ganz Berlin scheint zu brennen. In Wahrheit brennen freilich nur ein paar Autos, nicht die ganze Stadt - und ebenso natürlich ist es auch zu Zeiten der Studentenrevolten wieder nur eine verschwindend kleine Mehrheit der Jugendlichen und Twens, die tatsächlich auf der Straße ihren Kopf in den harten Strahl der Polizeiwasserwerfer hält. Demos gerne - aber eher als Gaudi: "Hey Mann, Alter, das war natürlich KPD/ML und all das - ich war natürlich dabei, immer auf Demos. Und als Langhaariger, da waren auch noch die Bürger gegen dich", persifliert der Schauspieler Rolf Zacher seine damaligen Demoerfahrungen und die über die Jahre daraus gewordene, verklärte Revolutionsromantik. Denn für die meisten ist bei dem realen Schmerz des auf den Kopf krachenden Gummiknüppels schnell Schluss mit lustig. Zacher: "Ich hab dann mal was auf die Birne gekriegt, und beim zweiten Schlag dachte ich mir: Hey, da geh ich nicht mehr hin."

KPD/ML ist die Abkürzung von Kommunstische Partei Deutschlands/Marxismus Leninismus, die die meiste Kraft darauf aufwendete, gegen eine andere ultralinke Splittergruppe – die Trotzkisten – zu agitieren.

Dennoch ist die Zeit der APO-Revolten (Außerparlamentarische Opposition) und des Sozialistischen Deutschen Studentenbunds (SDS) für Zacher und seine Altersgenossen die Lebensphase, in der sie die ersten ernst zu nehmenden politischen Diskussionen mit ihren Eltern führen - oder besser: führen wollen. "Da hatte ich mit meiner Mutter große Diskussionen um die APO und den SDS", erinnert sich Ina Deter. "Sie sagte dann das Übliche: 'Wenn's dir hier nicht gefällt, dann geh doch rüber.'" Eine hilflose Antwort, die auch Wolfgang Niedecken oft zu hören bekommt: "Eigentlich gab es das Wort 'Diskussion' gar nicht. Die Eltern wussten, was politisch o.k. ist, und die Kids mussten sich danach richten." Doch genau dies tun viele von ihnen nicht mehr.

1966 zieht die NPD zum ersten Mal nach Kriegsende in die Landtage von Bayern und Hessen ein. Kurt-Georg Kiesinger wird - trotz ehemaliger Mitgliedschaft in der NSDAP - zum Bundeskanzler gewählt. Die Kids beginnen, ihren Eltern unangenehme Fragen über deren Nazi-Vergangenheit zu stellen. Ina Deter: "In meiner Schulzeit haben wir das Dritte Reich ja nicht durchgenommen, das nehme ich meinen Lehrern bis heute übel. Als Entschuldigung wird dann immer gesagt: Das ist halt alles noch so frisch. Irgendwann fängt man an zu grübeln: Waren die Großeltern oder die Eltern beteiligt? Was wusste man wirklich? Als dann die Straßen in Berlin brannten und die Wasserwerfer kamen, ist bei mir der Groschen gefallen. Da hab ich dann zu Hause mal nachgefragt."

Beim Nachfragen bleibt es nicht lange. Viele Kids kommen in diesen Tagen nach Berlin, um an der Seite der Studenten gegen das System zu demonstrieren. Mitten drin in diesen Revolten: die Spaß-Revoluzzer der Kommune 1 um Rainer Langhans - und vor allem der charismatische Studentenführer Rudi Dutschke. Wer nicht selbst nach Berlin kommen kann, fiebert am Fernseher mit. Zum Teil sogar mit zitterndem Herzen, denn auch Dutschke genießt bei vielen schon den Status eines Pop-Stars. Die spätere NDW-Prinzessin Anette Humpe hätte sich, wenn es denn eines gegeben hätte, sogar ein Dutschke-Poster an die Kinderzimmerwand gehängt: "1968 war ich verliebt in Rudi Dutschke. Ich sah ihn aber nur im Fernsehen und dachte mir: Schade, dass du da nicht mitmischen kannst. Ich ging ja noch in Hagen zur Schule."

Rainer Langhans sieht die Reden und Auftritte Dutschkes heute als eine Vorform des Rap-Events: "Diese ganzen Theorien muss man anders verstehen. Sie waren ein Rap, sie waren eine neue Musik. Sie waren etwas, worüber man in Ekstase geraten konnte. Plötzlich sang einer von Freiheit, die bis dahin niemand kannte." Doch Dutschkes Rap bleibt auch bei den harten Rechten nicht ungehört. Einige von ihnen sehen im TV ein Interview mit ihm, in dem er über mögliche Attentate befragt wird: "Angst ist das nicht. Das kann passieren, aber Freunde passen mit auf, und normalerweise fahre ich nicht alleine herum. Natürlich kann irgendwann mal irgendein Neurotiker oder Wahnsinniger eine Kurzschlusshandlung durchführen." Das hätte er vielleicht besser nicht sagen sollen: Nur wenige Tage nach diesem Interview schießt am Gründonnerstag 1968 der arbeitslose und rechtsextremistische Anstreicher Josef Bachmann auf Dutschke. Der überlebt zwar schwer verletzt (er stirbt elf Jahre später an den Spätfolgen des Attentats) mit einer Kugel im Kopf - die Studentenrevolution aber hat nach Benno Ohnesorg (siehe Seite 78) ihren zweiten Märtyrer.

Es bleibt nicht lange bei friedlichen Protesten. In Berlin zünden Demonstranten Fahrzeuge des Axel-Springer-Verlags an. Springer hetzt in der "Bild"-Zeitung gegen die sogenannten "Berufsdemonstranten" - der Verlag wird zum Feindbild des Widerstands. Die Ausschreitungen zwischen Studenten und Polizei werden immer brutaler. Die Passanten gucken nur zu oder feuern die Polizisten hinter den Wasserwerfern an. Deutschland sieht sich im Ausnahmezustand und verlangt nach härteren Gesetzen. Der noch amtierende

Bundeskanzler Kiesinger verteidigt das Vorhaben gegen lautstarke Protestrufe: "Je mehr ich Geschrei dieser Art höre, desto deutlicher wird mir, wie notwendig es ist, in diesem Lande wieder für Ordnung zu sorgen." Der Staat will seine geplanten Notstandsgesetze durchsetzen. Zehntausende demonstrieren am 11. Mai 1968 in Bonn dagegen - vergeblich. Am 30. Mai werden die Gesetze verabschiedet. Man ist fest entschlossen, diese Jugend wieder in den Griff zu kriegen.

Deutschland ist nicht allein auf der Welt mit seinem Jugendproblem. Im Frühjahr 1968 ist der Wunsch nach Veränderungen in der Gesellschaft auch in anderen Metropolen zu spüren. In Paris gehen die Studenten auf die Barrikaden. Man fordert REFORMEN für die Universitäten - an der Spitze der Bewegung: Daniel Cohn-Bendit. In den USA kämpft der schwarze Bürgerrechtler Martin Luther King bis zu seiner Ermordung im April '68 für die Gleichstellung der Farbigen. Und in Prag reformiert der neu gewählte Parteichef Alexander Dubcek unter dem Jubel der Bevölkerung den Sozialismus.

REFORMEN wollten die Studenten nicht nur, aber zuerst vor allem im eigenen Bereich: Die Universitäten waren damals weit davon entfernt, den Studierenden Mitsprachemöglichkeiten innerhalb der Hochschulen zu gewähren.

Plötzlich macht sich auch die Jugend in der DDR Hoffnungen. Nina Hagen, damals noch Sängerin in Ost-Berlin: "Wir fühlten uns so, als ob wir schon morgen nach Indien fahren könnten - über die Grenze." Doch der Traum vom freiheitlichen Sozialismus währt nicht lange. In der Nacht zum 20. August 1968 rollen die Panzer der Bruderstaaten in Prag ein. Auch die DDR schickt ihre Truppen. Der "Prager Frühling" weicht einem neuen, langen Winter des Kalten Krieges, auch bei den Ost-Musikern zerplatzen alle Träume. Fritz Puppel: "Auf einmal waren Fronten klar, und die Illusionen waren raus." Seinen City-Kollegen Toni Krahl bringt die Wut sogar in den Knast: "Ich war empört darüber und bis ins Mark getroffen, dass dies so ein Ende haben sollte, dass ich mit

Freunden gemeinsam versucht habe, eine Protestkundgebung vor der sowjetischen Botschaft zu organisieren. Es waren lächerliche 15 oder 20 Leute, die sich dort treffen wollten. Wir standen in kleinen, desolaten Grüppchen in der Nähe der Botschaft. Als wir bemerkten, dass wir eine Hundertschaft von Stasi-Leuten in Zivil uns gegenüber hatten, haben wir uns dann nicht 'zusammengerottet' und das Ding abgeblasen. Als die Stasi merkte, nicht die Provokation in dem Maße zu bekommen, um uns eins auf die Mütze geben zu können, haben sie dann versucht, uns doch noch aufzugreifen und Propagandamaterial sicherzustellen. Auf diese Art und Weise endete die Sache im Knast. Ich bekam drei Jahre, musste aber Gott sei Dank nicht die gesamte Strafe absitzen, sondern wurde - wie alle Jugendlichen unter 26 - entlassen."

Für Krahl der vorläufige Endpunkt einer Entwicklung, die mit den Beatles begonnen hatte. "Vom ersten Ruf nach Freiheit, der mich von den Beatles aus erreichte, über die E-Gitarren bis hin zu 1968 im Knast war das eigentlich eine ziemlich geschlossene Entwicklung. So schrieb das auch der Staatsanwalt in meine Anklageschrift: Beat-Musik hat mir den Kopf verdreht und mich vom Weg eines wahren, aufrechten Sozialisten abgebracht und in den Sumpf des Kapitalismus locken wollen."

Der Appetit der DDR-Jugend auf Rock-Musik aus dem Westen ist trotzdem ungebrochen. Die Konzerte finden meistens in privaten Lokalen in der tiefsten Provinz statt - hier sind die Kontrollen weniger rigide. Doch Bands und Fans nehmen die weiten Wege gerne in Kauf. Für die meisten Genossen ist klar: Hinter dem Beat versteckt sich die hässliche Fratze des Kapitalismus. Um das zu beweisen, zeigt man sogar einen englischen Film über den tiefen Fall eines Pop-Stars.

Die Wirkung ist allerdings eher gegenteilig: Der Soundtrack des Films "Privileg" entwickelt sich zum absoluten Underground-Hit. Überall im Land sitzen Jugendliche in den Kinos und schneiden den Titelsong "I Need My Freedom" mit dem Tonbandgerät heimlich mit (siehe Interview mit Klaus Renft).

Eine Jugend ohne Beat-Musik, das erscheint langsam auch einigen Parteimitgliedern nicht ganz realistisch. Man beginnt an einer eigenen Jugendtanzmusik zu feilen. Bands wie Thomas Natschinski & Gruppe ("In der Mokka Milch Eisbar, da ist es gescheh'n") oder die Theo Schumann Combo machen schon 1967 den Anfang. Für die DDR-Offiziellen sind die schlagerhaften Songs das Höchstmaß an Kompromissbereitschaft. Für die meisten Jugendlichen sind sie nur ein schwacher Ersatz für den Sound der Beatles und der Stones. Ab 1969 beginnen auch die DDR-Medien, die heimische Beat-Szene zu unterstützen. Im Rundfunk können unbekannte Bands bei den "Tagen der offenen Tür" die Aufnahmestudios benutzen, um ihre Titel zu produzieren. Das Fernsehen meldet für seine neuen Jugendsendungen wie "Notenbank" und "Sei dabei" Bedarf an DDR-Künstlern.

Für viele Bands bedeuten die Radio- und Fernsehauftritte den Anfang ihrer Karriere. Einzige Bedingung: Gesungen wird auf Deutsch. "Wir haben zu der Zeit nur nachgespielt", erinnert sich Dieter Birr, "Deep Purple, Led Zeppelin und so. Dann kam man zu uns und hat uns gesagt, wir müssten, wenn wir im Fernsehen auftreten wollen, was eigenes spielen. Das Problem war nur: Wir konnten uns nicht vorstellen, Rock-Musik in Deutsch zu machen. Wir haben es dann irgendwie versucht. Unser erstes Lied hieß 'Türen öffnen sich zur Stadt'. Damit sind wir ins Fernsehen gekommen. Vorher sollten wir uns noch die Haare schneiden lassen. Wir haben sie uns dann halt hoch gesteckt. Mit der Zeit haben auch wir gemerkt, dass man mit deutschen Texten Rock-Musik machen kann."

Ein paar Jahre vorher hat der Apparat schon einmal versucht, von oben eine musikalische Jugendbewegung zu initiieren - die "Singebewegung". Es werden Jugendfreizeitheime gebaut, die als "Singe-Clubs" zu den Geburtsstätten der DDR-Discos werden. Doch die Musiker merken schnell, dass sie nur vom Staat missbraucht werden. Krahl: "Mit dem Einstieg der FDJ in die Singebewegung und der Umbenennung in 'Oktober-Club' hatte sich die ganze Sache für mich erledigt. Es war ein Propagandainstrument des Staats. Ich bin weg von dieser Bewegung und habe mich von diesem Tag an nur noch dem Rock 'n' Roll gewidmet." Auch Fritz Puppel will lieber sein eigenes Ding machen. "Auf mich und auf viele andere Kollegen hat das keinen Einfluss gehabt. Wir haben das grundsätzlich abgelehnt. Das war staatlicher Kinderkram mit FDJ-Anstrich."

Im Westen Deutschlands scheint in der Zwischenzeit der Beat-Musik die Luft ausgegangen zu sein. Die rebellischen Zeiten sind erst mal vorbei. Mit den Beatles kann man inzwischen keine Oma mehr schocken. Die deutschen Beat-Helden von einst sind derweil auf Bädertour oder laufen - wie die Lords in knallbunten Samtanzügen - dem Zeitgeist hinterher. Anfang 1968 jault ein kleiner Junge "Mama" in die Mikros und singt sich damit in die Herzen von Millionen. 32 Wochen lang steht Heintje auf Platz eins der Charts - dicht gefolgt von Roy Black, Peter Alexander und Udo Jürgens. Von deutscher Rock-Musik keine Spur. Deutschlands Musiker sind auf Identitätssuche. Bands wie Tangerine Dream, Amon Düül II oder Can experimentieren mit neuen musikalischen Konzepten und werden so zur

Avantgarde der deutschen Rock-Musik. Zunächst freilich ohne jegliche Auswirkungen auf die Charts.

Blixa Bargeld hat Can mindestens so viel zu verdanken wie dereinst den Beatles. "Die deutsche Presse hat über Can geschrieben, sie seien roboterhaft, monoton, düster - dieselben Metaphern, die man auch heute noch guter Musik unterschiebt. Ich selber habe Can oft live gesehen und hatte dabei nie das Gefühl von Düsternis oder Roboterhaftem. Es gibt etwas sehr Telepathisches in der Spielweise von Can, das mich immer fasziniert hat: Niemand folgte festen Strukturen, und dann passierten Dinge, die sich nicht rational erklären ließen. Als würden die Musiker eine telepathische Kommunikation miteinander eingehen." Irmin Schmidt, Keyboarder bei Can, fühlt sich von der harschen Kritik eher bestätigt denn getroffen: "Das Entscheidende war, dass hier in Deutschland die Vorstellung herrschte, man müsse so spielen wie Engländer oder Amerikaner, um als Rock-, Pop-, Beat-Musiker überhaupt ernst genommen zu werden. Als wir anfingen, haben die Kritiker gesagt: Die können ja gar nicht spielen. Wir antworteten: Stimmt - wir wollen auch gar nicht spielen wie die Engländer oder die Amerikaner. Wir zerstörten auch keine Strukturen, wir schufen uns nur eigene Strukturen." Die Grundlagen für diese eigenen Strukturen holen sich Irmin Schmidt und Holger Czukay während ihres Studiums bei Karl Heinz STOCKHAUSEN in Köln. Der Experimentalmusiker verwirrt Zuhörer wie Kritiker durch seine ungewohnten Klangcollagen. "Stockhausen war deshalb für uns so wichtig", resümiert Czukay, "weil er den elektrifizierten Klang stark im Ohr gehabt hatte und erfinderisch für Strukturen sorgte, die eigentlich erst heute, 30 Jahre später, von DJs wahrgenommen werden. Er war der erste Dub-

STOCKHAUSEN gilt als der Pionier der Elektronischen Musik: Er endteckte als erster den Klang eines Sinusgenerators als Instrument für moderne Klassik.

Mixer aller Zeiten. Er hat im Grunde genommen die gesamte elektrifizierte Musik zum größten Teil erfunden."

Dennoch - erst mal herrscht Verwirrung auch bei der Avantgarde. Tangerine Dream verkaufen ihre normalen Instrumente und warten bei Flöten, Geigen und diversen Geräuscherzeugern auf die Erfindung bezahlbarer Synthesizer. Edgar Froeses damalige Haupterkenntnis: "Was ist Klang? Mehr oder weniger organisiertes Geräusch." Eher weniger denn mehr organisiert verlaufen auch die Konzerte von Amon Düül. Das Kollektiv spielt zwar meist das Stück "Phallus Dei", doch es klingt jedes Mal anders. Oft improvisieren sie einfach nur zwei Stunden lang auf der Bühne - und werden anschließend von den Fans gefragt, wie denn nun dieser "neue Song" heiße. Für Düül-Mitglied John Weinzierl auch eine Folge der alles beherrschenden neuen Droge LSD: "Wir dachten, es ist eine Droge, die dich befreit, aber dich nicht zudröhnt oder dich verrückt werden lässt. Was, wie sich herausgestellt hat, ein Trugschluss war." Auch Froese hatte bald die Nase voll von trippenden und bekifften High-Sessions: "Die Leute, die sich das anhören mussten - wenn sie nicht selbst bekifft waren -, sind irgendwann rausgegangen und haben sich gedacht: O.k. - der hat jetzt seinen Sprung in der Schüssel gefunden und spielt bis morgen weiter. Besonders kreativ war das nicht." Ein Problem, das man im Osten nicht kennt. Dort sorgt "Rotkäppchen" und russischer Wodka für die Krönung der Dröhnung. Fritz Puppel: "Die Leute haben gesoffen, das war ziemlich billig. Und sie hatten ihren Frieden, wenn sie ihre 2,8 Promille im Turm hatten."

Westdeutschlands Jugend sucht derweil den Rausch in psychedelischen Clubs und bei Rock-Festivals. Inmitten von Lichteffekten und Jointschwaden erweitert man sein Bewusstsein und demonstriert sein Anderssein. Von Underground und Subkultur ist die Rede. Aber ist das noch Protest? Lassen sich Pop und Politik überhaupt vereinbaren? Die grausame Zeit des Hitler-Regimes ist längst nicht verarbeitet. Noch immer sitzen Altnazis in öffentlichen Ämtern und Positionen. Doch es sind die Bilder eines aktuellen Krieges, die auch die Jugend in Deutschland zu einer politisch interessierten Generation werden lassen. Einer von ihnen ist Wolfgang Niedecken. "VIETNAM war genau das Thema, über das ich politisiert worden bin." Und die Jugend schafft sich wieder einmal die passende Begleitmusik zu den Bildern der Zerstörung und Gewalt, die allabendlich über die "Tagesschau" in die Wohnzimmer einfliegen. Joan Baez singt auf Deutsch "Sag mir, wo die Blumen sind", Bob Dylan den "Subterranean Homesick Blues" und Franz Josef Degenhardt "Für wen ich singe". "Diese Lieder passten genau in die Zeit", bestätigt Ina Deter, "das kam bei der Jugend an: gegen den Vietnam-Krieg, Ostermarsch, der Schah-Besuch und die Eskalation. Die musikalische Begleitung zu dieser Zeit waren Bob Dylan und die deutschen Liedermacher."

VIETNAM war der Schauplatz eines brutalen Krieges, in dem sich die USA und die UDSSR ihre jeweiligen Einflussgebiete in Südostasien sichern wollten.

Freiheit ist auch das Thema der linken Studenten in der BRD: Man demonstriert gegen die Unterdrückung der Dritte-Welt-Staaten - auch als der Schah von Persien am 2. Juni '67 Berlin besucht. Ein Mann, der in seinem Heimatland Regimegegner foltern lässt und gleichzeitig Aktionär bei Krupp ist - der kann nicht mit Ehren empfangen werden. Doch die Situation eskaliert. Schah-Anhänger prügeln auf die friedliche Menge ein. Die Berliner Polizei schreitet erst spät ein - gegen die Anti-Schah-Demonstranten. Eine Hetzjagd beginnt - und endet am Abend tödlich. Der Student Benno Ohnesorg wird von der Kugel eines Polizeibeamten in den Hinterkopf getroffen.

Ein Wendepunkt im Studentenprotest: Die Revolution steht vor der Tür.

Die Begründung der antiautoritären Ziele dieser Bewegung stützt sich auf die Kritische Theorie, insbesondere auf Elemente der von Theodor W. Adorno, Max Horkheimer und Herbert Marcuse entwickelten Gesellschaftsphilosophie. Die Antiautoritären im SDS (Sozialistischer Deutscher Studentenbund) wollen eine soziokulturelle Veränderung als Vorstufe für eine Umwandlung des parlamentarischen Systems in eine radikale - sozialistische - Demokratie. Die Forderungen der APO und des SDS unterscheiden sich zum Teil erheblich, gemeinsam haben sie folgende Ziele:

1) die Abschaffung der Ordinarienuniversität und die Durchsetzung einer demokratischen Hochschulreform;

2) die Verhinderung der Notstandsgesetzgebung;

3) den sofortigen Stopp der rechtsradikalen NPD, die auf dem Weg in die Parlamente ist;

4) die Entflechtung (oder besser: Enteignung) der Medienkonzerne, insbesondere des Axel-Springer-Verlags, aus Protest gegen Manipulationen der öffentlichen Meinung.

Vielen Linken entsprechen mit der Zeit die albernen Aktionen der Kommune 1 nicht mehr dem Ernst der Lage. Die Szene spaltet sich. Wegen "falscher Unmittelbarkeit, Selbstüberschätzung und Realitätsflucht" schließt der SDS die Kommunarden aus der Organisation aus, nachdem diese sich auf einem "Stern"-Foto nackt von hinten haben abbilden lassen. (Die sexuelle Revolution hatte die Zeitschrift noch nicht ganz erreicht - sämtliche Genitalien der Kommunarden wurden wegretuschiert.) Wolfgang Kraushaar erklärt, warum dennoch nur eine Minderheit der Jugend aktiv mitrevoltieren wollte: "Bei den politischen Gruppen war es so, dass man durch eine theoretische Hölle gehen musste, um zumindest zum Sympathisantenstatus zu gelangen. Auf der anderen Seite waren die musikalischen und modischen Subkulturen für jedermann offen. Das wurde durch eine eigene Form von Konsumkultur unterstrichen - man konnte die Attribute des Protests gewissermaßen in der Boutique kaufen." Politische Inhalte werden auf Pop-Slogans reduziert. Warum das "Kapital" lesen, wenn man auch mit einem schicken Meinungsknopf oder Poster zeigen kann, dass man dazugehört?

Im September 1969 wird Willy Brandt zum Kanzler gewählt. In seiner Antrittsrede sagt er den entscheidenden Satz: "Wir wollen mehr Demokratie wagen." Damit ist die Zeit der Großen Koalition zu Ende - aber auch die APO verliert für viele ihre Existenzberechtigung. Im Grunde ist die Bewegung gescheitert. Zwar gelingt es 1969, den Einzug der NPD in den Bundestag zu verhindern, die Hauptziele jedoch werden allesamt verfehlt. Die Struktur des Springer-Konzerns blieb unangetastet, die nur halbherzig vorangebrachte Hochschulreform erweist sich rasch als Enttäuschung, und auch aus den hochfliegenden revolutionären Erwartungen wird nichts. Der Vietnamkrieg geht noch mehrere Jahre weiter, mit Richard M. Nixon wird sogar ein Falke nächster US-Präsident. Die Deutschen interessieren sich ohnehin mehr für den "Kleinen Schritt für mich, aber großen Schritt für die Menschheit", den Neil Armstrong am 20. Juli 1969 wagt: Er betritt als erster Mensch den Mond und hisst die - klar - US-Flagge.

Teile der Studentenbewegung sind bereits in den Untergrund gegangen. Gudrun Ensslin und

Andreas Baader eröffnen mit einem Brandanschlag das dunkle Kapitel des linken Terrorismus. Der Rest der Bewegung zerfällt in zwei Teile: Die einen beginnen ihren "Marsch durch die Institutionen", der sie 30 Jahre später endlich an die Macht bringen wird. Die anderen ziehen aufs Land. Dort - und in den Klein- und Mittelstädten - treffen sie auf eine Jugend, die beginnt, ihren Frieden mit den Erwachsenen zu schließen. Langsam rücken die Generationen wieder näher. Die Eltern gewöhnen sich an die laute Pop-Musik, und die langen Haare sind auch okay - solange sie gepflegt sind. Inzwischen macht man daraus sogar ein Musical - "Hair" in deutscher Übersetzung. Langsam, aber sicher schwappt am Ende des Jahrzehnts der Underground an die Oberfläche. Die "Kinder von Marx und Cola" entscheiden sich für Letzteres - für Sexy-mini-super-flower-pop-op-Afri-Cola. Vor *diesem* Rausch müssen jetzt auch die Eltern keine Angst mehr haben. Die Symbole der Hippiekultur wandern auf die

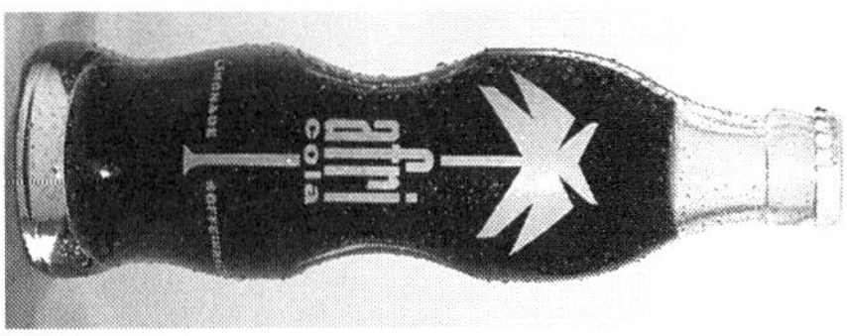

Sexy-mini-super-flower-pop-op-Cola: Mit Afri gibt es den ersten Coke-Rausch, gegen den auch Mutti und Vati nichts haben.

Wühltische der Warenhäuser. Jetzt kann endgültig jeder zeigen, dass er oder sie den Zeitgeist versteht. Als am 25. Juli 1968 der Papst seine katholischen Schäfchen die Pille verbietet, regt sich kaum jemand darüber auf.

Ein versprengter Rest der Gegenkultur träumt derweil noch den alten Traum. Im September 1970 findet auf Fehmarn das "Love & Peace Festival" statt - ein dritter Aufguss des "Woodstock"-Traums, der in Wahrheit nur geträumt wurde. "Ich kann sofort sagen, wer dabei war und wer nicht", lacht heute Barry Melton, der mit

Country Joe & The Fish in Woodstock (15. bis 17. August 1969) aufgetreten war. "Wenn mir einer erzählt, wie großartig das alles gewesen ist, dann weiß ich, dass er nur den Film gesehen hat und nicht da war." Nun, ein Jahr später, also "Love & Peace" auf Fehmarn. Das deutsche Woodstock soll es werden. Dafür fliegt man extra Jimi Hendrix ein. Doch während der bei seinem letzten Auftritt vor seinem Tod gegen den Wind anspielt, brodelt es bereits hinter den Kulissen.

Als die Organisatoren mit den Einnahmen verschwinden, wird es ernst. Die Hamburger Rocker, die als Ordner engagiert sind, zünden das Kassenhäuschen an. Der Traum von Love and Peace versinkt buchstäblich in Schutt und Asche. Und mit ihm auch der Traum von fundamentalistischer, radikaldemokratisch-sozialistischer Revolte. Die Siebziger kommen - und man gibt sich in beiden deutschen Staaten liberal. Nach der politischen "Lehrzeit" von '68 herrscht Toleranz in Ost und West. Für manche Grund genug, aus dem System auszusteigen. Stadtflucht ist angesagt.

O-Ton Klaus Renft

Klaus Renft (Jahrgang 1942) ist einer der dienstältesten Rock-Stars der ehemaligen DDR. In den sechziger Jahren spielt er bei The Butlers, später mit seiner Klaus-Renft-Combo - einer Band, die mindestens so oft verboten wird, wie die Besetzung wechselt. Auch nach der Wende tritt Klaus Renft hauptsächlich im Osten auf.

Was war ihre erste musikalische Sozialisation?

Bei uns wurde viel Hausmusik gemacht. Mein erster Auftritt war zur Kirmes im Dorfballhaus in Gernewitz, meinem Heimatdorf - da habe ich

Foto: WDR

Die graue Eminenz des Ost-Rock: Klaus Renft

"Die Caprifischer" gesungen. Wir sind 1952 nach Leipzig gezogen, und da habe ich das erste Mal andere Musik kennen gelernt. Es war eine Schellackplatte von Louis Armstrong. Ich wollte Schlagzeuger werden und bin ins HO-Warenhaus in der Peterstraße gegangen, in den dritten Stock. Der Verkäufer nicht da. Ich fasste mir Mut, griff diese Percussion-Kuller und schob sie unter den Pullover. Ich hatte mein erstes Schlagzeugteil - und bin später Schlagzeuger geworden.

Wo hörten Sie das erste Mal Rock 'n' Roll?

Es gab einen Ost-Sender, Deutscher Freiheitsender 90,4, der gegen den Westen gehetzt, aber West-Musik gespielt hat. Den kriegte man relativ gut rein. Von dort und aus Radio Luxemburg haben wir uns die Songs rausgehört. Wir wohnten alle am Clara-Zeltkin Park in Leipzig und haben gefragt, ob wir dort mal spielen könnten. Das erste Konzert war im März 1958. Es war was von Peter Kraus und Little Richard dabei. Mikrofone hatten wir nicht, deshalb mussten wir uns vorne an die Bühne stellen und runterbrüllen. Wir haben drei Mal dort gespielt. Beim ersten Mal waren ganz wenige da, beim zweiten mal war es schon relativ voll, und beim dritten Mal waren richtig Massen da - und die Volkspolizei. Die guckte ganz misstrauisch. Als wir "Tom Dooley" spielten, kam die Polizei auf die Bühne. Und das war es dann.

Egal, wo man hin kam - die Zensoren waren schon da?

Die staatliche Gewalt war in der DDR immer präsent. Man hatte immer so ein Auge zur Türe, um sofort umzuschalten auf anderes Repertoire. Es gab ein Gesetz, dass nur 40 Prozent der Songs aus dem Westen sein durften. Immer verarschen konnte man sie nicht - irgendwann sind auch wir mal erwischt worden. Und die Klaus-Renft-Combo ist dann 1962 von staatlicher Seite aufgelöst worden - wegen "Verbreitung amerikanischer Unkultur".

Die Gage wurde von der Einstufungskommission bestimmt?

Ja, da wurde festgelegt, welche Qualität man hatte. Und dann bekam man in der Stunde entweder 3,50 Mark, 4,50 Mark oder 5,50 Mark. Da konnte man gerade sein Bier von bezahlen.

Wie kamen Sie an die Originalmusik aus dem Westen?

Es gab es einen richtigen Plattenring, in dem die Platten ausgetauscht wurden. Außerdem konnten wir West-Fernsehen gucken - "Beat-Club" und später "Rockpalast". Im "Beat-Club" habe ich das erste Mal Cream gesehen. Oh, war ich weg! Ich dachte: Was ist jetzt los? Dieser ganze Habitus, das war für uns prägend.

Hat Sie die Niederschlagung des Prager Frühlings getroffen?

Der Prager Frühling war für uns alle das Signal: Jetzt packen wir es! Es gab immer mal wieder Zeiten, in denen man sagte: Jetzt wird der Sozialismus so, wie wir ihn uns vorstellen. Weg mit den Bonzen und dem Stalinismus! Aber das waren immer nur kleine Pflänzchen, die geblüht haben und dann aber ganz brutal wieder kaputtgemacht wurden.

Wie kam es, dass Sie nach dem Verbot wieder auftreten durften?

Ich hörte, dass in Leipzig ein FDJ-Singe-Club an der Karl-Marx-Uni gegründet werden sollte. Da bin ich hingegangen und habe gesagt: "Wir würden gern mitmachen." Sie wollten wissen, wie unsere Band heißt. "Butlers" oder "Renft-Combo" konnte ich ja nicht sagen. Unser damaliger Pianist hieß Ulf Willi - und da habe ich gesagt: Ulf-Willi-Quintett. Später kam ja wieder eine "weicherer Welle". In dieser Welle gab's plötzlich wieder eine Renft-Combo. Da ging es richtig zur Sache, da wurde Hendrix, Steppenwolf etc. gespielt.

Traten Sie in DDR-Jeans auf?

Niemals! Das war doch kein Statussymbol, das war lächerlich. Es mussten die Orginale sein. Jeans zu Rock-Veranstaltungen - das war fast eine Uniform.

Nur eine WG-Wohnung konnte man sich nicht besorgen?

Dass man wie im Westen als Kommune zusammenziehen konnte, war gar nicht möglich, weil die Wohnungsfrage streng reglementiert war - du bekamst eine Wohnung zugewiesen. Die Bedingungen waren erschwert, aber die Bedürfnisse und der Versuch, sie auszuleben, waren die gleichen wie im Westen. Partys zum Beispiel wurden genauso gefeiert wie im Westen. Regelmäßig haben wir große Feste gemacht, da wurde gegessen, da wurde geliebt, da wurde getrunken, da wurde Musik gehört. Das wird sich nicht unterschieden haben von den Partys im Westen.

Mit der Ausnahme, dass es im Westen prüder zuging.

Als ich 1976 zum ersten Mal in den Westen kam,

habe ich das tatsächlich als prüder empfunden. Ich meine nicht die Sexshops - der Umgang mit der Liebe war für mich freier in der DDR, als ich es im Westen erlebt habe.

Wann haben Sie das erste Mal gekifft?

Ich habe das erste Mal einen Joint geraucht, als ich im Westen war. Damals habe ich mit Nina Hagen zusammengewohnt. Ich rauchte was und hörte Pink Floyd. Und da habe ich erst einmal entdeckt, dass da ganz andere Dimensionen in diesem Zustand zu hören sind. Das war zwar schön, aber du kommst zu nichts mehr sonst.

Sind Sie ein Ostalgiker?

Die Zeit, in der man jung ist, und die Musik, mit der man groß wird, hat immer eine ganz besondere Bedeutung. Man ist verliebt, man erlebt die Jugend, es ist die Drangzeit - und die Musik, die man dabei hört, wird einen ein Leben lang begleiten. Das nun Ostalgie zu nennen finde ich übertrieben. Und diskriminierend.

<5> KEINE MACHT FÜR NIEMAND! ca. 1970 bis 1976

"WIR BRAUCHEN EINE MODERNE, IN DIE ZUKUNFT weisende Politik. Diese Notwendigkeit mag der Jugend deutlicher sein - weil sie der Zukunft näher ist." Kaum zu glauben - dieser Satz stammt nicht von einem in der Sprache moderaten, im Geiste aber revolutionären Sozialarbeiter Ende der sechziger Jahre. Es ist Willy Brandt, der bis dato jüngste Bundeskanzler in der Geschichte der BRD, der mit Reden wie dieser nicht nur der Jugend Hoffnung macht - er zieht damit zugleich auch den Stöpsel aus der großen Traum-Luftblase "Studentenrevolte". Während nur wenige Protagonisten der 68er-Bewegung im Untergrund zusehends radikalisieren, scheint für die Masse der Jugend die Welt, wie sie ihr Polit-Idol Willy sah (und schaffen wollte), im Großen und Ganzen in Ordnung zu sein. Man geht wieder auf die Reise, aber diesmal führt sie nach innen, in die Meditation, die tiefe Sinnsuche. Nur manchmal prahlt man noch am Lagerfeuer mit seinen "knallharten Demoerfahrungen '68". Wobei die meisten, die bis heute von dieser Zeit schwärmen, vergessen, dass die sogenannten politischen 68er in Wahrheit meistens nur 1972 einen Töpferkurs bei der Volkshochschule besucht haben, und das Soziologisieren und Adornisieren hauptsächlich dazu nutzen, staunende und willige Provinzhühner auf den FLOKATI zu ziehen.

FLOKATIS sind fusselige Webteppiche, die oft als Fellersatz auf dem Boden deutscher Jugendzimmer lagen.

Deutsch wird im West-Rock kaum mehr gesungen - das war und ist die Sprache des Schlagers. Auch wenn er manchmal radebrechen muss: Howard Carpendale erlebt 1970 den endgültigen Durchbruch auf dem deutschen Schlagermarkt, als er mit dem Song "Das schöne Mädchen von

Seite 1" den offiziellen Deutschen Schlagerwettbewerb gewinnt. Für Carpendale - ein gebürtiger Südafrikaner - ist es völlig normal, inmitten der sich rapide verändernden Gesellschaft, der Studentenunruhen und Anti-Vietnam-Demonstrationen weiterhin von Liebe und Gefühlen zu singen. Auf die "Stern"-Frage, ob es ihn damals nicht irritiert habe, dass auf der Straße die Revolution tobte und er "Liebeslieder säuselte", antwortet er harsch: "Wissen Sie, das kann ich langsam nicht mehr hören! Elvis Presley hat es auch nicht irritiert. Und kommen Sie mir jetzt bitte nicht mit all den BAPs, Grönemeyers und Westernhagens, vergessen Sie die. Ich sage Ihnen eins: Nichts ist leichter, als über die Probleme dieser Welt zu schreiben, denn die Tatsachen sind ja da. Aber schreiben Sie mal über Liebe, wo alles schon tausendmal gesagt worden ist. Sie werden sehen, wie sehr Sie sich quälen."

Der Rest der deutschen Musikerschaft quält sich indes tatsächlich - im Proberaum begibt man sich auf der Suche nach der Antwort auf die Frage, welcher Soundtrack zu der Zeit nach dem großen Sturm passen könnte. Klangbastler, Kraut-Rocker, Kreativlinge - sie alle haben eines gemeinsam: Es zieht sie raus, aufs Land, in die Geborgenheit der Bauernhaus-WG. Eine Zeit, in der auch Blixa Bargeld seine alten Beatles-Platten gegen progressiveren Stoff tauscht. "An meinem 16. Geburtstag habe ich einen Kassettenrecorder bekommen, und damit habe ich dann auf Radio Luxemburg die 'Top 40' aufgenommen samt herein- und herausschwingender Mittelwellenfrequenz. Mein Kassettenrecorder ist mir aber schnell geklaut worden, und so setzte eine Dürreperiode ein. Ich musste mir von meinem Taschengeld Schallplatten besorgen: Edwin Hawking Singers 'Oh Happy Day', aber auch Led Zeppelin, später Pink Floyd und dann rasend schnell die deutsche Avantgarde."

Der deutsche Pop, avantgardistisch oder nicht, breitet sich in Windeseile bis in die hintersten Landesecken aus. Wolfgang Kraushaar aus Historikersicht: "Es war so etwas wie ein Ausbreitungseffekt eines Teils der Ziele aus der 68er-Bewegung. Eine Vermassung, die sich bis in die Provinz hinein fortsetzte." Ziele, die sich freilich jeder nach seinen eigenen Vorlieben zurechtbiegen kann. Das Paradies, das man sucht, ist oft ein Ort irgendwo ganz in der Nähe. Der Soundtrack zum Aufbruch nach innen ist kosmischer Folk, das Instrument ist (zu Beginn) die Westerngitarre, der Rahmen für den Befreiungsprozess ist die Landkommune. Doch der Dauerjoint vernebelt die Sinne immer mehr. Frauen zum Beispiel, die sich freiwillig von den angeblichen Segnungen der technologischen Fortschrittsgesellschaft befreien wollen, schrubben tatsächlich mit viel Freunde die Bettwäsche im Waschzuber - weil sie Angst vor der "gefährlichen Strahlung der elektrischen Waschmaschinen" hatten. Im hessischen Langenthal zum Beispiel probt Mani Neumeiers Musikkommune Guru Guru Musik ohne Regeln. Das Zusammenleben freilich folgt klaren Regeln. Neumeier: "Alles musste innerhalb der Gruppe erwirtschaftet werden. Es war auch verpönt, woanders einen Job zu haben." An den Geist des gerade gestorbenen Jimi Hendrix müssen sich die angestammten Bewohner der deutschen Dörfer - vom Bauern bis zum Geißbock - erst gewöhnen. Hier treffen Welten aufeinander: Freie Liebe, unerklärbarer Gitarrenkrach, Drogenschwaden - man macht um die Behausungen der Neudörflinge vorsichtshalber einen großen Bogen - oder beäugt das Treiben zumindest mit einer Mischung aus Neugier und ungläubigen Schauer.

Bongos über Bayern: "Wir haben in Hersching gewohnt", erinnert sich John Weinzierl nicht ohne

Ekel an seine Zeit in der Amon-Düül-WG. Rudelbumsen und Rattenkacke - eine bürgerliche Horrorvision vom WG-Leben, die von der Realität meist nur in der leidigen Entsorgungsfrage gedeckt ist: "Das Haus war so versifft, dass der Abfall in der Küche mindestens zwei Meter hoch war. Es waren schon Ratten unter dem Haus am See. Wir hatten die Wahl, auszuziehen oder aufzuräumen." Ersteres erscheint praktikabler. Düül zieht in ein altes Schloss um, wo bereits eine Kunstkommune mit Malern und Bildhauern (und ein paar Drop-outs wie dem Berlin-Flüchtling Rainer Langhans) haust. Nach kurzer Zeit ergreifen die Künstler angesichts des gelebten Sex & Drugs & Rock' n' Roll der Musiker die Flucht - Düül hat "die Hütte für uns alleine".

Popol Vuh, eine andere Psychedelic-Landkommunenband, lebt und musiziert in Hofstedt. Ihr esoterischer Mix aus Keyboard, Klampfe und Conga hat großen Erfolg als Filmmusik bei Werner Herzogs Streifen "Aguirre - der Zorn Gottes." "KRAUT-ROCK" taufen die Engländer den schrägen Sound deutscher Dörfer, und die Betroffenen haben angesichts des unendlichen Grüns vor ihren Augen gegen den Begriff nichts einzuwenden. Viel wichtiger ist ihen der ideologische Hintergrund: "Kraut-Rock" ist für sie kein griffiges Vermarktungssiegel sondern die alle Bands vereinende Überschrift über die gemeinsame Solidarität gegenüber der Plattenindustrie, die ihre Talentsucher bereits in die einschlägigen Klang-Gehöfte ausgesandt hatte. Embryo, noch eine Musik-WG, diesmal in Taufkirchen, diskutiert denn auch fast täglich das "Problem", dass sich ihre Platten immer besser verkaufen. Embryo-Mitglied Christian Burchard hat Angst vor der großen Vereinnahmung: "Der Kommerz wittert Absatzchancen." So schlimm wird es dann mit der Pop-Star-Karriere auch wieder nicht, aber die

KRAUT-ROCK, ursprünglich eine Wortschöpfung der Engländer, entwickelte sich im Laufe der Jahre in Deutschland zu einem Schimpfwort gegen jede heimische Rock-Musik, die aufwendig arrangiert und komplex komponiert klingt. In England dagegen ist er bis heute der Oberbegriff für die Musik von Bands wie Can oder Tangerine Dream.

Plattenumsätze reichen auf jeden Fall, das Kommunenleben zu finanzieren und - im Fall von Embryo - auch eine mehrjährige musikalische Weltreise zu ermöglichen.

Allen gemeinsam ist die menschlich sicher achtenswerte, kreativ dagegen oft nervtötende Eigenschaft, den Mitmusiker in der freien Entfaltung seiner Kreativpersönlichkeit möglichst wenig zu stören. Die Folge: Stücke von mehr als 30 Minuten Länge und Gitarrensoli bis zum vollständigen Verlust der Muttersprache. Nur wenige Bands sind so diszipliniert Grobschnitt, die zwar behaupten, sie würden nur Freiformimprovisationen spielen, in Wahrheit aber derart feingliedrige Arrangements aushecken, die sich improvisiert anhören - aber bis ins Einzelne festgelegt sind. Der "Rockpalast"-Macher Peter Rüchel schüttelt sich noch heute vor Lachen, wenn er an den Grobschnitt-Auftritt bei seiner Sendung zurückdenkt: "Wenn sich dann Eroc hinsetzte und sagte, er bräuchte acht Stunden Soundcheck nur für seine Drums - das war schon sehr komisch. Sie hatten ein Stück, von dem sie behaupteten, sie wüssten nie, wie lange es dauere, denn es sei eine reine Improvisation. Seltsamerweise war das Stück dann aber immer exakt 54 Minuten und 20 Sekunden lang."

Dafür ist die Bühnenshow von Grobschnitt eine der farbenfrohesten ihrer Zeit. Vor allem die Pyro-Effekte sind ihrer Zeit weit voraus. Eroc, Schlagzeuger bei Grobschnitt und späterer Produzent von Independent-Größen wie Phillip Boa, ist im Hauptberuf Chemielaborant und hat somit unbeschränkten Zugang zu Substanzen, die - in gekonnter Zusammensetzung - schnöde Böller in eine explodierende Supernova verwandeln konnten. Eroc: "Ich bastelte im Labor immer wieder ganz heiße Mischungen zusammen. Die hab ich dann in den Proberaum mitgebracht und den

Jungs gesagt: Guckt mal - ich hab die absolute Bombe dabei."

Weniger bombig findet im Nachhinein der Modern- Talking-Erfinder Dieter Bohlen seine Frühzeit als Kraut-Rocker mit seiner damaligen Band Urvogel. Bohlen komponiert schon als 13-Jähriger an der Wanderklampfe sein erstes Lied - einen Protestsong, der unter dem Eindruck der 68er-Studentenunruhen und des Vietnamkriegs entsteht: "Viele Bomben fallen / doch keiner ändert was / es nützt kein Krawallen / geschehen muss etwas." Bohlen durchlebt seine Protestphase im Schnelldurchlauf: Er hisst eine rote Fahne auf dem Dach seines Elternhauses und tritt den Jusos bei. In den frühen siebziger Jahren sitzt er oft mit halblangen Haaren und einer Westerngitarre vor einem Hippie-VW-Bus und singt verträumt in die Abendsonne. Nach Urvogel gründet er seine zweite Band Mayfair und spielt Rock-Musik "zwischen Uriah Heep und Alex Harvey". Doch schon kurze Zeit später überspringt er auf Grund guter Leistungen eine Klasse und entdeckt seine Liebe für bürgerliche Werte: "Ich wollte unbedingt tolle Musik machen, aber ich wollte auch Sicherheit. Also habe ich schnell mit 17 Abi gemacht, BWL studiert und mit 23 den Abschluss gemacht. Ich wollte vermeiden, dass man sagt: 'Der ist Musiker, und Musiker sind sowieso alle blöde.'"

Aufbruchstimmung herrscht auch in der DDR. Eine nie gesehene Liberalität macht sich breit. 1973 zeigt sich Ost-Berlin von seiner poppigen Seite. Die Weltfestspiele der Jugend stehen an - und es klingt wie eine kleine Revolution: Die "Stimme der DDR" spielt im Radio Uriah Heep und Led Zeppelin neben Karat und Renft - die Nachfolgeband der verbotenen Butlers. Und es schallt sogar was rüber: "Wenn ein Mensch lebt" - von den Puhdys - ist der erste DDR-Hit, der auch im Westen gehört wird. Der neue Mann an der Spitze der DDR heißt Erich Honecker, und er ist relativ jung. Die Hoffnung der Jugend: "Als Honni an die Macht kam, gab es auch mal Jeans, Lederjacken, Stiefel, Hi-Fi-Anlagen - zwei oder drei Sorten. Es wurde freier mit Rock-Musik umgegangen, in den Medien war eine gewisse Aufbruchstimmung zu spüren" (Dieter Birr von den Puhdys). Die Partei scheint kapiert zu haben: Pop-Stars heben die Stimmung im Staat. Im Gegenzug müssen sie direkt in den Betrieben für die Arbeiter auftreten: Keyboards im Chemiewerk, Schlagzeuger mit Schutzhelm, Gitarrenriffs in Leuna - die Puhdys zeigen sich linientreu, als Arbeiter an Instrumenten und nicht als Stars im Sozialismus. In TV-Sendungen wie "Rund" gibt es tatsächlich Songs über Ölpipelines und andere Errungenschaften des Sozialismus zu hören. Für den Wessi eine fremde und sonderbare Welt, die auch in dem DDR-Kinohit "Die Legende von Paul und Paula" eher den DDR-Bürgern verständlich ist. Der Film wird dennoch ein Welterfolg, und auch die Tatsache, dass er in der DDR überhaupt gezeigt wird, ist ein Beleg für die neuen Freiheiten. Diese Lovestory aus der DDR ist ein Härtetest fürs kulturelle Klima: die ziemlich freizügige, unverblümte und - natürlich - unglückliche Liebesgeschichte einer Frau, die trotz aller sozialistischen Parolen einfach nur Frau sein will, privat - und damit fast schon subversiv.

Die Jugend tanzt, die Weltfestspiele rücken näher. Erich Honecker (noch ohne Brille) hält die Eröffnungsrede: "Mögen die Tage in unserer Hauptstadt Berlin neuer Impuls im Kampf für die Gegenwartsinteressen und die Zukunft der Weltideale der Jugend sein." Klaus Renft ist dennoch skeptisch. Er wird am Abend nach der Eröffnung in die FDJ-Zentrale eingeladen: "Ich sah all diese FDJ-Berufsjugendlichen mit den dicken

Bäuchen. An dem Abend wurde mir klar: Mit denen wird das nichts." Renft bekommt schneller Recht, als ihm lieb ist. Mitten in die allgemeine Entspannung platzt der Renft-Song "Lied vom kleinen und großen Otto" - der "große" Otto (das Bismarck-Denkmal auf der Reeperbahn) im fernen Hamburg und der "kleine" DDR-Otto, der sich am liebsten über die Grenze nach Norden davonmachen würde. So einen Text kann man trotz Liberalisierung natürlich nicht singen: "Manchmal, sagte Otto, Leben ist wie Lotto, doch die Kreuze macht ein Funktionär. Ob ich nach Norden, ob ich nach Norden, ob ich nach Norden flieh?" Die Kulturbehörde Leipzig reagiert mit der ganzen Strenge eines Staates, der sich eben doch nur ein dünnes liberales Deckmäntelchen übergezogen hatte: Renft wird verboten, "weil die Texte mit unserer sozialistischen Wirklichkeit nicht das Geringste zu tun haben. Weil in den Texten darüber hinaus die Arbeiterklasse verletzt und die Staats- und Schutzorgane diffamiert werden. Sie werden verstehen, dass wir nicht gewillt sind, uns das auch noch musikalisch untermauern zu lassen, was Sie uns textlich vorgelegt haben, und wir sind der Auffassung, dass die Gruppe Renft als nicht mehr existent anzusehen ist" (O-Ton der Behörde).

Ein paar hundert Kilometer weiter nordwestlich, in einem Keller in West-Berlin, gibt es längst keine Diskussion über Texte mehr. Warum auch, wenn keiner mehr singen will? Stattdessen werden als überholt betrachtete musikalische Strukturen bekämpft. Tangerine Dream stellen die Schlüsselfragen: Warum braucht man eine Melodie, warum Strophen und Refrains, warum Songs, warum das alles? Innerhalb der Band wird das natürlich anders formuliert: "Wir fühlen eine sehr große Schwerkraft in uns, die wir versuchen zu überwinden." Tangerine-Dream-Mitbegründer

Edgar Froese hat 25 Jahre später die Probleme mit der Schwerkraft überwunden und schaut mit Überblick zurück: "Die Art, mit den Instrumenten umzugehen, orientierte sich damals nicht an der Virtuosität und dem konventionellen Verständnis von Können. Unsere prinzipielle Spielfreude ging einher mit der Vision, dass Musik auch anders klingen kann als das, was man aus dem Radio hört."

Der Plattenproduzent Rolf Ulrich Kaiser wird mit seinen Labels wie "Ohr" oder "Pilz" nicht nur zu einem der Vordenker der Independent-Bewegung - er ist zugleich auch der kommerzielle Prophet dieser neuen Klangrealitäten: "Wir sind kosmische Kuriere und veröffentlichen Musik von Menschen, die sich ebenfalls als kosmische Kuriere fühlen." Froese (dessen elektronischen Tangerine Dream im Ausland eher als typischer "Kraut-Rock" gesehen wurde als zum Beispiel Bands wie Grobschnitt oder Embryo) war damals viel zu sehr damit beschäftigt, die instabilen Schaltkreise seiner ersten Synthesizer im Zaum zu halten. Inzwischen hat er mehr Abstand zu seinem angeblichen Dasein als "kosmischer Kurier": "Es war der größte Unfug einer Plattenfirma, eine ernst zu nehmende Absicht auf ein so dümmliches Niveau zu bringen, so dass man sich letztendlich nur distanzieren konnte. Unser Ursprung ist eher in der intensiven Beschäftigung mit Astrologie zu sehen. Wir versuchten zu verstehen, wie Systeme funktionieren, welche Kräfte und Energien dahinter stehen, ohne es auf eine dümmlich-esoterische Ebene zu ziehen. Früher oder später versteht man, dass da Bedingungen existieren, die etwas mit Frequenz, mit Klang auf einer anderen Ebene zu tun haben. So entwickelte sich die Vorstellung, irgendwann Nichthörbares in Hörbares zu transformieren. Aus Naivität hat man diese Ideen der Plattenfirma vorgetragen, was ein großer Fehler gewesen ist, da sie es sofort aufgriffen. Irgendwie wurde aus der ganzen Sache etwas Kosmisches. Zum Schluss war es eine weinerliche Soße, und die Korrespondenz zum Ursprünglichen war völlig weg. Jeder, der die Gitarre halbwegs richtig herum halten konnte, machte plötzlich kosmische Musik - Schwachsinn, von dem wir uns distanzieren mussten."

Jim Rakete, später einer der großen Protagonisten und Entrepreneure der Neuen Deutschen Welle, bekommt noch heute Lachkrämpfe, wenn er an die kosmischen Konzerte zurückdenkt: "Man trat in Konzerte, in denen der Qualm von 1000 Joints dicke Luft machte. Für Minuten wurde der a-Moll-Akkord auf der Hammond-Orgel gehalten, bis jemand aus der letzten Reihe rief: 'Mehr Rock-Elemente!' Das war schon ziemlich bizarr."

Bizarr erscheinen dem Bildungsbürgertum auch die klanglichen Entdeckungsreisen der Musikergruppe Can aus Weilerswist bei Köln - und doch wird eben diese Band noch in 25 Jahren in einem Atemzug mit Kraftwerk genannt, wenn die Rede von deutschen Combos mit internationaler Vorbildwirkung ist. "Spoon" heißt ein Can-Song, mit dem die Gruppe schlagartig bundesweit bekannt wird. Es ist der Titelsong des TV-Krimis "Das Messer" - ein echter Straßenfeger von Francis Durbridge. Aber auf der Bühne erkennen selbst eingeschworene Fans den großen Hit nicht wieder. Can erheben den Improvisationstrip ins Ungewisse zum Prinzip. Für jedes Gefühl gibt es eben auch ein Geräusch - und ein Geräusch behandeln Can wie eine Melodie. Dazu braucht es noch nicht einmal besonderer Effekttechnik: "Eigentlich hatte Michael als Gitarrist überhaupt nicht das Bedürfnis, den Gitarrenklang mit elektronischen Zusatzgeräten zu verändern", beschreibt Can-Keyboarder Irmin Schmidt die Arbeitsweise seines Gitarristen Michael Karoli,

Foto: WDR

Klangdesign statt Bandprinzip: Bei Kraftwerk geben die Maschinen den Ton an.

"die Gitarre selbst war ein Medium, das er in einer entscheidend anderen Form hat spielen lassen. Dieses elektrische Instrument lag zum Beispiel auf dem Boden, als er ins Studio kam. Er hat den Verstärker eingeschaltet, und es hat zu brummen angefangen. Michael hat zwar noch davor gestanden, aber er hat nach unserem Verständnis bereits Gitarre gespielt." Dieser freie Umgang mit dem Begriff "Musik" kommt nicht überall gleichermaßen gut an: Beim Adolf-Grimme-Preis 1972 spielen Can binnen Minuten den Saal leer - die Honoratioren ergreifen die Flucht. Can-Bassist Holger Czukay grinst heute: "Wir haben das als großen Erfolg gesehen."

KRAFTWERK gelten bis heute als eine der weltweit einflussreichsten Musikgruppen aus Deutschland. Als erste verwendeten sie ausschließlich elektronische Musikinstrumente und verzichteten vollkommen auf jegliche Personalisierbarkeit ihrer Musik.

Die Texte werden immer kürzer. Der Sound spricht für sich. Bei dem Projekt KRAFTWERK (1972 noch mit Drummer) ist bald selbst der Schlagzeuger überflüssig. Ihr Hit "Autobahn" wird zum unfreiwilligen Soundtrack der autofreien Sonntage während der Ölkrise, und der Song "Trans Europa Express" gießt das ewige Thema der Jugend - Fortbewegung - in ein völlig neues Gewand. Holger Czukay erlebt mit, wie die Wege sich trennen: "Wir haben mit Can von der Idee einer Band nicht abgelassen. Kraftwerk war auch eine Band, aber letzten Endes haben sie das Bandprinzip zugunsten eines Klangdesigns aufgegeben. Das haben wir nicht gemacht. Wenn wir live gespielt haben, dann war das wirklich live, nicht nach Vorgaben und nichts reproduziert." Ralf Hütter, Kraftwerk-Mitbegründer, spricht damals in der Öffentlichkeit nur selten - und wenn, dann meistens nur Sätze wie: "Wir können nicht so gut reden - deshalb machen wir Musik." Florian Schneider und Ralf Hütter reisen nicht aufs Land und nicht in die Schwerelosigkeit - Kraftwerk schließen sich im Studio ein und reisen in die Zukunft. Nur der Synthesizer darf mit.

Ein Instrument, das auch die Charts anders

klingen lässt. "Popcorn" heißt der Synthie-Hit, bei dem man darüber nachdenkt, ob man wirklich in einer Furniermöbelhütte, wie die Eltern sie sich stolz aufgebaut haben, leben will. Die Siebziger bringen vor allem Bewegung und Frischluft: Man trampt, sitzt am Lagerfeuer und fühlt sich frei. Mutti kann die Suppe heute alleine essen, man ist draußen und trägt Jeans - eine Hose, die sogar Flecken verträgt. Auch im Kino: "Die neuen Leiden des jungen W.", die Geschichte des aufmüpfigen Lehrlings Edgar Wibeau, zementiert 1976 den Mythos der Jeans als Aussteigerhose.

Auch Willy Brandt reist viel - vorwärts in die Vergangenheit: in Warschau kniet er nieder, vor den Opfern der Nazis. Im Westen melden sich erstmals auch die Homosexuellen aus der stigmatisierten Versenkung. Der Schwulenparagraph 176 war zwar schon 1969 liberalisiert worden, der Filmemacher Rosa von Praunheim propagiert dennoch zu Recht: "Nicht der Homosexuelle ist pervers, sondern die Gesellschaft, in der er lebt." Erst nach langen Diskussionen wird sein TV-Film gesendet. Schwule sind gesetzlich erlaubt - aber viel haben sie noch nicht von der neuen Freiheit.

Auch die Frauen begehren verständlicherweise dagegen auf, sich mit der Pille zwar sexuell befreit, im Alltag dann aber doch den patriarchalischen Stinker vor der Nase zu haben. Die Rock-Sängerin Ina Deter fängt damit schon Ende der sechziger Jahre in Berlin an: "Leer stehende Tante-Emma-Läden wurden von Frauen zu selbst verwalteten Kinderläden umgewidmet. Das war die Aufmüpfigkeit der Frauen, die den männlichen Wortführern der Studentenbewegung gesagt haben: Ihr habt sie doch nicht mehr alle! Ihr schwingt große Reden, und wir machen euch den Dreck weg - ohne uns! Für mich ist das die Geburtsstunde der Frauenbewegung. Und das schwappte dann ja auf andere große Städte über." Mitte der siebziger Jahre wird der Kampf um die Liberalisierung des Abtreibungsparagraphen 218 zum Hauptschlachtfeld der Frauenbewegung. Deter: "Dazu habe ich ein Lied geschrieben: 'Ich habe abgetrieben'. Parallel lief auch die 'Stern'-Aktion." Die Hamburger Illustrierte zeigte auf dem Titel Dutzende weibliche Stars aus Film, Pop und Fernsehen, die bekannten: "Wir haben abgetrieben." Für Ina Deter war das die Initialzündung: "Da ging eine Bombe hoch - das waren ja alle bekannte Leute: Senta Berger, Romy Schneider, Sabine Sinjen und so weiter. Dieses Selbstbekenntnis war eine ganz, ganz wichtige Sache. Ich hab also das Lied gespielt, und die anderen haben Unterschriften gesammelt. Wir mussten uns als Kindermörder anschreien lassen - das ging hart zur Sache."

Währenddessen kommt Willy Brandt mit seiner Ostpolitik in großen Schritten voran und schippert gar mit Leonid Breschnew entspannungspolitisch erfolgreich vor der Krim. Im Osten gewinnt er Freunde, zu Hause ist er selten - aber ein Jugendidol noch immer. Die Opposition misstraut Brandts Politik - eine Abstimmung im Bundestag soll ihn stürzen. Auch der spätere Sportmoderator Reinhold Beckmann ist ein eingefleischter Willy-Fan: "Wir hatten uns alle ein bisschen in Willy Brandt verguckt. Ich kann mich noch gut an die Misstrauensvotumsgeschichte erinnern. Wir fuhren mit dem Bus von der Schule nach Hause, und dann kam über Radio durch, dass das Misstrauensvotum nicht geklappt hat. Da gab es einen Riesenjubel, und es wurde geklatscht im Bus - für die heutige Zeit unvorstellbar."

Unvorstellbar genauso, dass ein Star wie Udo Lindenberg völlig entgegen dem Trend zu immer weniger (englischen) Songtexten ein Album mit wortreichen Songs in deutscher Sprache produzieren kann. Udo Lindenberg und das Panikorchester stoßen in eine Marktlücke. Achim Reichel erinnert sich an ein denkwürdiges Gespräch: "Eines Tages ging ich mit Udo in Hamburg über die Lombardbrücke, und er erzählte mir, dass er plant, ein deutschsprachiges Album zu machen. Ich sagte: 'Wenn du das schaffst, werden dir die Leute ewig dankbar sein. Das wird ganz viel bewegen.'" Udo mimt die Schnodderschnauze mit Showeinlage, ohne problematisch-intellektuellen Überbau. Die Menge rast. Lindenberg selbst ist ganz offen: "Es war erforderlich, dass etwas Neues in Deutschland entsteht. Eine echte Alternative zum Schlagermüll. So richtig korrekte deutsche Straßentexte gab es ja gar nicht. Das musste passieren, das stand diesem Land auch zu. Und es kombinierte sich mit meinem individuellen Wunsch, ganz nach vorne zu kommen, Karriere zu machen."

Doch Udo ist nicht der Einzige, der Straßentexte auf Deutsch singt: In Berlin, nach wie vor Fluchtburg aller jungen Männer, die weder Wehr- noch ZIVILDIENST ableisten wollen, formiert sich die Hausbesetzerszene. Und Rio Reiser ist mit seiner Band Ton Steine Scherben ihr singender Multiplikator. Die Klientel der Scherben besteht vor allem aus Linken und Studenten. Sie besetzen leer stehende Häuser in Berlin und im Frankfurter Westend. Das Motto: Keine Macht den Immobilienspekulanten. Kein TV-Bericht über die Hausbesetzerszene und die Prügeleien mit der Polizei kommt in den Siebzigern ohne diese Musik aus. So plakativ die Sprache, so hart der Sound: "Macht kaputt, was euch kaputtmacht." Für Blixa Bargeld ist ein Scherben-Gig die wichtigste Konzerterfahrung bis dato: "Die lebten zu der Zeit nicht mehr in Berlin und waren schon legendär. Eines der wenigen Konzerte, das sie in Berlin gegeben haben, habe ich gesehen - und das war großartig. Wenn man etwas über die Macht und

ZIVILDIENST müssen alle jungen Männer ableisten, die nicht zur Bundeswehr wollen. Bis zur Wiedervereinigung gab es nur drei Möglichkeiten, beides zu vermeiden: Ausmusterung aus gesundheitlichen Gründen, das Verlegen des Wohnsitzes ins Ausland, oder der Umzug nach Berlin – dort sicherte der Drei-Mächte-Status junge Männer vor dem Zugriff des Staates.

die Identitätsstiftung von Musik erfahren möchte, auch über die manipulative Fähigkeit, die Musik besitzen kann, dann waren sie das beste Beispiel." Doch für Blixa ist die Band des 1998 verstorbenen Rio Reiser weit mehr als nur eine Polit-Rock-Gruppe: "Sie waren die Essenz deutscher Rock-Musik überhaupt. Die besten Übersetzer der Idee der Rock-Musik ins Deutsche."

Gleichzeitig werden die Charts dagegen von seltsam gekleideten Gestalten auf den Kopf gestellt. Glitzernd, androgyn, überdreht. Suzi Quatro, David Bowie (in einer seiner zahllosen Inkarnationen), Sweet, Slade und allen voran Garry Glitter sind die Protagonisten des Glam-Rock. Auf Plateaustiefeln und in glitzernden Outfits fragt sich der größere Teil der Jugend: Muss denn immer alles politisch sein und voller Sinn? Man spinnt jetzt einfach rum. Notfalls auch zu den komplexen Klängen der großen Rock-Dinosaurier von Pink Floyd über Yes bis hin zu Emerson Lake & Palmer. Wieder einmal zeigt sich die Jugend in ihrem überwiegenden Teil unpolitisierbar. Musik, Show, Texte, das Leben - man muss ja nicht alles permanent hinterfragen. Dann schon lieber Ilja Richter in seiner Musiksendung "Disco" gucken: "Licht aus - Spot an!" Doch etliche wollen nicht sitzen bleiben. Sie brechen auf, jeder für sich: In die Disco, in den Süden, nach innen, zu Baghwan, mit dem Daumen im Wind, immer direkt in die Zukunft - wenn's denn eine gibt: "No Future" steht schon in den Startlöchern.

O-Ton Hugo Egon Balder

Für die meisten Zeitgenossen ist Hugo Egon Balder der Mann mit der Zitrone: Seine Nackedei-Show "Tutti Frutti" bei dem neu gegründeten

Vom Birth Control-Schlagzeuger zum „Tutti Frutti"-Showmaster: Hugo Egon Balder

Privat-TV-Sender RTL markiert den Einstieg Deutschlands in eine Ära des Unterhaltungsfernsehens, die nicht von jedem Zuschauer als tatsächliche Bereicherung des Feierabends empfunden wird. Dennoch stimmen die Quoten ein anderes Lied an. Wie auch immer - Balder hatte auch ein Leben vor dem Strip-TV. Eine der wichtigsten Stationen dieses Lebens (neben seiner Zeit als Schauspieler am Berliner Schillertheater): Er trommelte in den siebziger Jahren bei der deutschen Hard-Rock-Band Birth Control.

Wann hatten Sie die Idee, Musiker zu werden?

Mit 14 hatte ich die große Vision, Dirigent zu werden. Meine Eltern haben mich sehr unterstützt. Ich habe das dann erst mal geübt: Ich stellte mich zu Hause hin, legte eine Beatles-Platte auf, drehte eine Höllenlautstärke auf und dirigierte dazu. Dabei habe ich gemerkt, dass ich noch irgendwas mit dem Rhythmus machen musste. Ich habe autodidaktisch Schlagzeug gelernt, und dann ging es richtig los. Da war dann auch alles vorbei, was sich meine Eltern als Berufsausbildung für mich vorstellten - Jurist, Diplomat oder so. Ich wollte irgendwas im künstlerischen Gebiet machen. Mit 15 hatte ich die erste Band, als Schlagzeuger. Wir haben alles nachgespielt, was es so gab: Beatles und Bee Gees, überhaupt die ganzen Beat-Sachen. Ich bin natürlich von den Beatles geprägt. Ich war mehr Beatles- als Stones-Fan - eben mehr in der melodischen Ecke als in dieser harten. Das änderte sich aber im Laufe der Zeit.

Wie kamen Sie zu Birth Control?

Wir hatten eine Combo aus zwei auseinandergefallenen Bands zusammengebaut. Ich fragte

Klassenkameraden, ob sie nicht einen Namen wüssten für eine neue Band, und der Klassenprimus sagte: 'Ja, dann nennt euch doch Birth Control.' Das war zu der Zeit, als der Papst die Pille verboten hatte, und es war fast jeden Tag etwas über Geburtenkontrolle zu lesen. Den Namen fanden wir ganz akzeptabel.

Und was sagten Ihre Eltern dazu?

Es war nicht einfach, meine Eltern davon zu überzeugen, dass ich Profimusiker werden wollte. Das ging nur mit dem Versprechen, dass ich das nur kurz mache und dann weiterstudiere. Ich hatte angefangen, Kunst zu studieren.

Wie haben Sie die Studentenrevolten erlebt?

Die ganze 68er-Geschichte hat mich auch nur am Rande gestreift. Gut, ich war auch auf dem Ostermarsch. Ich wusste nur nicht, was ich da soll. Ich dachte mir: Während ich hier sitze und stundenlang mit intelligenten Menschen diskutiere, hätte ich schon längst wieder Schlagzeug üben können. Das klingt jetzt sicher banal, aber ich fragte mich halt: Was soll der ganze Scheiß hier eigentlich? Musik brauchten sie zwar, nur nicht unsere - die hatten ja immer diese Wandergitarre dabei und spielten Friedenslieder.

Warum stiegen Sie bei Birth Control aus?

Der ausschlaggebende Punkt war, dass ich von meinen Eltern Druck bekam; mein Vater erlitt einen Herzinfarkt nach dem anderen, und ich war zu der Zeit auch nur noch ein Wrack. Wir haben uns nur noch mit Pillen über Wasser gehalten - wir haben nicht gekifft oder gesoffen -, das ging an die körperliche Substanz. Und da sagte ich:

Schluss, ich steig aus. Danach wurde das mit Birth Control richtig groß. Ich war aber froh, ausgestiegen zu sein: Ich hab die dann zehn Jahre später mal wieder gesehen - die sahen alle aus wie 60.

Was haben Sie vom Rock im Osten mitbekommen?

Ich war ja öfter mal drüben. Das war ganz traurig. Klar - da gab es auch Musik: Puhdys, Karat. Wir bekamen ja auch DDR-TV rein. Aber da waren die alle noch ziemlich brav - wir belächelten das immer: Ach, guck mal, jetzt haben die auch schon etwas längere Haare, dürfen sie das jetzt auch schon? Im Nachhinein sagt man sich aber: Die hatten es schon schwerer als wir.

Sind Sie Mitte der siebziger Jahre auch in kosmische Sphären aufgestiegen?

Ach was, diese ganzen elektronischen Sphären - das hat nicht lange gedauert, dann war es mir zu langweilig. Ich dachte mir: Das kann ich auch. Da setze ich mich an den Synthie und halte sechs Stunden lang sieben Töne aus. Und alle sagen: Mann, ist das geil! Ich fand das gar nicht komisch, das fand ich ziemlich scheiße!

<6> NIGHT FEVER & NO FUTURE
ca. 1975 bis 1980

ALS SICH ENDE DER SIEBZIGER JAHRE IN BERLIN - und damit erstmals in Deutschland - junge, vom Wohlstandsleben und Hippiekultur gelangweilte Zeitgenossen die Haare leuchtgrün färben, mit Zuckerwasser in die Höhe toupieren, sich eine Sicherheitsnadel durch die Backe rammen und ihre Ratten auf der Schulter der zerfetzten Lederjacke für ein Passanten-Markstück tanzen lassen - zu eben diesem Zeitpunkt ist es im Grunde schon wieder vorbei mit dem Punk. Die Sex Pistols, eine clevere Marketingidee des britischen Musikmanagers Malcolm McLaren, verlieren ihren legendären Bassisten Sid Vicious schon im Februar 1979 an eine Überdosis Heroin, und im damals noch Trend setzenden London tauschen die meisten Kids ihre punkigen Schmuddelklamotten bereits gegen feineren Wave-Zwirn. Dennoch - wenn auch mit gebührender Verspätung - explodiert auch in Deutschland die Punk-Bewegung. Vor allem Berlin bietet den idealen Nährboden für "NO FUTURE" und den Traum von staatsfreier Anarchie: Die geteilte Stadt - an eine Wiedervereinigung dachte noch nicht einmal mehr Franz Josef Strauß in seinen kühnsten Träumen - ist ein Lieblingsfluchtort für alle Westdeutschen, die keine Lust mehr auf ein bürgerlich-angepasstes Leben haben. Junge Männer entziehen sich hier dem Zugriff ihres lokalen Kreiswehrersatzamts, und mit ihnen kommen scharenweise Provinzkids auf der Flucht vor Schützenfest und Dorfdisco mit dem großen Traum vom wilden Leben in der Mega-Stadt.

NO FUTURE war das zentrale (und einzige) Schlagwort der Punk-Bewegung. Wenn man schon glaubt, keine Zukunft mehr zu haben, muss man sich auch in der Gegenwart keine Gedanken über bürgerliche Dinge wie duschen, lernen oder Geld verdienen machen.

Dass die meisten internationalen Stars Berlin Ende der siebziger Jahre schon wieder in Richtung London oder New York verlassen, stört sie wenig. Auch David Bowie, der in Berlin lebte und dort zwei Depri-Alben einspielte, hat längst der tristen Stadt den Rücken gekehrt und ist ins edle Montreux an den Genfer See gezogen. Trotzdem: In Berlin tobt der Bär - und es stehen genug alte Häuser leer. Bezahlbaren Wohnraum gibt es für die finanziell immer auf der Kippe zum völligen Ausgebranntsein stehenden Neuberliner kaum. Die Folge: Man besetzt einfach die Häuser nach dem Vorbild der Amsterdamer "Kraker", jene Vorbilder aller westeuropäischen Hausbesetzer. Zentrum des Häuserkampfs ist der schäbige Berliner Stadtteil Kreuzberg - in der Szenesprache meist nach seinem Postzustellbezirk "SO 36" benannt.

Doch Deutschland ist zu dieser Zeit musikalisch und jugendkulturell auch nicht weniger gespalten als in den Phasen zuvor. Wieder gibt es Revolte, unangepasste Haartracht und Ungewaschensein als Prinzip. Das ist für die Punks - für den Rest der Jugend gibt es die Spiegelkugel, die sich im gleißenden Licht zuckender, bunter Scheinwerfer über den Tanzflächen der Nation dreht. Der Disco-Sound spaltet die Jugend. Von den einen gehasst, zelebrieren sich die anderen dazu auf der Tanzfläche. Der Rest der jungen Menschen beobachtet indes hilflos, wie die letzten Räucherstäbchen verglimmen und erinnern sich - wie der heutige Sportmoderator Reinhold Beckmann - nur ungern an diese Zeit der weißen Satinhosen und schwarzen Kunstlederherrentäschchen: "Disco hab' ich gehasst!"

Mit opulenten Streicherarrangements und 120 Beats per minute schmeichelt sich der "Sound Of Philadelphia" auch in die deutschen Gehörgänge. Künstler wie Barry White oder MFSB landen Top-ten-Hits. Endlich hat es die Musik und der Rhythmus des schwarzen Amerikas bis auf die deutschen Tanzböden geschafft (und es wird bis zu den Fantastischen Vier Anfang der neunziger Jahre dauern, bis sich deutsche Jugendliche wieder in Massen zu Tanzmusik auf schwarzer Basis bewegen wollten). Mit Marianne Rosenberg hat die Nation ihren ersten

Foto: WDR

Unterschätzte Marionetten der Disco-Ära: Penny McLean (r.) mit Silver Convention

Dancefloor-Star - in den Plattenverkäufen angetrieben vor allem von ihren vielen homosexuellen Fans, die ihr bis heute die Stange halten. Der Schlagersängerin gelingt mit dem Philly-Sound ein grandioser Wurf. Doch die heimischen Pop-Produzenten streben nach Höherem. Sie wollen den internationalen Markt erobern. Allen voran sind es drei Produzenten, denen als erste Deutsche das Kunststück gelingt, mit ihren Platten bis in die US-Hitparaden vorzustoßen: Frank Farian, Giorgio Moroder und Michael Kunze. Allesamt interessante Studienobjekte für den späteren (damals aber als Punk herumlaufenden) Techno-Produzenten Westbam: "Frank Farian ist der größte Pop-Genius, der es je in Deutschland gab, obwohl er kein großer Innovator war. Moroder arbeitete mehr an den Wurzeln von Disco-Musik. Moroder ist eher Westbam und Farian ist eher Scooter. Als Punk hab ich Disco natürlich abgelehnt."

Michael Kunze gelingt mit der Gruppe Silver Convention und ihrer in München lebenden Sängerin

Penny McLean, was noch kein Deutscher vor ihm schaffte: Platz eins in den amerikanischen Charts mit "Fly, Robin, Fly". Disco "made in Germany" wird über Nacht zum Exportschlager, die Produktionen von Kunze, Moroder und Farian werden Welthits. "Daddy Cool" von Boney M., "Love To Love You Baby" von Donna Summer oder "Yes Sir, I Can Boogie" von Baccara - deutsche Disco-Projekte werden zu Stammgästen in den internationalen Hitparaden. 22 Mal steht Frank Farian (siehe Interview am Ende dieses Kapitels) mit Boney M. in den englischen Top ten. Ein ähnliches Kunststück gelingt Giorgio Moroder mit Donna Summer: acht Mal Top ten in den USA. Das spanische Damenduo Baccara wird in Hamburg produziert - und erreicht in England Platz eins. Doch nicht nur im Westen feiert man Erfolge. Für die DDR-Führung ist der Glitzersound zwar einerseits wieder einmal Ausdruck westlich-kapitalistischer Dekadenz, andererseits erscheint es den Kadern sinnvoller, die eigene Jugend tanzen zu sehen, als sie am Demonstrieren hindern zu müssen.

West-Stars werden für teure Devisen oder Meißener Porzellan ins Land geholt und umjubelt. Opium für das Volk. Penny McLean hat 1976 einen umjubelten Auftritt im DDR-Fernsehen. "Da war eine unglaubliche Euphorie und eine Begeisterung", erinnert sie sich an ihre Ost-Reise. "Wir waren Leute aus einer anderen Welt, die den Hauch von Freiheit und von all dem, was die gerne gehabt hätten, mitbrachten. Wir kamen wie Engelsboten aus dem Himmel und sangen Lieder, die sie nie produzieren konnten. Man wurde da gefeiert wie Michael Jackson, wenn er heute kommt." Das Problem der DDR-Produzenten: Dem TECHNOLOGISCH höchst entwickelten Gerätepark der West-Studios haben sie aus volkseigener Produktion nichts Gleichwertiges entgegenzusetzen. Und natürlich fehlt es auch an der Verwurzelung des DDR-Disco-Sounds in der real existierenden Tanzkultur. Disco-Gruppen wie Kreis treten zwar im Ost-Fernseh-

TECHNOLOGIE ersetzte zwar nicht die musikalische Kreativität, ermöglichte aber erstmals einen Sound, der auch in großen Lautstärken nicht matschig klingt.

en auf - doch allein der Songtext zeigt, wie tief die Gräben zwischen Ost und West wirklich sind: "Um zehn in der Disco fiel ein Mädchen mir auf." Die DDR-Jugend wird jeden Morgen ab sieben Uhr gebraucht, um am Aufbau des Sozialismus zu arbeiten. Wenig Platz für echtes Nachtleben: In den meisten West-Disco jedenfalls kann man Mitte der siebziger Jahre um zehn Uhr abends (wenn der Laden so früh überhaupt schon geöffnet hat) garantiert noch kein einziges Mädchen sehen.

Der Musikwissenschaftler Peter Wicke sieht Disco vor allem als ein Konsumphänomen. "Nicht Rebellion gegen Werte und Normen, sondern Hedonismus stand nun im Vordergrund. Den gesellschaftspolitischen Utopien ging die Luft aus, es machte mehr Spaß, sich auszuleben. Europa hatte nach langer Zeit endlich eine wichtige Marktposition im Musikbusiness. Disco im Osten war apolitisch und wurde deshalb von Anfang an gefördert und in der DDR zugelassen. Es fehlte aber der Kommerz, der zu Disco gehört. Eine eigenständige Disco-Musik konnte es in der DDR ohnehin nicht geben, denn es mangelte an den technischen Möglichkeiten, um diesen transparenten Sound zu produzieren, einen Sound, der auch bei Abstrahlung in großen Räumen bei großen Lautstärken absolut transparent bleibt."

Ganz anders in Westdeutschland. Technisch auf dem neuesten, internationalen Stand, werden die Produktionen immer ausgefeilter. Vor allem das Münchener Musicland-Studio gilt bei vielen Produzenten als erste Adresse. Im zweiten Untergeschoss unter dem "Arabella"-Hotel entsteht der Sound, zu dem (mindestens) Europa tanzt. München ist zum ersten - und letzten - Mal Musikmetropole. Penny McLean: "Die Musicland-Studios waren etwas Besonderes, und Giorgio Moroder war etwas ganz Besonderes. Er hatte die Fähigkeit, zu erkennen, was kommerziell geht, und machte trotzdem keine billige Musik. Der Mann konnte mit seinem

Equipment umgehen. Er war ein Riesentechniker mit einem guten Ohr." Es entstehen reihenweise Hits, bei denen aber letztendlich nur einer entscheidet: der Produzent. Die restlichen Akteure dienen nahezu ausschließlich dazu, diesen Sound optisch in den Medien und bei den Tourneen durch die Discos zu personalisieren. Vortänzerinnen wie Penny McLean haben ansonsten wenig zu melden. "Ja, es war eine Produzentenmusik. Sie war hoch erfolgreich, sie war handwerklich hervorragend gemacht, sie war kalkuliert - wir waren die Marionetten." Wen interessiert schon, ob ein Disco-Sänger wirklich singen kann? Viel wichtiger ist das richtige Image. Deshalb hat auch Frank Farian kein Problem damit, sich als der "fünfte Boney M." zu outen. Die tiefe Stimme in den Hits stammt nicht von dem "offiziellen" Boney-M.-Mitglied Bobby Farell, sondern von Farian selbst.

Gleichzeitig bricht in Deutschland das "Saturday Night Fever" aus. Film und Soundtrack brechen sämtliche Rekorde, John Travolta wird zum Held für Millionen Teenager. "John Travolta war ein Riesenidol, das war für mich eine Offenbarung", bekennt der Schauspieler Til Schweiger. "Ich war eine Woche lang jeden Tag in dem Film, opferte mein ganzes Monatstaschengeld dafür. Ich fand Travolta einfach klasse, weil er ganz toll gespielt hat, weil ich ihm jedes Wort geglaubt habe. Hinter diesen Machoallüren war ja ein unheimlich verletzlicher Mensch, der sich immer in dieses Disco-Fever, ins Wochenende geflüchtet hat. Bei uns auf dem Dorf gab es eine Disco, die Sonntagmittags aufhatte. Ich musste um sechs aber wieder zu Hause sein. Ich bin dann sogar extra in die Tanzschule gegangen, weil sie damals diesen Night-Fever-Tanz angeboten haben." Passend zur Musik hat auch die Disco-Mode Hochkonjunktur. Statt den Bandwettbewerben der sechziger Jahre "Wer spielt wie die Beatles?" gibt es nun Wetttanzen unter dem Motto "Wer tanzt wie John Travolta?". Immerhin - im Gegensatz zu dem Freestyle-Schütteln und Selbster-

Foto: WDR

Welterfolg mit Disco-Sound: Boney M. im Gold-Regen

fahrungsverrenken früherer Tage geht es nun auch stark um Erotik auf der Tanzfläche. Das wissen natürlich auch die Produzenten und besetzen die Rollen entsprechend. Sex sells - keine Werbung, keine Show, in der nicht kräftig mit Busen und Po gewackelt wird. Selbst wenn sich die Protagonistinnen manchmal gar nicht so sexy finden: "Ich war so sexy wie ein Handstaubsauger", meint Penny McLean. "Ich habe mir neulich Bänder von damals angesehen und mich gefragt, was man daran sexy finden kann. Ich war eine sichtlich fehlbesetzte, gehemmte, junge Frau mit einer unmöglichen Frisur, mit einer nicht ganz schlechten Figur und einer wirklich guten

Stimme, die falsch eingesetzt wurde."

Dennoch, mit Reizen zu geizen - das will keine. Klar, dass die Disco-Frauen sich bei dem emanzipierten Teil ihrer Geschlechtsgenossinnen nicht gerade beliebt machen. Ina Deter, damals in lila Latzhose an vorderster Front kämpfend: "Dagegen haben wir auch rebelliert: Die Frauen sind doch nur benutzt worden, sie waren sich für nichts zu schade. Sie wurden doch nur auf das Sexobjektsein reduziert. Wenn ich mit solchen Frauen verglichen wurde, fand ich das ungehörig - so sah ich nicht aus!" Ina Deter wagt es trotzdem, sich bei öffentlichen Auftritten geschminkt zu zeigen. Manchmal - unfassbar! - trägt sie dabei sogar einen kurzen Rock. Mit Ihrem Hit "Neue Männer braucht das Land" kommt dann 1983 der Bruch: "Erst habe ich Latzhosen getragen, dann aber mochte ich Minirock und Stiefel lieber und habe mich geschminkt. Was bin ich dafür von den Frauen aus den eigenen Reihen angegriffen worden! Ich merkte: Ich war von einem Diktat ins nächste gefallen. Wenn ich mich so wohl fühle, wie ich bin, wer hat mir das zu verbieten? Deshalb habe mich von der Frauenbewegung distanziert."

Selbstverständlich akzeptiert auch vorher - in der Zeit der lila Latzhosen - der allergrößte Teil der Männer die Frauenbewegung nur dann, wenn sie rhythmisch aus der Hüfte kommt. Trotzdem sickert langsam, aber sicher eine tiefe Verunsicherung in die einstmals heile Mackerwelt. Sex hat man zwar schon noch - immer öfter jedoch muss man vorher ein paar Stunden diskutieren. Reinhold Beckmann, obschon auch damals nicht auf den Mund gefallen, findet's grauenhaft: "Dieses Diskutieren bis zur völligen Verhaltensstörung - da wusste hinterher keiner mehr, wer er selbst war. Die hatten alle ihre innere Mitte irgendwann verloren und dem angeblichen Kollektiv unterworfen. Das war eine ziemlich lustfeindliche Zeit. Bevor du so richtig Spaß beim Sex haben konntest, musstest du eine Stunde lang vorher diskutieren." Am besten bei grünem Tee, serviert in selbst getöpferten Tassen zu jenem Sound, der immer mehr Jugendlichen gefällt: Liedermacher, der bewegte Mann der siebziger Jahre.

Liedermacher wie Klaus Hoffmann oder Konstantin Wecker berühren mit ihren Texten das Gefühlsleben Heranwachsender. Die Jugend entdeckt die Poesie. Konstantin Wecker erobert 1977 mit seinem eher politischen denn poetischen "Willy" die Herzen der Fans. Später setzt er auf Poesie pur: "Wenn man Sprache liebt, dann kommt man an Gottfried Benn und Rilke nicht vorbei, diesen großen Giganten der deutschen Sprache. Ich liebte die deutsche Sprache und habe mir die ausgesucht, die schon immer die Meister der deutschen Sprache waren."

Doch während Wecker "Es herrscht wieder Frieden im Land" singt, bombt die zweite und dritte Generation der deutschen TERRORISTEN eine blutige Spur durch die Geschichte des Landes. Deutschland im Herbst '77. Der Terror der Rote-Armee-Fraktion (RAF) schockt die Nation. Generalbundesanwalt Buback, Bankier Ponto und Arbeitgeberpräsident Schleyer werden ermordet, eine Lufthansa-Maschine nach Mogadischu entführt, und auch Franz Josef Strauß läßt in Anbetracht des Kampfrufs "Buback, Ponto, Schleyer - der nächste ist ein Bayer" seine Sicherheitsmannschaft verdoppeln. Der Staat reagiert mit einer für eine SPD-Regierung unerwarteten Härte. Die blutigen Aktionen der RAF fallen zwar nirgendwo auf fruchtbaren Boden, dennoch gibt es, wie der Historiker Wolfgang Kraushaar beobachtete, eine neue Welle der Politisierung Jugendlicher: "Die Stimmung im deutschen Herbst war sehr aufgeladen, es herrschte große Angst, weil man in politischen Zentren, den Universitätsstädten, glaubte, dass man unter den Bedingungen der Rasterfahndung selber vielleicht Opfer von Fahndungsaktivitäten werden könnte. Es gab auf der anderen Seite die normalen Jugendlichen, die das weitererzählten, was sie zu

TERROR in Deutschland war – wie sich später herausstellte – das Werk von einigen wenigen, vernagelten Revolutionären. Dennoch gelang es ihnen, mit brutalen Gewalttaten das politische Klima Ende der achtziger Jahre mitzuprägen und den Staat zu verschärften Strafgesetzen zu zwingen, was später wiederum zu einer neuen Welle der Politisierung der Jugendlichen führte.

Hause oder in Schule aufschnappten, und somit diese Leute als Mörder und Terroristen verteufelten. Man kann sagen, dass 1977 die Phase des Linksradikalismus, der 1967 erst richtig die Szene betreten hatte, beendet wurde. Es gehört zu den Widersprüchen der sozialliberalen Koalition, dass sie für ein neues, hartes Sicherheitskonzept antreten musste."

Ein Sicherheitskonzept, das von bundesweiten, computergestützten Fahndungsmaßnahmen begleitet wird, die sogar herübergereiste DDR-Bürger in Angst und Schrecken versetzen können: "Ich war das erste Mal im Westen und fuhr mit meinem BMW auf der Landstraße gemütlich in Richtung Nürnberg", erinnert sich Klaus Renft, "plötzlich flog ein Hubschrauber über mir, ein Wagen überholte mich, brachte mich zum Halten, und schon stiegen Männer mit Maschinenpistolen im Anschlag heraus. Die haben gedacht, wenn einer mit einem BMW herumfährt und so aussieht wie ich, mit langem Bart und Haaren, der ist verdächtig. Man wusste, dass im Osten die Stasi überall ist. Aber sie ist mir nie zu nahe getreten - erst im Westen bin ich mit der Staatsgewalt direkt konfrontiert worden."

Auch in der DDR weht politisch ein schärferer Wind. Für kritische Töne ist wieder einmal kein Platz mehr im Arbeiter-und-Bauern-Staat. Die politische Entwicklung hat auch musikalische Konsequenzen. Rock-Musik in der DDR wird verstärkt zum Kunstprodukt. Man bedient sich bei der Klassik, schafft monumentale Instrumentalwerke oder umhüllt sich mit lyrischen Texten. So wird jeder Anlass zu staatlicher Kritik umgangen. "Die Flucht ins Romantische war der Weg weg von der Überpolitisierung", analysiert Peter Wicke. "Die märchenhaften Texte, der Eskapismus der Jugendlichen wurde toleriert, obwohl die Flucht in ein Märchenland natürlich auch die Flucht aus dem System war." Doch das ist nur die halbe Wahrheit. Tatsächlich suchen viele Ost-Bands auch ganz gezielt mystische Themen, um in der lyrischen Sprache entweder geschickt etliche systemkritische Seitenhiebe zu verstecken - oder um einfach mal das zu singen, was man singen will. Karat tritt mit "König der Welt" (1978) auf den Plan, selbst die Band City, sprachlich sonst eher direkter Natur, landet ihren größten Hit ausgerechnet mit einem vertonten Gedicht - "Am Fenster". Ein Song, zu dem Fritz Puppel noch immer steht: "Kein Mensch hat die Leute geprügelt, 500 000 'Am Fenster'-Platten zu kaufen." Ein Erfolg, der sich für einige wenige Ost-Bands sogar im Westen wiederholt. Der West-Berliner Musikverleger Peter Schimmelpfennig macht den Ost-Rock exportfähig. Erste Ost-Platten erscheinen in der BRD - und ab 1976 auch die ersten Bands. Fritz Puppels City war eine davon: "Als die Botschaft kam, dass wir zum Konzert rüberfahren durften, war das für mich ein inneres Erdbeben - ich kann mich an kein größeres erinnern." Für den Staat sind die Gastspiele eine willkommene Einnahmequelle. Per Gesetz werden die West-Honorare einbehalten - die Künstler bekommen ihre Gage eins zu eins in Ost-Mark ausgezahlt. Dennoch ist der Weg nach drüben nicht selbstverständlich - wer wann und warum rüber darf, wird nach reiner Willkür entschieden. Einer Ost-Band gelingt der große Wurf. Als Peter Maffay ein Stück der Gruppe Karat covert, verhilft er den DDR-Rockern auch im Westen zu Bekanntheit. Maffays eigene Version von "Über sieben Brücken" steht in den Charts ganz oben. Maffay schafft den Wandel vom Schlager-Heini zum Rocker mit Gefühl. Er wird der Ledermann für jedermann.

Sobald die Texte jedoch klar und verständlich werden, ist für die SED nun endgültig das Maß voll. Das bekommt auch der Liedermacher Wolf Biermann zu spüren. Biermann, der 1954 in die DDR übergesiedelt war, wird das "Recht auf Aufenthalt in der DDR entzogen". Nina Hagen, damals schon auf dem Absprung, schöpft Hoffnung: "Ich habe mich eigentlich gefreut, dass sie ihn rausgeschmissen haben.

Natürlich war ich mit dabei und habe unterschrieben, dass sie ihn wieder reinlassen sollen, aber ich habe mich unheimlich gefreut, dass sie ihn rausgeschmissen habe - ich wollte ja auch gehen." Nur wenige Wochen später ist es dann soweit. Die Skandalnudel des Ostens verlässt die DDR auf eigenen Wunsch. Nina Hagens West-Karriere explodiert - bald ist sie sogar im "ROCKPALAST" zu sehen.

ROCKPALAST markierte nicht nur eine Revolution im deutschen Fernsehen, das erstmals komplette Rock-Konzerte nicht nur ausstrahlte, sondern sie sogar selbst veranstaltete. Die „Rockpalast"-Nächte waren auch für eine ganze Generation regelmäßiger Anlass, bei ein paar Kisten Bier oder Wein die Nacht zum Tag werden zu lassen.

Überhaupt - der Rock: Rock-Festivals feiern ihre Auferstehung. Hunderttausende schütteln ihre Mähnen zu den Klängen von Hard-Rock-Bands wie den Scorpions. Die Hannoveraner bringen es mit ihrem Sound zu weltweitem Erfolg und spielen bei dem Nürnberger Festival "Monsters Of Rock" 1979 sogar als Headliner. Rock-Musik verbindet die Nationen. Auch via Fernsehen. Die legendären "Rockpalast"-Nächte sieht dank Eurovision-Übertragung die Jugend in halb Europa. In Deutschland mutieren sie gar zu echten Privatevents. Wann immer eine "Rockpalast"-Nacht ansteht, forschen Cliquen, wo an diesem Abend gerade die Eltern im Urlaub sind. Am Nachmittag werden drei bis vier Fernseher samt Stereoanlage angeschlossen, das Bier kalt gestellt und die Schlafsäcke ausgerollt. Durchaus im Sinne des Erfinders, wie "Rockpalast"-Gründer Peter Rüchel meint. "Die Vorstellung, dass sich Jugendliche versammeln, um mit dem 'Rockpalast' eine Party zu feiern - das war mehr als gewünscht." Einer, der immer mitfeierte, war Reinhold Beckmann: "Little Feet spielte in der ersten 'Rockpalast'-Nacht. Das war in meiner Zivildienstzeit. Wir haben alle zusammengetrommelt und saßen vor dem heiligen Altar. Albrecht Metzger interviewte damals die Stars - und war des Englischen nicht so ganz mächtig. Er wurde zur Witzfigur des Abends." Eine ganze Generation lachte über die immer wiederkehrende, zischende Anmoderation: "Ladiesss and Gentlemen - German Televisssion proudly presssentsss..." Egal - immerhin erlebt der TV-Moderator Alan Bangs hier seinen

Durchbruch, und es treten die besten Acts der internationalen Musikszene auf. Stars wie The Police, Mothers Finest, ZZ Top, Patti Smith und Peter Gabriel spielen bereits bei den ersten Nächten. Deutsche Künstler sind eher die Ausnahme.

Und doch ist für Nina Hagen der kurze Auftritt 1978 im "Rockpalast" der große Durchbruch. Ihre anschließende Tournee ist ausverkauft. "Eines ihrer ersten Konzerte, das ich gesehen habe, war im Kölner Sartory-Saal", denkt Beckmann zurück. "Das war einfach gut. Sie war so anders, und die Texte waren so neu gesetzt, dass man dachte: 'Das geht ja mit deutschen Texten doch wieder.'" Nina Hagen wird zur Vorkämpferin einer neuen, offensiven Weiblichkeit. Die Punk-Rockerin schockiert auch im Fernsehen. 1978 sorgt sie im gelben T-Shirt und schwarzer Lederhose für einen der größten Skandale, den es im österreichischen TV jemals gegeben hat: Sie erteilt in der ORF-Sendung "Club 2" den Zuschauerinnen Onaniertips und fasst sich demonstrativ zwischen die Beine. Beim ORF denkt man darüber nach, ob man in Zukunft Live-Talkshows nicht besser vorher aufzeichnen sollte.

1978 markiert Nina Hagen auch mit einem Song die große Wende in der Musik: "Pank". Punk-Bands wie die Sex Pistols oder The Clash zerstören schon seit Mitte der siebziger Jahre in England mit ihren simplen Drei-Akkord-Stücken die Gigantomanie der etablierten Rock-Größen. Jeder kann Musik machen, lautet die Devise. Und sie kommt mit etwas Verspätung auch in Deutschland an. Viele, die heute eher als Techno-Stars bekannt sind, färben sich Ende der siebziger Jahre die Haare bunt. Auch die spätere Nürnberger Schuhverkäuferin (und noch spätere Techno-Queen) Marusha Gleiss machte ihre ersten Punk-Erfahrungen in ihrer Schulzeit: "Als ich 13 wurde, interessierte ich mich stark für England - ich war dann auch öfter dort und habe die Punks gesehen. Das war cool. Das Coole war, dass man so revolutionär gegen die Gesellschaft war, dieses Anderssein. Dann hörte ich Clash und die Sex Pistols. Das hat mich sehr geprägt - was die Härte der Musik ausmacht. Es war geil, wenn alles laut war und der Punker von der Bühne gepisst hat. Asi eben - und so haben wir auch alle ausgesehen."

Erst in der Mitte der Achtziger erreicht der Punk den Osten. Die Zahl der Fans ist gering, die Angst des Staatsapparats dafür umso größer. Der heutige "Tatort"-Kommissar Bernd Michael Lade war ein Ost-Punk der ersten Stunde: "In der Schule hatten wir einen jugoslawischen Botschaftersohn, der immer die neuesten Platten besorgen konnte. Der kam dann in die Schule und sagte: 'Ich habe die 'Nevermind The Bollocks' von den Sex Pistols gekauft - da ist kein einziges langsames Lied drauf!' Da war ja auch ein anderer Geist dahinter: Anarchie." Für den real existierenden Sozialismus ein weitaus gefährlicherer Gegner als jeder noch so hartgesottene Turbokapitalist. Entsprechend misstrauisch wird die Punk-Szene vom Staat beobachtet: "Man brauchte Kontakte, um an die Sachen zu kommen", erinnert sich Lade. "Ich habe meine Punk-Platten richtig teuer bezahlt. Niemand von uns hatte, als das anfing, jemals eine Punk-Band gesehen. Wir haben uns also diese Antimode selbst geschaffen, natürlich nach dem Vorbild von drüben, anders ging das nicht."

Während die Punks im Osten mit allen Mitteln versuchen, aus der staatlichen Totalversorgung auszubrechen, sind die West-Punks viel desillusionierter: Sie verweigern sich einer Gesellschaft, die für sie keine Zukunft mehr bietet. Und bieten den Jugendlichen, die keine Lust haben, in Sandalen und mit umgehängten Teppichtaschen sich bei den Ostermärschen für Frieden und Abrüstung eine Blasenentzündung zu holen, eine willkommene Gelegenheit, politisch unkorrekt zu sein. Moritz R, Begründer der Avantgarde-Combo Der Plan, ist zwar selbst kein Punk, verdankt der Bewegung aber eine Menge. "Als engagierter Mensch hatte man ja viele moralische Verpflichtungen: Man durfte ja Beton, Plastik oder Hochhäuser nicht gut finden. Und das nervte mich. Mich drängte es nach freier Entwicklung. Und die politisch Korrekten konnte man ja gerade mit diesen Dingen auch so klasse provozieren: mit Hakenkreuzen, mit kurzen Haaren."

Punk vertritt keine Ideologie. Für was soll man auch sein, wenn alles Scheiße ist? Punk ist nichts als eine hässliche Pose, das Bekenntnis, Müll zu sein. Auch wenn man sich dafür richtig stylen muss. "Damals gab es ja noch gar nicht all diese Stylingprodukte wie Gel oder Haarschaum", erinnert sich Marusha. "Es gab nur von Gard ein Haarspray, das halbwegs festigte - und den Rasierschaum meines Vaters. Zusammen mit Cola-Wasser oder Zuckerwasser funktionierte das prima. Dummerweise fingen die Haare nach einiger Zeit tierisch an zu stinken. Meine Mutter kaufte immer superteure Kinderklamotten, die ich nie wollte. Ich fand das langweilig und zu chic. Man wollte nicht auffallen und doch auffallen. Man wollte nicht, dass einen die Erwachsenen hübsch finden. Man wollte selber nicht hübsch, sondern cool aussehen. Das war meine Punk-Phase, die dauerte, bis ich 15 wurde." Irgendwann wird es den meisten Punks zu blöde, jeden Tag zwei Stunden mit dem Festkleben der IROKESENBÜRSTEN zu vergeuden. Denn das ist ein Muss - die Haare durften nicht herunterhängen. "Das Schlimmste war", lacht Bernd Michael Lade heute, "sich gegenseitig zu sagen: Hey, deine Haare liegen. Das war schlimmer als ' du Arschloch' oder 'du Fotze' zu sagen."

IROKESEN waren ein amerikanischer Indianerstamm, der mit seiner bürstenartig hochstehenden Haartracht die Blaupause für die Punkfrisurenmode lieferte.

Ende der Siebziger gibt es natürlich Schlimmeres als liegende Haare: Die Jugendarbeitslosigkeit erreicht ihren Höchststand. Der Leistungsdruck wächst - und mit ihm die Zahl derer, die ihm nicht standhalten. Die Geschichte des Berliner Junkie-Mädchens Christiane F. schockiert als Buch und Film Millionen Teenager - und deren Eltern. Die fürchten von jetzt an um ihre Kinder bei jedem Besuch in Berlin. Doch die "Inselstadt" ist nicht nur Anlaufstelle für gescheiterte Existenzen. "Berlin war schon immer speziell", sagt Anette Humpe. "Mit der Mauer war das eine wunderbare Insel. Da gingen Kriegsdienstverweigerer hin, Leute, die weit weg von der Familie sein wollten - ein Ort für schrille Leute. Man fühlte sich geschützt vom langweiligen Deutschtum."

Eine prima Klimakammer also, in der ganz langsam ein neues, junges Bewusstseinspflänzchen gedeihen kann, das sich in den folgenden Jahren zu einer der Protestbewegungen mit der stärksten Strahlkraft auch in die Tiefen des bürgerlichen Mittelstands hinein entwickelt - die Öko-Bewegung. Der Historiker Wolfgang Kraushaar sieht das im großen Zusammenhang: "Nach dem deutschen Herbst setzte eine ganz neue Phase ein. Von den großen linken Utopien und Vorstellungen wurde Abschied genommen. Der Trend setzte ein, dass man in die Alternativbewegung ging und den Versuch unternommen hat, konkrete, überschaubare Projekte aufzubauen. Man wollte wirklich spüren, was an Veränderungsbereitschaft da war, und sorgte vor allem im kommunalen, städtischen Bereich dafür, neue Projekte ins Leben zu rufen. Das Ganze transformierte sich dann im Zusammenhang der Konstituierung der Grünen Partei in eine neue Dimension." Primäres Ziel dieser Bewegung: AKW - nee! Die Angst vor dem atomaren Tod geht um. Die Anti-Atomkraft-Bewegung schafft ein neues Öko-Bewusstsein bei vielen Jugendlichen. Zehntausende demonstrieren gegen die geplanten Kernkraftanlagen. Vor allem in Brokdorf kommt es zu harten Auseinandersetzungen. Gerhard Schröder, inzwischen längst für eine gute Zigarre im trauten Kreise der Energiewirtschaftsbosse zu haben, stand 1980 noch als Juso-Vorsitzender mitten im Brokdorf-Getümmel. Schröder, damals noch rund 1500 Schweineschnitzel schlanker, aber mit fast schulterlangen Haaren: "Wer hier rangeht und versucht,

Polizei herzuschicken, der stört dies. Und ich finde, das soll nicht gestört werden - das muss unsere Gesellschaft ertragen können."

Für die überzeugten Atomkraftgegner sind lauwarme Juso-Sprüche natürlich keine Lösung. Im Gegenteil: Selber neue Gesetze zu schaffen ist das Ziel - die Gründung einer eigenen Partei. 1980 treten die Grünen erstmals zur Wahl an. Der Wahlkampfetat ist winzig, entsprechend wirken die ersten TV-Werbespots der Partei heute auch wie ein unfreiwilliger Beitrag zur Trashfilm-Kultur: Mädchen und Opa stehen am Rheinufer, die Schwarzweißkamera wackelt ein bisschen. Mädchen: "Opa, warum sind die Fische tot?" Opa: "Weil die Industrie das Rheinwasser vergiftet hat." Mädchen: "Und wer hat dir das gesagt?" Opa: "Die Grünen." Galaxien sind das, die diese Anfänge von der satten Politprofessionalität trennen, mit der die heutigen Grünen-Politiker die Zukunft gestalten wollen.

Eine Zukunft, in der es Ende der siebziger Jahre vielen Jugendlichen immer schwerer fällt, sich zu orientieren. Während sich die Alternativen zum letzten großen Aufmarsch in der Friedensbewegung versammeln, entstehen aus dem Punk bereits die Wurzeln der Neuen Deutschen Welle.

O-Ton Frank Farian

Der Frankfurter Produzent Frank Farian, 1941 als Franz Reuther geboren, gehört zu den erfolgreichsten deutschen Musikschaffenden des Jahrhunderts. Nach einer kurzen Karriere als Schlagersänger („Rocky" 1976) schafft er es als einer der wenigen Deutschen seit Mitte der siebziger Jahre immer wieder, mit - nicht immer unumstrittenen - Dance-Produktionen die US-Charts zu knacken. Mit Projekten wie Boney M., Milli Vanilli, La Bouche oder No Mercy setzt er weltweit mehr als 100 Millionen Platten um.

Wie haben Sie Boney M. erfunden?

Ich habe 1972 im Studio experimentiert. Ich konnte sehr tief singen, oder mit der Kopfstimme ganz hoch.

Im Oktober 1974 haben wir unter dem Namen Boney M. den Song "Baby Do You Wanna Bump" aufgenommen, der in England in die Soul-Charts ging. Die Leute haben gefragt: "Who is Boney M.?" Dann kam die Plattenfirma und meinte: "Von dieser Musik hätten wir gern ein Album". Ich baute also eine Truppe zusammen, wusste aber auch, dass die tiefe Stimme ein Bestandteil sein musste für diesen Sound.

Und schufen die erste Retortenband nach den Monkeys?

Ich konnte ja nicht sagen: Das ist der Schlager-Fuzzi Frank Farian, der in England und den USA in den Soul-Charts ist. Wir haben uns die Truppe zusammengesucht: Liz Mitchell hatte gerade Les Humphries verlassen, und Marcia Barrett war eine Solokünstlerin aus Hamburg. Beide stammen aus Jamaica und hatten ihren Wohnsitz in England. Ich habe mir diese Leute kommen lassen und wusste, dass man nicht mehr als zwei gute Sängerinnen braucht - ich war ja auch noch da. Dann kam noch der Bobby als Tänzer hinzu und noch ein Mädel, Macy, für die Optik. Damit war Boney M. praktisch kreiert. Hätte ich diese Leute damals nicht getroffen, wäre aus Frank Farian vielleicht etwas ganz anderes geworden.

Waren Sie von dem internationalen Erfolg nicht selbst überrascht?

Wenn man sich die Weltkarte ansieht, ist Deutschland winzig klein. Da kann man den Daumen drauflegen, und schon sieht man es nicht mehr. Mich hatte fasziniert, wie perfekt die Musik aus den USA vermarktet wurde. Und ich war mir sicher, dass ich mit dieser Art von Musik - meiner Soul-Musik - Erfolg auf der ganzen Welt haben könnte.

Das ging natürlich nicht mit deutschen Texten: "Sie ist verrückt wie eine Irre - nach Vater Kirre."

Ich glaube natürlich nicht, dass die englischen Texte viel besser waren als die deutschen. Nur: Die englische Sprache eignet sich viel besser für diese Musik. "Daddy Cool, she is crazy like a fool" ist sicher ein bisschen einfallslos, aber das Wortspiel in Verbindung mit dem Groove funktionierte einfach in den Discos: Da treffen sich junge Leute, da sieht ein junger Mann ein hübsches Mädel, er will sie aufreißen. Und das geht oft über die Musik.

Sie sind einer der Väter der DJ-Produzenten - haben Sie Ihre Musik auch zuerst in den Clubs ausprobiert?

Ich musste im Minimum drei bis vier Mal in der Woche in die Disco. Ich habe hier ja mein Studio gehabt, habe die Platten geschnitten, diese Folien, und habe sie dem DJ gegeben und gesagt: "Leg mal auf und schau, ob die Leute von der Tanzfläche runtergehen oder ob sie weitermachen." Das war mein Testfeld - ich schaute den Leuten beim Tanzen auf die Füße.

<7> POPPER, PUNKS & PERSHING
ca. 1980 bis 1984

Wenn in diversen Jahrhundertchroniken immer wieder von den achtziger Jahren als die "glatte, kühle, hedonistische Dekade" zu lesen ist, beweist dies nur eines: Jahrzehnte passen in keine Schublade. Die Achtziger sind - besonders für die Menschen, die zu dieser Zeit ihre postpubertären Primärerfahrungen machten - weder eine "Dekade der Dekadenz" noch das "Jahrzehnt der Müslifresser". Und die "große Ära des Deutschrock" sind sie noch viel weniger. Die Wahrheit ist: Sie sind alles auf einmal.

Und sie sind zu Beginn vor allem ein Abschied von den Siebzigern: Am 5. November 1980 wird Helmut Schmidt von seiner sozialliberalen Koalition zwar noch einmal zum Bundeskanzler gewählt, doch sein Stern ist längst am Verblassen. Nur zwei Jahre später "putscht" Genschers FDP, wechselt den Wirt und wählt gemeinsam mit den Abgeordneten von CDU und CSU im Oktober 1982 Helmut Kohl zum neuen Bundeskanzler. Alles Protestieren und Karikieren hilft nichts - "Birne" wird die Republik in den folgenden 16 Jahren regieren.

So stark der Wechsel in Wirtschafts- und Sozialpolitik zu spüren ist, in der Sicherheitspolitik setzt Kohl den Kurs seines Vorgängers fort. Bereits Schmidt hat den amerikanischen Bündnisführern die Stationierung der Pershings zugesagt. Eine neue Runde des Wettrüstens beginnt: Mit atomaren Sprengköpfen ausgestattete Mittelstreckenraketen werden beiderseits der Oder stationiert - Pershings im Westen, russische SS 20 im Osten. Urplötzlich wird Deutschland zu einem strategischen Gefechtsfeld für eventuelle atomar geführte Kriege der Supermächte.

"Petting statt Pershing!" ist die Antwort der wieder erstarkten Friedensbewegung im Westdeutschland der frühen achtziger Jahre: Die Nation ist bewegt. Millionen Menschen im Friedenstaumel fordern: Macht aus Deutschland eine atomwaffenfreien Zone! So große Demos gab's noch nie: 300 000 Menschen protestieren in Bonn am 3. Oktober 1981 gegen den "NACHRÜSTUNGSBESCHLUSS" von Helmut Schmidts Koalition. All ihnen ist klar: Wenn die Supermächte die rote Knöpfe drücken, blühen die Atompilze zuallererst in Deutschland. Udo Lindenberg wird zu einem der musikalischen Aushängeschilder der Bewegung: "Gerade vor dem Hintergrund der deutscher Geschichte sind die Leute in Deutschland verpflichtet, sich ganz weit nach vorne zu stellen, wenn es um Frieden geht."

NACHRÜSTUNG war einer der strittigsten Begrife in der Politik Anfang der Achtziger. Es geht um die Frage, wer mit der nächsten atomaren Aufrüstungsrunde begonnen hat: die UDSSR oder die NATO. Wer auch immer – am Ende werden beiderseits der Oder neue Atomraketen stationiert.

Die spätere Viva-Moderatorin und Filmschauspielerin Heike Makatsch erlebt hier als 13-Jähriges Kind ihre erste Großdemo: "Ich war ja noch ganz klein, als die Demo gegen die Pershings stattfand. Ich bin mit meiner Mutter und einer Freundin nach Bonn gefahren. Da hat auch eine Band gespielt. War das BAP?" Nein, aber so ähnlich: Die Bots geben der Bewegung mit Songs wie "Sieben Tage lang" und "Das weiche Wasser" die Hymnen. Wolfgang Niedecken wird noch heute grün im Gesicht, wenn man seine Band BAP mit den - in vieler Augen unaufrichtig nur am Friedenskommerz interessierten - Bots vergleicht: "So wie die Bots wollten wir nie sein. Das war doch Realsatire, sonst nichts. Schon geschickt gemacht, aber das waren nur Forderungen, die jeder unterstützen konnte: 'Frieden ist schöner als Krieg' oder 'Licht ist heller als Dunkel'. Wir spielten zwar politische Songs, waren aber keine Politband."

Wie auch immer - Heike Makatsch ist mittendrin. Und tief bewegt: "Wir hatten Friedenstauben auf unsere Jacken geklebt und Buttons. Wir waren richtig aktiv, haben dann auf Matrizen geschrieben: 'Wir Kinder haben Angst vor dem Krieg', Täubchen und weinende Kinder dazu gemalt und diese Flugblätter in der Stadt verteilt." Der passende Sound dazu: Bewegtes, am besten wie Georg Danzer zur transportablen und Demogeeigneten Wandergitarre ("Die Ruhe vor dem Sturm") oder "Das macht mir Mut" von Konstantin Wecker. Auch Heinz Rudolf Kunze hat mit "Ich habe keine Angst" ein Friedenslied im Programm, distanziert sich aber heute von dem Händchen fassenden Folk-Rock dieser Tage: "Das war politisch sehr ehrenwert, künstlerisch aber oft peinlich. Ich konnte die Sachen, die sie hörten, nicht ausstehen - da standen mir DAF schon näher."

Herbert Grönemeyer - weiß Gott nicht gerade als unpolitischer Sänger verschrien - will sich auch damals nicht vor den Karren spannen lassen. "Es ist bei uns immer das Problem: Sobald wir das Wort 'politisch' hören, ziehen wir uns alle einen Parker oder Friesennerz an und sind ganz betroffen. Das fand ich immer ekelig. Natürlich gibt es auch die Leute, die wirklich politisch arbeiten, die versuchen, in Initiativen und kleinen Gruppen den Widerstand zu mobilisieren. Und dann gibt es die Etepetete, die sogenannten Überflieger, die Musiker, denen fehlt meistens der Unterbau, die haben sich fast nie schmutzig gemacht. Und die erzählen den Leuten von oben runter: 'Wir wollen heute mal ganz betroffen sein.' Ich finde, Musik kann motivieren, kann trommeln zum Widerstand. Mehr nicht. Die Demos an sich und den politischen Kampf fand ich immer klasse, aber dieses Debattieren, Theoretisieren nicht."

Mögen Betroffenheitspathos, Wollsocken und Schlabberlook für manch einen auch affektiert erscheinen - man engagiert sich wenigstens. Politikverdrossenheit ist Anfang der Achtziger noch ein Fremdwort, die Friedensbewegung schafft als erste Ausformung der Jugendkultur einen echten Schulterschluss zwischen den Generationen: "Da gab es auch noch kein 'alter Sack', sondern man freute sich über den 80-Jährigen, der neben dem 17-Jährigen in der Kette stand", denkt Konstantin Wecker wehmütig an diese Tage zurück. "Man hatte ja auch eine gemeinsame Idee. Man hatte überhaupt eine Idee."

Im Westen bewirken die Friedenskämpfer zwar nichts (die Pershings werden stationiert), sie können aber wenigstens halbwegs unbehelligt demonstrieren. Im Osten dagegen wandern viele in den Knast. In der DDR versammeln sich jugendliche Pazifisten unter dem schützenden Dach der Kirche. In Blues-Messen kämpfen sie gegen Wehrkundeunterricht an Schulen, fordern das Recht auf Kriegsdienstverweigerung - und kritisieren die Aufrüstung der Sowjetunion. "Schwerter zu Pflugscharen", das Plädoyer für konsequente Abrüstung, wird zum Zeichen der Friedensbewegung Ost. Für den Ost-Berliner Schauspieler Bernd Michael Lade war die "Schwerter zu Pflugscharen"-Bewegung "ein Sammelbecken für die Opposition, das war die Vorbereitung für die Wende, das waren die Anfänge". Die Kritik an den russischen SS 20 und der radikale Pazifismus sind ein Affront gegen die Selbstinszenierungen der Partei, hat doch die SED den Frieden scheinbar für sich gepachtet.

Die FDJ lässt die weiße Taube lieber selber flattern, bringt im Palast der Republik 1982 "Rock für den Frieden" auf die Bühne - das Motto: "Frieden, Freundschaft und Solidarität". Für das Publikum wird es - auch wegen der eigens eingeflogenen West-Stars - eine Riesenparty. Für die Musiker beider deutscher Staaten dagegen wird

Foto: WDR

Mit dem „Sonderzug nach Pankow“: Udo Lindenberg auf dem Alexanderplatz

das Festival zu einem echten Konflikt. Tobias Künzel von den Prinzen erinnert sich: "Der Name ist bloß eine Überschrift gewesen, und der Inhalt hatte mit der Überschrift nichts zu tun. Unser Lied 'Viel zu faul' wurde zu einem Friedenslied gemacht - was für ein Quatsch!" Herbert Dreilich landet im Zuge des Festivals mit seinem Karat-Song "Der blaue Planet" zwar einen Hit beiderseits des "Antiimperialistischen Schutzwalls", die Veranstaltung an sich jedoch findet er albern: "Ich weiß, wie viele Leute sich Mühe gegeben haben mit dieser Veranstaltung - aber ich fand sie einfach bekloppt." Die Puhdys singen "Das Buch", City "Sag mir, wo die Blumen sind". Zumindest City fühlen sich dennoch nicht wohl in ihrer Haut: "Das war für uns die totale Seelenqual", meint Fritz Puppel, "weil die Staatsführung 'für den Frieden' so verstand, dass die anderen die Bösen sind und wir die Guten. Es wurden alle

Bands aufgerufen, dazu Stellung zu nehmen. Wir haben 'Sag mir, wo die Blumen sind' gecovert - mit einigen textlichen Veränderungen."

Auch Udo Lindenberg will Veränderungen: Gewohnt schnoddrig, fordert er mit seinem Song "Sonderzug nach Pankow" Auftrittsmöglichkeiten in Ost-Berlin - und wird tatsächlich eingeladen zu einem Friedenskonzert im Palast der Republik. Udo: "Wir wollten damals eine Tournee machen durch die DDR, und ich bekam die Genehmigung für eine Tour von der FDJ. Ich habe zur Bedingung gemacht, dass es live über die Glotze läuft. Das haben die denn auch gemacht und konnten es deshalb propagandistisch nicht ausschlachten." Lindenberg stellt sich also vor die live eingeschalteten TV-Kameras westlicher und östlicher Stationen und spricht als Ansage für seinen Friedenshit "Wozu sind Kriege da?" den entscheidenden Satz: "Weg mit all dem Raketenschrott in der Bundesrepublik und der DDR. Nirgendwo wollen wir auch nur eine einzige Rakete sehen - keine Pershings und keine SS 20."

Einen Satz, den auch BAP gerne live im Osten gesagt hätten. Niedecken und Kollegen sind, wie Lindenberg, zu einer DDR-Tour eingeladen, die mit einem Auftritt bei dem "Frieden"-Festival ihren krönenden Abschluss finden soll. Doch daraus wird nichts. BAP hatten für ihre Tour extra ein programmatisches Lied geschrieben: "Deshalv spill'n mer he" (für Nichtkölsche: "Deshalb spielen wir hier"). Textprobe: "Kalte Krieger in Ost und West", "eine Clique, die sich Volksvertreter nennt". Formulierungen, die den Funktionären zu weit gehen. Das Lied soll nicht gespielt werden. Stundenlang wird mit FDJ-Funktionären über den Text verhandelt - BAP wollen auf den Titel nicht verzichten. Prompt verbieten die Funktionäre der Band den Auftritt. BAP verlieren eine Schlacht, aber nicht den Krieg: "Ich selber wollte BAP hören", erinnert sich City-Mann Toni Krahl, "aber mir war klar: Wenn die nachgeben, auf den Text verzichten und das Konzert so spielen, wie es sich die FDJ gewünscht hätte, dann wären wir Ost-Musiker Spießruten gelaufen. Das wäre für uns das Signal gewesen: Die West-Kollegen machen das - dann habt ihr in Zukunft auch so zu spuren."

Niedecken selbst ist völlig niedergeschlagen - zumal er jetzt auch noch unerwünschten Zuspruch von den Konservativen im Westen bekommt "Ich hätte fast geheult, denn wir wussten, dass wir jetzt auch Applaus von der falschen Seite bekommen. Einerseits haben wir uns unsere Naivität behalten, auf der anderen Seite sind wir auch daran gescheitert." BAP - all der Aufruhr um die Band ist kein Zufall. In den frühen Achtzigern erlebten sie einen kometenhaften Aufstieg und mausern sich mit Songs wie "Verdamp lang her" zur Stimme des linkes Zeitgeistes. 1982 erlebt Niedecken mit seinem "Rockpalast"-Gig auf der Loreley den endgültigen Durchbruch: "Unser viertes Album ('Vun drinne noh drusse') kam heraus, als sich unser vorhergehendes Album nach einem Jahr endlich auf Platz eins gekämpft hatte. Ganz Deutschland sang 'Verdamp lang her' - da verdrängten wir uns selbst von Platz eins."

Doch es dauert nicht lange, da singt die andere Hälfte der Jugend, die keine Lust auf Körnermühle und BIRKENSTOCK-Hühneraugen hat, voller Inbrunst einen BAP-Song, mit dem Niedecken die Bewegung eigentlich nur ein bisschen auf den Arm nehmen wollte - "Müsli Män". Der Song wird zum Anti-Bewegung-Hit, zur Anti-BAP-Hymne, der "Müsli" wird als Gattungsbegriff zum Schimpfwort. Jetzt hat Niedecken ein Problem: "Wir stammen nicht aus der Alternativbewegung - wir haben sie nur durch das Spielen erst kennen gelernt. Wir wollten nie in die Öko-Schublade, sind

BIRKENSTOCK ist der Hersteller von Schuhen mit orthopädisch günstigen Fußbetten. Die halboffenen Ledersandalen der Firma sind das Lieblingsschuhwerk der Ökos – und gelten schließlich als Synonym für diese Bewegung.

aber darin gelandet, weil wir die 'Band der Bewegung' wurden. Wir haben uns krankgelacht über die Szene mit ihren Wollpullis und Birkenstocks. Als wir dann den 'Müsli Män' geschrieben haben, hatten wir plötzlich das Etikett an der Backe. BAP als Müslis! Wir haben uns schwarz geärgert - das war ein Eigentor!"

Die Friedensliebe von Ökos und Pazifisten beginnt viele Jugendliche mit der Zeit zu nerven. Dennoch: 1984 wird mit Richard von Weizsäcker ein im Geiste lindgrün angehauchter Moralist zum Bundespräsident gewählt. Die "Müslis" verschwinden zwar zusehends aus dem Stadtbild, überleben im Grunde aber bis heute in den schmucken Reihenhausvorstädten - Gutmenschen zwischen Bioladen und Selbsterfahrungsgruppe, die brav ihren Müll trennen und jeden Tag einen ungespritzten, sanft gepflückten Apfel essen. In den achtziger Jahren spaltet sich dagegen der autonome Widerstand von den grünen Kerzendrehern ab und kämpft mit härteren Bandagen - Hausbesetzungen, Volkszählungsboykott, Nein zu "menschenfeindlicher" Computerwelt und blindem Fortschrittsglauben: An der Frankfurter Startbahn West und im bayerischen Wackersdorf toben wahre Schlachten: "Bürger gegen Bullen". Gummiknüppel und Tränengaswerfer erscheinen als verlängerter Arm des Staates, der für wirtschaftlichen Aufschwung auch über die Leichen seiner Bürger zu gehen scheint. Während in Wackersdorf schließlich doch keine WAA (Wiederaufbereitungsanlage für atomare Brennstäbe) gebraucht wird, starten auf der neuen Asphaltbahn bald die ersten Jets. Viele Kämpfer fragen sich nun: Die paar halb vertrockneten Föhren - war es das wert?

Ein großer Teil der Jugend hat ohnehin längst anderes im Sinn. Sie haben die Nase voll vom ewigen Rabatz der "Randalierer" und "Berufs-

Foto: WDR

Hurra, Hurra, die Schule brennt: Extrabreit-Sänger Kai Hawaii

demonstranten". Die Popper sorgen für ganz neue Akzente in der Jugendkultur - Anpassung statt Protest. Heike Makatsch: "Diese Marc-O-Polo-Shirts und die Haare hinten ausrasiert und vorne so halblang übers Auge und so - das fand ich schrecklich. Die Jungs haben Pastell getragen, den Pulli locker über die Schulter, und haben erstmals Parfums benutzt. Die gingen in wahren Davidoff-Wolken durch die Schule."

Andere Jugendliche - vor allem in Berlin - stellen sich nach wie vor den Krisenszenarien. Begleitet werden sie von Bands, die mit "Musik" im klassischen Pop-Sinn nichts mehr gemein hatten. Allen voran: die Einstürzenden Neubauten. Das Geräuschkollektiv schafft Platz für die Totalität der Gefühle - radikal, expressiv, provokativ. Damit eigentlich ein Thema für das fortschrittliche Feuilleton. Doch bei den Neubauten hört der Spaß auf: "Ich finde, man kann diese 'Einstürzenden Häuser' nicht als Musikband bezeichnen", moderiert ein Sprecher der TV-Sendung "Aspekte", "aber es ist ja ganz interessant zu sehen, wie sich die Rock-Musik langsam, aber sicher zum reinen Krach entwickelt."

Musik - das wissen wir seit Wilhelm Busch - wird als störend oft empfunden, weil stets sie mit Geräusch verbunden. Doch erst die Einstürzenden Neubauten machen das Geräusch in letzter Konsequenz zu ihrer Musik, die gesamte postindustrielle Umwelt zum Klangkörper. Blixa Bargeld: "Meine Überlegung war: Was ist meine Lebenssituation, was ist meine Umwelt als West-Berliner, am Ende des 20. Jahrhunderts in einer Industriekultur? Wir haben dann Expeditionen veranstaltet und sind in die Industrielandschaft rausgezogen. Wir wollten mit nichts musizieren, weil wir nichts von außen hineinbringen wollten. Deshalb gingen wir in die Hohlräume der Autobahnbrücken, in S-Bahn-Schächte oder ähnliche Nischen in der Industriekultur. Wenn man nun in einem 1,50 Meter hohen Hohlraum sitzt, der aus einem Stahlträger besteht, und du hörst die Lkws über dich hinwegrauschen - dann ist es ziemlich schwierig, etwas zu entwickeln, was mit Friedensbewegung zu tun hat." Die Friedensbewegung hätte den Stahlträger am liebsten abgerissen - die Neubauten machen ihn zu ihrem Lieblingsinstrument: "Ich wähle den Gegenstand aus, auf dem ich spielen möchte, nicht nach den Gesichtspunkten seines Klangs aus. Ich sage nicht: Oh, dieser Stahlträger klingt aber toll! Ich wähle den Stahlträger aus, weil es ein Stahlträger ist, und der soll einen Stahlträger repräsentieren. Da ist dann auch eine gewisse Freundschaft zwischen mir und dem Material vorhanden. Ob das für die Masse erträglich oder unerträglich klingt, ist dabei nebensächlich." Eher Letzteres - die Masse der Platten kaufenden Jugend hört lieber Synthies als Stahlwerke. Was Blixas Kontostand gar nicht gut bekommt: "Ökonomisch gesehen ging es mir grauenvoll. Wir haben Pfandflaschen verkauft, um etwas Geld zu haben, und haben in Hamburg bei den Aufnahmen unserer ersten Platte in der Badewanne der Band Abwärts geschlafen."

Szeneläden wie das "SO 36" in Berlin-Kreuzberg werden zu Wallfahrtsorten einer neuen Musikergeneration. Beim "Atonal-Festival" 1983 zum Beispiel erfährt der Veranstalter Dimitri Hegemann die Urkraft der neuen Musik am eigenen Leib: "Ich saß im 'SO 36' im Backstage-Raum - und plötzlich donnerte eine Bohrerspitze neben meinem Kopf durch die Wand. Die Neubauten waren am Werken." Erstmals sieht man auch Frauen nicht nur als hübsches Stimmenbeiwerk auf der Bühne. Die Punk-Gruppe Malaria wird zur Outline der späteren Girlie-Bands. Neue Zeiten, neue Frauen: Jenseits aller Öko-Mütterlichkeit zeigen sie sich angriffslustig, selbstbewusst. Hans-A-Plast singen 1980 "Lederhosentyp", und Gudrun Gut, Sängerin bei Malaria, ist sich sicher: "Ich glaube schon, dass Malaria und die Neubauten gefährlicher waren als die anderen deutschen Bands."

Noch gefährlicher ist zu dieser Zeit aber die Punk-Szene in Hamburg. Zumindest für die Neubauten, wenn sie auf Hamburger Punk-Festivals spielten. Blixa: "Hamburg war 110 Mal aggressiver als Berlin, Hamburg war lebensgefährlich. Wir spielten bei einem Festival. Die vier Bands vor uns sind im Flaschenregen untergegangen, und wir wollten erst gar nicht raus. Also ließen wir Abwärts spielen. Das waren die Lokalmatadoren, sie waren von der Hardcore-Punk-Fraktion akzeptiert. Und als deren Konzert - und somit auch das Festival - beendet war, fingen wir an zu spielen. Ich glaube, es gab da ein Verständnisgefälle zwischen West-Berlin und Westdeutschland."

Und ein Verständnisgefälle quer durch die junge Generation. Während sich in Berlin Popper mit den Punks und die Neubauten auf die Stahlträger prügeln und gleichzeitig die Friedensbewegten in Frankfurter Baumhäusern kampieren, rollt schon die nächste Welle an: Die Teds lassen die fünfziger Jahre auferstehen. Sie träumen von Rock 'n' Roll, Elvis und James Dean, kaufen Petticoats und Lederjacken in Secondhandshops. Jungs mit öligen Haartollen und Mädchen in Nahtstrümpfen läuten die erste aller Revivalkulturen ein. Sie spült eine Teddy-Band aus München ganz nach oben in die Charts: "Schickeria" oder "Skandal im Sperrbezirk" sind die großen Hits der Spider Murphy Gang, und Ted Herold freut sich: "Auf einmal gab es dann die Teds. Die Bewegung ist heute etwas abgeebbt, es gibt aber immer noch einige. Und ich weiß, wenn ich nach Salzgitter komme oder Berlin - irgendwo stehen sie immer. Faszinierend ist, dass sie sich alle meine Texte merken. Die haben manchmal eine richtige Sehnsucht nach den fünfziger Jahren - warum auch immer. Ich glaube, dass in die fünfziger Jahre viel reinprojiziert wird - es war angeblich so eine heile Welt damals. Im Prinzip war sie nicht anders als heute."

Für Wolfgang Kraushaar ist es aus Historikersicht "ganz charakteristisch, dass mit dem Beginn der Ära Kohl 1982 ein Revival der Fünfziger einsetzte. Es war, in der politischen Größenordnung betrachtet, das Ende der Rebellions- und Reformären. Eine Reihe von scheinbar überholten Werten wurde reaktiviert - die konventionelle Familie, das christliche Wertempfinden. Es gab jedoch nur die Bilder der Fünfziger, aber kein Wiederaufleben derselben Familien- und Sozialisationsszenarien, wie sie in den Fünfzigern lebendig waren. Ich bin davon überzeugt, dass das Revival der Fifties zu Beginn der Achtziger eine Entlastungsfunktion hatte. Man brauchte einfach einen optimistischen Schub, ein Freiwerden von den ganzen Krisenszenarien und den Selbstproblematisierungen". Der Musikwissenschaftler Peter Wicke meint dagegen, dass "ein Revival nur für die Leute ein Revival ist, die wissen, dass es ein Revival ist. Das Publikum, das das Revival getragen hat, war ein ganz neues - die haben die Fünfziger für sich neu entdeckt. Das hatte damit zu tun, dass es offensichtlich eine Sehnsucht gab, gegen den ständigen Fortschrittszwang das Entwicklungstempo dadurch zu verlangsamen, indem man ein Stück zurückgeht. Wenn man den Westen im Auge hat, kann man in der Tat sagen: Die Achtziger sind eine Entwicklung vom Politischen zum Ästhetischen ins Hedonistische".

Tausende Bands tummeln sich Ende der Siebziger, Anfang der Achtziger in den Übungskellern deutscher Metropolen. "Selbstbestimmt leben" bedeutet jetzt auch: "Mit drei Akkorden kann jeder Musik machen". Mal düster-ernst, mal spaßig-verspielt - aus Punk- und Alternativbewegung erwächst ein reger Underground. Meistens wird wieder deutsch gesungen, das Rendezvous unter dem NIERENTISCH dient als gezielte Provokation gegen die Zottelmuster der Ökos. Kai Hawaii steckt mit seiner Band Extrabreit mitten im Getümmel: "Die Losung dieser Zeit war: Du kannst auch nur mit drei Griffen dich ausdrücken, wenn du die entsprechenden Ideen hast. Textlich war alles viel direkter, minimalistischer. Anstatt blumig zu weinen, kam man sofort auf den Punkt."

NIERENTISCHE sind die typischen Symbole der Ästhetik der fünfziger Jahre – eine Formgebung, die zur Zeit der NDW ein Revival erlebte.

Zur Hardcore-Fraktion gesellt sich die kulturbeflissene Avantgarde. Dadaismus, Surrealismus - die Kulturgeschichte wird zitiert. Zentrum diesmal nicht Berlin oder Hamburg, sondern die Kunststadt Düsseldorf. Palais Schaumburg spielen

1981 "Wir bauen eine neue Stadt", Der Plan spielt munter mit Begriffen und Symbolen der Bildenden Kunst. Für Plan-Gründer Moritz R war Düsseldorf der Nabel der Musikwelt: "Holger Hiller, Andreas Dorau - die kamen zu uns, um musikalisch Kontakt zu suchen."

Es war der Kontakt zur Avantgarde eines neues Sounds: Der Plan basteln aus Klängen völlig neue Welten zusammen, kommentieren sarkastisch das Absurde des ganz normalen Daseins. Im "Ratinger Hof" in Düsseldorf geben sich Musik- und Kunstszene wechselseitig die Mikrofone in die Hand. Eine dieser Hände gehört Andreas Frege, dem blutjungen Sänger der Punk-Band ZK. Sein Künstlername: "Der große Campino" (siehe auch das Interview am Ende dieses Kapitels).

Moritz R fühlte sich schon damals missverstanden - vor allem, wenn Feuilletonisten seine Musik mit der Dada-Kunst in einen Topf warfen: "Mit Dada hatte ich nichts zu tun. Wenn schon Bezug zur Kunst, dann Surrealismus. Es war eher Psychedelic - das haben wir ja anders als die Punks gemacht: Die waren ja ganz strikt, was das Biertrinken betraf. Wir haben eher gekifft."

Unzählige Bands wie DAF (Deutsch-Amerikanische Freundschaft) oder Fehlfarben werden zum Szenekult und haben bis heute den Status von Legenden. Die Musiker beginnen, jenseits großer Ökonomie sich selbst zu organisieren. Fehlfarben singen 1981: "Was ich haben will, das krieg ich nicht / was ich kriegen kann, das gefällt mir nicht." Trotzdem wird Fehlfarben die erste Band, die einen Plattenvertrag bei einer großen Firma - einer Major Company - bekommt: "Keine Atempause, Geschichte wird gemacht - es geht voran." Bei dem Rest der Musiker geht vor allem die Gründung unabhängiger Produktions-, Vermarktungs- und Vertriebsstrukturen voran. Die

Foto: WDR

Produziert inzwischen Bands wie Die Prinzen: Ideal-Sängerin Anete Humpe

INDIE ist die Abkürzung von „Independent“ – der Oberbegriff für kleine, unabhängige Pllattenfirmen (oft von Musikern selbst gegründet), die nur noch punktuell mit den Major-Multis der weltweiten Musikindustrie zusammenarbeiten wollen.

INDIE-SZENE formiert sich, kleine Labels wie das "Ata Tak" von Moritz R schießen aus dem Boden. Veröffentlicht wird alles, was Kraft hat und deutsch singt. Sogar die Ideal-Sängerin Anette Humpe macht zunächst erfolglos mit ihrem Demo bei den großen Firmen die Runde: "Uns wollte ja keine Plattenfirma, die haben 'igitt' gesagt. Die Plattenfirmen waren damals noch langsamer als heute, die sind ja immer ein bisschen hinterher."

Und trotzdem gibt es diese Platten - Foyer des Arts zum Beispiel singen "Wolfgang Siebeck hat ja so recht" oder "Königin mit Rädern unten dran". Kinderreime für junge Erwachsene, wie Moritz R meint. "Was da zum Tragen kam, waren Kinderlieder. Weil man das ja konnte - das kann jeder. Du spielst ein Kinderlied mit dieser Rhythmusorgel, singst dazu einen Text aus 'Wissenschaft der Logik' von Hegel - und schon ist es keine Kindermusik mehr."

Was der neuen, brodelnden Szene jetzt nur noch fehlt, ist ein eingängiger Genrebegriff. Der Journalist Alfred Hilsberg bringt das Kind zur Taufe und schreibt in dem Hamburger Musikmagazin "Sounds" erstmals von der NDW, der Neuen Deutschen Welle. Die Deutschsprachigkeit, die neuen Texte verbinden sich mit rockigen Sounds - das führt zum Durchbruch. Ideal werden zum ersten Mega-Seller der Neuen Deutschen Welle - die erste Independent-Produktion, die Goldstatus erreicht. Anette Humpe besingt die "Blauen Augen" - wegen Goldener Schallplatten indes darf sie auf keinen Fall feuchte Augen bekommen: "Es gehörte auch zur Haltung, dass man sich nicht so dolle freute über den Erfolg. Das war unanständig." Mit Andreas Dorau landet eine weitere Independent-Produktion hoch oben in den Charts. Endlich erkennt auch die Industrie das Verkaufspotenzial der NDW und schickt alte Jazz-Rocker wie Joachim Witt ("Der goldene

Reiter") oder dünne Pennäler wie Andreas Dorau ("Fred vom Jupiter") ins Rennen.

Der Synthesizer hat zwar noch längst nicht die Gitarre verdrängt, steht auf der Bühne aber bereits gleichberechtigt neben dem klassischen Rock-Instrumentarium. Das Computerzeitalter beginnt - auch auf den Schreibtischen von Schülern und Musikern. Geräte wie der COMMODORE 64 verheißen: "Spiel und Spaß durch den Joystick" - aber auch die ersten rudimentären Musik-Sequencer-Programme kommen auf den Markt und sorgen für den Beginn einer langen Phase der Schlagzeugerarbeitslosigkeit. Rick von der Techno-Band Scooter entdeckt damals, dass es auch ein Musikerleben ohne endlose Diskussionen im Proberaum geben kann: "Ich habe damals in den achtziger Jahren sehr viel Rock-Musik gemacht in Schülerbands und Szenebands. Mich hat immer gestört, dass man sich in einer Band immer mit anderen Musikern auseinandersetzen musste. Wenn man irgendeine Idee umsetzen wollte, wurde das meist im Keim erstickt. Und dann kam der Computer. Der C 64 war eine Offenbarung: Endlich hatte man ein Gerät, das nicht ständig Widersprüche machte, sondern das machte, was man wollte."

DER C 64 war der erste bezahlbare Home-Computer auf dem Markt. Mit damals unglaublich großem Arbeitsspeicher von 64 Kilo(!)byte ermöglichte er nicht nur die Verbreitung von Computerspielen in die Jugendzimmer – der Rechner diente auch Musikern als erster softwaregesteuerter Sequenzer.

Eiszeit in den Proberäumen - und "Eiszeit" von Ideal in den Charts. Keine Frage - man geht auf Abstand zu den Mitmenschen. Anette Humpe: "Es wurde ja so eine Art Individualismus ganz wichtig; das war eine Reaktion auf die Friedensbewegten. Es war ja in Deutschland so, dass die Anti-AKW- und Friedensbewegung immer recht hatten, weil die Moral auf ihrer Seite war. Wir konnten das nicht mehr hören, haben uns die Haare abgeschnitten, die Kleider wurden immer strenger - Anzug, weißes Hemd und Krawatte."

Während die halbe Nation zur Neuen Deutschen Welle tanzt, macht sich ein Mädchen aus

Hagen auf den Weg nach Berlin, sucht und findet Kontakt zur ehemaligen Nina-Hagen-Band Spliff und deren Manager Jim Rakete. Als das Fräuleinwunder der achtziger Jahre exportiert Nena Kerner bald schon die Neue Deutsche Welle in die ganze Welt.

O-Ton Campino

Anfang der achtziger Jahre beginnt der junge Düsseldorfer Punk Andreas Frege (Jahrgang 1962) bei der Band ZK seine Karriere als Sänger. Er hat auf der Bühne stets einen Zaubererkoffer dabei und nennt sich "Der Große Campino". Knapp 20 Jahre später ist er als Frontmann der Toten Hosen der bekannteste und erfolgreichste Punk-Rock-Sänger Deutschlands.

Wie sind Sie auf den Punk gekommen?

Ich habe immer Krachbands geliebt. Nach Deep Purple AC/DC, später habe ich heimlich Slade gehört - es musste ballern, ich mochte laute Refrains. Als Punk-Rock kam, spülte das die alten Leute nur so weg. Ich mochte nie Gitarrensoli, und plötzlich gab es die dann auch nicht mehr. Ein Lied war nach zwei Minuten zu Ende, und es war alles drin!"

War Düsseldorf der Musiknabel der Welt?

Zumindest war Düsseldorf gemeinsam mit Hamburg und Berlin die entscheidende Stadt in Deutschland. Ich weiß nicht, warum, vielleicht wegen Künstlerszene. Wir hatten im "Ratinger Hof" einen Veranstalter, der frisch genug war, englische Punk-Bands spielen zu lassen. Da hatten wir auch die Kölner im Griff - die mussten zu den

Foto: WDR

Mit Punk in die Charts: Sänger Campino (2.v.r.) und seine Toten Hosen

Konzerten immer rüberkommen. Das hat sich leider gedreht.

Wie erlebten Sie die NDW?

In England tauchte New Wave auf. Elvis Costello, Ultravox oder die Stranglers wollten gute Musik machen. In Deutschland wurde NDW dann von der Plattenindustrie aufgesogen. Es wurden lauter alte Säcke gesigned, die nichts mit der Szene zu tun hatten. Der Begriff NDW half, Sachen zu verkaufen, die eigentlich eher Neuer Deutscher Schlager waren. Hubert Kah, oder Nena - bei "99 Luftballons" haben wir gekotzt im Wagen. Wir fühlten, dass mit diesem Begriff auch etwas verdreht wurde, was wir eigentlich selbst vorhatten. Für uns war dieser Begriff dann natürlich passé.

Wie war Ihr Verhältnis zu den Einstürzenden Neubauten?

Wir sind mit ihnen gut ausgekommen. Ich bewundere an den Neubauten, dass sie sich so ein Künstlerimage geben, die Band aber eine Aggression im Raum aufbauen konnte, die wir damals nicht hingekriegt hätten. Unser hartes Spiel war lange nicht so effektiv wie deren Schlagbohrer.

Immerhin konnte man seitdem wieder deutsch singen.

Die Leute verstehen dich, wenn du was zu sagen hast. Wenn dir nichts einfällt, kriegst du was auf die Schnauze. Inhaltlich ist das entscheidend. Viele Leute hören diese Musik auch anders, als wenn sie sich eine englische Platte kaufen - BAP- und Grönemeyer-Fans achten wahnsinnig auf den Text. Die BRD-Punk-Szene hat die Engländer bewundert, aber wir wollten eigenständig sein, wir wollten deutsch singen. Anfangs kam ich mir doof vor, deutsch zu singen, aber das legte sich schnell.

<8> GIB GAS, ICH WILL SPASS! ca. 1982 bis 1985

DEUTSCHLAND, ANFANG DER ACHTZIGER JAHRE: Die Neue Deutsche Welle, kurz: NDW, schwappt übers Land. Neben Berlin ist diesmal die Provinz der Vorreiter: Hagen in Westfalen wird zur wichtigsten Brutstätte der NDW-Talente. Kein Wunder - inmitten grauer Häuserschluchten bleibt einem nichts anderes übrig als die Flucht nach vorn.

Für die blutjunge Sängerin Nena Kerner aus Hagen wird es zunächst erst mal eine Flucht nach Nordosten - sie geht nach Berlin und lernt schnell über den Gitarristen Reinhold Heil die Band Spliff kennen: "Wir saßen bei ihm am Tisch, und dann kam Jim Rakete rein", erinnert sich Nena an ihr erstes Treffen mit dem Mann, der sie später zu einem der größten Pop-Stars aufbaut, den die Nation bislang erlebt hat. "Ich holte mein DEMO raus - und irgendwie hat die Chemie gleich gestimmt. Das war sehr aufregend: Das Kleinstadtmädchen kommt nach Berlin", lacht Nena, "und macht die große Karriere."

DEMO ist die Kurzform von Demonstrations-Tape – jene Tonbandkassette, mit der sich Nachwuchsmusiker bei Plattenfirmen und Veranstaltern bewerben. Inzwischen wird die Musik meist auf DAT-Bändern, Mini-Disks oder CD-Rs eingereicht.

So schnell geht es aber auch im Fall Nena nicht: Zuerst bekommt sie einen Job als Sekretärin im Managerbüro von Jim Rakete. Nebenbei kann sie dort auch ihre "geheime Vorliebe" ausleben - sauber machen: "Staubsaugen befriedigt mich." Nena bearbeitet tagsüber die Fanpost von Spliff und nimmt abends im Studio die Tracks für ihre erste Platte auf. Jim Rakete fördert das Talent seines neuen Schützlings, produziert die erste Single "Nur geträumt" mit und besorgt Nena einen ersten TV-Auftritt. Über Nacht ist sie ein Star und stellt den Staubsauger erst mal in die Ecke. Sie singt "Nur geträumt" im ARD-"Musikladen" und kippt angesichts des Blitzerfolgs fast aus den

Latschen. "Am Tag nach der Show haben wir 40 000 Singles verkauft." Auch Dieter Bohlen sitzt vor dem Fernseher: "Ich habe Nena bei ihrem allerersten TV-Auftritt in Bremen gesehen. Sie stand da, in ihrem roten, kleinen Lederrock - und alle Teenies fanden sie geil."

Nena ist in ihrer ganzen juvenilen Naivität vor allem eins: natürlich, echt, ungecastet. Das kommt an bei den Kids. "Wir alle haben uns was getraut", kommentiert sie die NDW-Zeit. "Es herrschte eine echte Aufbruchstimmung. Es war alles egal, man konnte alles machen, man konnte jeden Scheiß singen, und es war hip: 'Ich geh zum Zahnarzt' oder 'Heute koche ich Kartoffelsuppe'." Auch die "Bravo" steigt voll auf Nena ein. Kaum eine Ausgabe ohne Starschnitt, mehrseitige Tourberichte und Homestorys. Das hat eine nachhaltige Wirkung auf die Fans: Von Monat zu Monat sieht man immer mehr kleine Nena-Klons auf Deutschlands Straßen, alle tragen sie kurze Röcke und haben sich bei ihrem Friseur einen Nena-Schnitt verpassen lassen. Das Original hat damit zumindest anfangs kein Problem: "Ich habe diesen Zustand genossen: Du gehst auf die Straße - und siehst dich selbst. Weil überall laufen kleine Nenas rum." Der Erfolg Nenas übersteigt alles bislang Dagewesene: "99 Luftballons" kommt in England auf Platz eins und in den USA auf Platz zwei - und mit einem deutschen Songtext. Dabei ist das Image der Sängerin keineswegs so festgelegt, wie es scheint: "Wir hatten in jedem Land ein anderes Image. In Amerika standen wir in der Independent-Abteilung. Und in Deutschland waren wir bald die angepasste Teenie-Band."

Nena knüpft nahtlos an die Erfolge von Extrabreit an. Die sind schon mit zwei Alben die Charts hinaufgeschossen und haben den Durchbruch des neuen Sounds vorbereitet. Ebenfalls

Foto: WDR

Ließ „99 Luftballons" in die US-Top Ten steigen: Nena

aus Hagen stammend, liefern Extrabreit mit Hits wie "Polizei", "Flieger, grüß mir die Sonne" oder "Hurra, Hurra, die Schule brennt" den fröhlich-unbeschwerten Soundtrack zu einem immer unpolitischer werdenden Alltagsleben. Nur selten werden die Protagonisten von der Realität eingeholt. Als sich Fälle von Brandstiftungen in Schulen häufen, ruft Extrabreit seine Fans dazu auf, den Songtext von "Hurra, Hurra, die Schule brennt" bitte nicht so wörtlich zu verstehen. Es kocht ein echter Hagen-Hype hoch. Extrabreit-Sänger Kai Hawaii: "Man sprach schon vom deutschen Liverpool!" Das ist natürlich Quatsch, denn die deutsche Szene braucht gar keine Vergleiche.

Ab sofort wird zurückgesungen: Mit einem kleinen Baby-Casio in der Hand und einem Kopf voller abstruser Einfälle scheffeln Trio aus Großenkneten die große Knete. "DaDaDa " - das versteht man auch in Helsinki, Singapur und Buenos Aires. Die Nation ist begeistert: Ein Welthit aus Großenkneten! Die drei schrägen Vögel aus dem Oldenburger Land räumen ab: In 30 Ländern wird der Song veröffentlicht, selbst in Ländern wie in Belgien und Mexiko gibt es Gold, in Kanada und Brasilien sogar Doppelplatin. Deutsche - das muss die Welt nun lernen - scheinen ja doch einen Sinn für Humor zu haben. Ganz anders als der außenpolitisch anfangs doch eher unbeholfen herumtappende Kanzler Helmut Kohl bringen Bands wie Trio die neue deutsche Fröhlichkeit glaubhaft in die Nachrichtensendungen der Welt. Ein Humor, dem auch Heinz Rudolf Kunze nicht widerstehen kann: "Ich habe Trio in einer kleinen Kneipe in einem Vorort von Osnabrück gesehen. Die haben es geschafft, ein völlig desinteressiertes, biertrinkendes Publikum aus dem Teutoburger Wald innerhalb von einer halben Stunde zu sich vor Lachen auf dem Boden wälzenden, süchtigen Fans zu machen. Inklusive mir."

Während Peter Schilling mit "Major Tom" direkt in die Top 20 der amerikanischen Charts startet, zündet ein weiterer deutschsprachiger

Künstler die internationale Karriere-Rakete. Die NDW kommt mit leichter Verspätung auch in Wien an und fällt dort auf ähnlich fruchtbaren Boden wie in Deutschland: Das Jahrzehnt des kühlen, glatten HEDONISMUS, der die Heftigkeit der Inszenierung einer Persönlichkeit weitaus wichtiger nimmt als die Reinheit ihrer inneren Werte, ist erst ein paar Jahre alt. Und doch scheint es bereits seinen Höhepunkt erreicht zu haben. Während eine stetig kleiner werdende Gruppe von Idealisten noch immer gegen Atomwaffen und Umweltzerstörung protestiert, singt die Masse die NDW-Hymnen der ungebrochenen Konsumfreuden. Italienischer Weißwein und kolumbianisches Kokain beflügeln den Tanz auf dem Vulkan, bei dem sich die Tänzer nur deswegen eher verhalten im Rhythmus der neuen Zeit bewegen, weil sie keine Schwitzflecken an ihren teuren Kaschmirpullovern riskieren wollen. Der Club Of Rome hat die "Grenzen des Wachstums" prophezeit, der erste Ölschock ist überwunden, und man will angesichts der heraufziehenden globalen Krisen ganz schnell noch einmal ganz viel Spaß haben. Eine hervorragende Zeit also für den gnadenlosesten aller Selbstinszenierungskünstler: Falco.

HEDONISMUS ist das Trachten des Menschens nach dem höchsten Glückszustand – in den achtziger Jahren primär des eigenen und nicht den des Mitmenschens.

Die Männerzeitschrift "Penthouse" veröffentlicht nach den ersten Erfolgen mit "Der Kommissar" ein legendäres Falco-Interview. Ein Auszug:

Penthouse: "Wie wichtig ist es für dich, im Rampenlicht zu stehen?"
Falco: "Sehr wichtig."
Penthouse: "Du geilst dich daran auf?"
Falco: "Selbstverständlich."
Penthouse: "Bist du ein Narziss?"
Falco: "Sicherlich."
Penthouse: "Und du liebst dich selber?"
Falco: "Unendlich!"

Penthouse: "Und was liebst du mehr als dich?" Falco: "Meine Fähigkeit, mich selbst zu inszenieren."

Am 20. März 1986 klingelt gegen ein Uhr morgens Falcos Telefon. Horst Bork, sein damaliger Manager, ist an der Strippe. Er hält gerade ein druckwarmes Telex aus den USA in den Händen: Falcos "Amadeus" ist auf Platz eins der amerikanischen Single-Charts - das hatte noch kein deutschsprachiger Künstler vor ihm geschafft.

Doch wie Falco kann auch Nena nicht mehr an ihren Mega-Erfolg der "99 Luftballons" anschließen. An der Seite von Markus spielt Nena in der Komödie "Gib Gas, ich will Spaß". Der Streifen ist zwar erfolgreich, gilt aber selbst für Mitwirkende als Symptom für die gnadenlose Kommerzialisierung. Die Neue Deutsche Welle scheint an sich selbst zu ertrinken. Es beginnt die Zeit der Produzenten-NDW mit Bands wie United Balls ("Pogo in Togo") , Ixi ("Knutschfleck"), Frl. Mencke ("Hohe Berge"), Hubert Kah ("Rosemarie") oder Jawoll ("Taxi"). Immer abgeschmacktere NDW-Platten werden auf den Markt geworfen, die Ausverkaufsmaschine läuft heiß: "Das ganze war ein Trend, eine Bewegung, ein kulturelle Aufbruchstimmung, die zunächst in keiner Weise etwas mit der Plattenindustrie zu tun hatte", klagt Kai Hawaii heute. "Die haben dann irgendwann gemerkt, dass da was abgeht, und haben dementsprechend reagiert: alles aufgekauft - was der Sache nicht unbedingt gut getan hat. Am Ende wurde der Markt bombardiert mit Sachen, die unter dem Etikett 'NDW' liefen. Die einzige Gemeinsamkeit war, dass man irgendwelche Rhythmusmaschinen benutzte und deutsch sang. Ansonsten ist das dann doch sehr im Klamauk versandet." Dennoch legt die NDW die rhythmischen Grundsteine für die spätere Techno-Bewegung. Der DJ Westbam sieht sich vor allem von DAF beeinflusst: "Das war schon die neue Form der Tanzkultur - die haben auf Sequenzen, harte Beats und Minimals geachtet. Selbst in Chicago sind diese Einflüsse angekommen. Das war der Blueprint für die heutige House- und Techno-Musik."

Der viel zu schnell kommerziell aufgeblasene NDW-Luftballon schnorrt binnen kürzester Zeit auf seine schlaffe Gummihülle zusammen. Die Industrie, zu spät auf den Zug aufgesprungen, erlebt herbe Verluste. Ein Umdenkprozess setzt ein. Tim Renner, heute deutscher Musikchef des Multis Universal: "Die Industrie hat im Nachgang der NDW schon verstanden, wie weit sie diesen möglichen Ursprung einer eigenständigen deutschen Pop-Kultur selbst vernichtet hat. Das hat auch zum Umdenken der intelligenteren Manager in der Industrie und einen anderen Umgang mit den danach kommenden Szenephänomenen geführt."

Ein Umdenken wird auch für die honorigen Herren (Damen sind noch die Seltenheit) im Deutschen Bundestag nötig: Als Gegengewicht zu dem konservativen Neoliberalismus der CDU-Bundesregierung ziehen die Protestbewegungen der späten Siebziger ins Parlament ein. Mit den Grünen halten 1983 Fusselbärte, lila Tücher und neue Ideen Einzug ins Hohe Haus. Nach nur zwei Jahren steht die Turnschuhgeneration schon in politischem Amt und Würden: Joschka Fischer wird als hessischer Umweltminister vereidigt - in Jeans, Fischgratsakko und weißen Turnschuhen. Protest geht jetzt auch ohne Parka und Palästinensertuch. Alte Themen tauchen auch musikalisch in neuer, populärer Form auf - aus Liedermachern werden Deutsch-Rocker.

Ina Deter singt - im Ledermini - 1983 ihren Hit "Neue Männer braucht das Land" und findet das total normal. "Für mich war das eine ganz logische Entwicklung von der Liedermacherin mit der Joan-Baez-Stimme zu der Rock-Musikerin." Ebenso logisch, dass langsam auch eben diese neuen Männer die Charts erobern. Allen voran, mit der blonden Strähne im Auge: Herbert Grönemeyer. Als Schauspieler erfolgreich, als Liedermacher kaum bemerkt, gelingt ihm mit Deutsch-Rock der Durchbruch als Musiker. Herbert Grönemeyer wird mit seinen Hits "Männer", "Kinder an die Macht" und "Flugzeuge im Bauch" als größter deutscher Rock-Star der achtziger Jahre gefeiert. Grönemeyers nur schwer beherrschbarer Bewegungsdrang lebt sich auf der Bühne voll aus - kaum ein Konzert, bei dem er weniger als vier Tamburins auf seinem Keyboard im Takt kaputtschlägt. Auch im Video zum Song "Jetzt oder nie" zappelt Herbert dermaßen herum, dass der Kameramann seine liebe Mühe hat, den Kopf des Stars im Bild zu halten. Neben Marius Westernhagen (den "Müller" legt er erst in den neunziger Jahren ab) ist Grönemeyer der zweite Rock-Star, der seine Karriere beim Film begann. Mit seiner Rolle in "Das Boot" (1980) wird der ehemalige Mime am Schauspielhaus Bochum bekannt. Einfluss auf die nachfolgenden Generationen haben aber vor allem seine Lieder. Bis heute: "Er hat der deutschen Sprache den entscheidenden Kick gegeben", erklärt Xavier Naidoo.

Grönemeyer lässt ganz locker jedes Betroffenheitspathos hinter sich, sucht neue Selbstverständlichkeit. Die Impulse kommen aus der NDW. Grönemeyer: "Das hat mir Mut gemacht, zu meinem eigenen Mief zu stehen: Hier bin ich, so singe ich, das ist meine Platte." Grönemeyer hat Erfolg mit seinem "Versuch, der deutschen Sprache nicht nur Inhalt, sondern auch eine Rhythmus- und Klangebene abzugewinnen." Der Deutsch-Rock boomt. Er wird zur neuen deut-

Nach ihrem Wechsel in die BRD von der Schlagersängerin zum Popstar geworden: Nina Hagen

schen Volksmusik. So kommen im Laufe der Achtziger auch verstärkt im Dialekt gesungene Songs in die Charts. Vor allem aus Süddeutsch-

FENDRICH war nur einer von vielen österreichischen Acts, die in dieser Zeit in Deutschland Erfolg hatten: Auch Wolfgang Ambros, Georg Danzer und die Erste Allgemeine Verunsicherung hatten viele Fans in Deutschland.

land und Österreich: Haindling singen "Lang scho nimma g'sehn" und "Du Depp", RAINHARD FENDRICH nimmt mit "Macho Macho" sein eigenes Geschlecht auf die Schippe und die Rodgau Monotones drohen: "Die Hesse komme". Liebeslied plus angloamerikanische Musik - so lautet das Erfolgsrezept, mit dem auch Klaus Lage 1984 ("1000 Mal berührt") ganz nach vorne kommt. Rio Reiser setzt neue Akzente im Deutsch-Rock. Wütend, gefühlvoll und kritisch klingen "Alles Lüge", "Für immer und dich" und sein größter Hit "König von Deutschland". Gesungen wird deutsch, die Musik ruht dennoch tief in ihren angloamerikanischen Wurzeln: "Wir sind halt nicht nur militärisch, sondern auch kulturell Besatzerkinder", analysiert Heinz Rudolf Kunze. "Wir sind aufgewachsen mit angloamerikanischer Musik. Das haben wir gehört, seitdem wir hören, und das will auch wieder raus, wenn wir selber was machen."

Auch Heinz Rudolf Kunze landet 1985 seinen bis heute kommerziell erfolgreichsten Hit - "Dein ist mein ganzes Herz". "Anfang 1985 fand ich mit Heiner Lürich einen neuen Gitarristen. Und der brachte die Musik von 'Dein ist mein ganzes Herz' mit. Ich habe dann den Text irgendwo im Auto gemacht. Wir haben schon das Gefühl gehabt, dass wir damit einen möglichen Hit hätten. Dass es dann ein so großer geworden ist, war nicht planbar - das war nur hoffbar. Mein Publikum hat sich versiebenfacht, aber da sind auch ein paar Hardcore-Freunde der ersten Stunde abgesprungen."

Im Westen erfinden Deutsch-Rocker das Liebeslied neu - in der DDR gewinnt Rock-Musik an Radikalität. Sogar die Politsendung "Kennzeichen D" berichtet im ZDF über die Band Pankow. Die untergraben die Fundamente der Scheinwelt Ost. "Paule Panke" heißt Pankows

Rock-Theater-Stück, das unverblümt den tristen Lehrlingsalltag beschreibt. Das geht an die Substanz: Pankow setzen sich ironisch mit dem Herzstück des sozialistische Lebensentwurfes auseinander - das "Wir"-Gefühl an den ach so geliebten Produktionsmaschinen. Den Zensoren ist das zu subversiv - die Musik erscheint erst Ende der achtziger Jahre als Platte. Sebastian Krumbiegel von den Prinzen war tief beeindruckt. "Ich habe im Radio den 'Werkstattsong' von Pankow gehört, und das klang für mich geil. Dann kam Rockhaus - die fand ich auch toll. Ich bin auf die Konzerte gerannt und habe André Herzberg kennen gelernt. Pankow und Rockhaus waren mein Ding - Silly war nicht so direkt, zu kunstvoll. Pankow war wie Stones, und Rockhaus war jung und frisch und geil. Aber eines ist klar: Der 'Werkstattsong' wäre ohne NDW nie passiert."

Die DDR-Musiker schaffen ihr eigenes Abbild der NDW. Rockhaus ("I.L.D." und "Ferien mit Helene"), Petra Zieger ("Schmusen auf dem Flur") oder Mona Lise ("Wahnsinn") klingen zwar so ähnlich wie ihre West-Vorbilder, wollen mit den Texten aber meist nicht nur an der Oberfläche schürfen. Musikalisch vom New Wave geprägt, setzen Pankow in ihren Texten auf die Entlarvung der Öde und der bleiernen Schwere des ganz normalen DDR-Daseins. Neue Möglichkeiten im Alltag entdecken, Grenzen austesten - das ist ihr Programm.

Lyrischer, doch nicht minder subversiv kritisieren Silly mit "Die Ferne", "EKG" oder "Bataillon d'amour" die Erstarrung des Lebens in der DDR. Geschickt bringen sie die Texte durch die Zensur, in dem sie "Grüne Elefanten" als Sollbruchstellen einbauen: Zeilen, die so offen kritisieren, dass sie sofort herausgenommen werden und dem Zensor das Gefühl geben, etwas gefunden zu haben, auf dass der die verschlüsselteren Text-Teile übersieht. Silly und Pankow werden zu den DDR-Superbands der Achtziger. Sie sind so populär, dass den Funktionären nichts anderes übrig bleibt, als die neue Frechheit zu dulden. Schrill, bunt und angriffslustig - Dauergäste im DDR-Fernsehen. Herzberg: "Es gab ja keine Videoclips, also machten wir bei den mitgeschnittenen Playback-Auftritten unsere eigene Show."

Im Westen stellen die Videoclips das Musikgeschäft vom Kopf auf die Füße. Wohlkalkulierte Images lassen sich per Clip besser transportieren. Vor allem amerikanische Superstars vermarkten sich über den neu gegründeten Clipsender MTV in teuren Produktionen perfekt. So sind sie jederzeit und überall verfügbar - der Star kommt ins Wohnzimmer, auch wenn er ganz woanders ist. Die nationalen Künstler haben es schwer angesichts der visuellen Attacken von Superstars wie Michael Jackson, Madonna und Prince.

MTV ist die Abkürzung von Music Television – der inzwischen weltweit ausgestrahlte Sender des Medien-Multis Viacom.

Die deutschen Fernsehsender, in dieser Zeit noch allesamt öffentlich-rechtlich, verschlafen den Clip-Trend fast zur Gänze. Einzig die Sendung "Formel Eins", zunächst mit Peter Illmann, später mit Ingolf Lück, Stefanie Tücking und Kai Böcking, wird in Westdeutschland zur zentralen Abspielstation für die kleinen Pop-Filme. Die Clips verändern die Jugendkultur nachhaltig. Images und Outfits bestimmen das Sein - Fashionvorlagen von Madonna bis Frankie Goes To Hollywood gibt's frei Haus per Mattscheibe. Politischer Aktionismus ist nun schwer out, und auch die Musikszene beginnt in immer kleinere Teile zu zerfallen. Im Auge der Wissenschaft stellt sich das so dar: "Man erlebte eine Ausdifferenzierung in viele kleine Musikszenen", analysiert der Musikwissenschaftler Peter Wicke. "Die Lebensrealitäten, die längerfristig wirkenden

Antworten auf Fragen, wie sie seit der zweiten Hälfte der Sechziger über ein halbes Jahrzehnt generationsumspannend gültig schienen, hatten ausgedient. Neue Strategien setzten auf die Differenz, den Unterschied - und nicht mehr auf den Massenmarkt. Das hat Konsequenzen für das Aufwachsen. Abweichung ist nicht mehr das Subversive, das Anderssein wird zum kommerziellen Diktat. Das Motto: Wir alle sollen 'anders' sein. Damit fängt das Prinzip des Images, die Montage als Recycling von alten Stilen, an."

Alles läuft nun gleichzeitig und ist gleichermaßen bestimmend: Swatch am Arm, die New-Romantic-Mode, und spätestens seit Spandau Ballet und Kajagoogoo greifen auch junge Männer in Deutschland zu Make-up und Kajalstift. England liefert die Blaupause für jede Mode, jeden Sound. Nur wenige deutsche Acts schaffen in diesen Jahren den Sprung über die eigene Grenze - natürlich mit englischen Texten. In dem bestimmenden Sound der Zeit - den Synthie-Pop britischer Prägung - schafft es nur eine einzige deutsche Band: Alphaville ("Big In Japan", "Forever Young"). Bis in die späten Achtziger hinein bemühen sich deutsche Produktionen, exportfähigen Synthie-Pop zu produzieren. Zumeist enden sie - wie Camouflage 1988 mit "The Great Commandment" oder wie die heutigen Scooter-Jungs Rick und H.P. Baxxter mit ihrer damaligen Band Celebrate the Nun - als Kopien.

Harte Industrial-Klänge mit kommerziellen Pop-Refrains tauchen plötzlich in Chart-Hits auf. Depeche Mode und ihr Produzent Gareth Jones bedienen sich bei den Heroen des Underground. Blixa Bargeld nimmt mit Gareth Jones ein Stück für einen anderen Künstler (Fat Gadget) auf - und entdeckt seine Klänge in unerwartetem Zusammenhang wieder: "Aus diesen Sounds wurde

'People Are People' zusammengebastelt - direkt von unserem Multitrack gesampled." Als Depeche Mode Industrial-Sounds auf Pop-Füße stellen, gibt es noch nicht die heute herrschende Vorsicht im Umgang mit fremden Urheberrechten. Gitarren sind fortan immer seltener zu sehen, die Maschinen bestimmen den Sound. Humpe: "Es wurde eine neue Art von Musiker kreiert, man musste jetzt mit den Maschinen klarkommen, um die neue Art von Musik zu machen."

Diese düsteren Sounds aus England sind der Soundtrack einer Waver-Szene, die bis in die späten Achtziger die Kassen der Friseure füllt. Der Unterschied zu der Punk-Zeit, die mit bunten, hochgeklebten Haaren zumindest fashionmäßig wieder belebt wird, ist: Nun gibt es endlich auch eine Drogerieindustrie, die die passenden Produkte anbietet. In den TV-Werbespots von L´Oréal preisen Freizeit-Waver "Haarlack extra stark" oder "Wet-Gel" als prima Möglichkeit, sich nach Dienstschluss für die Waver-Disco zu stylen.

Im Osten dagegen gibt es nur ein Trockenshampoo, mit dem die Haare zwar verfilzen, aber wenigstens klebrig in die Höhe stehen. In Ermangelung von neonbunten Haartönungen greift man in gewohnt östlicher Improvisationskunst zu einem Fußpilzmittel, das in aufgelöster Form ein sattes Blau hergibt. Die neue, abgedrehte Pop-Welt macht natürlich vor der Mauer nicht Halt. Altgediente Siebziger-Jahre-Rock-Bands müssen sich renovieren, um "up to date" zu bleiben. Gruppen wie Stern Meißen ("Nie mehr zurück") stellen auf der Bühne junge Sänger vor die alternde Band. Einige von diesen Sängern werden Solokünstler. Der Osten bekommt mit IC ("Wunderland") und Ralf "Bummy" Bursy ("Eh die Liebe stirbt") seine ersten echten Teenie-Stars.

Im Westen bereitet sich zur selben Zeit die bis

Er „machte“ Spliff und Nina Hagen und Nena: Der Manager und Fotograf Jim Rakete

dato radikalste Form der Pop-Musik auf ihren weltweiten Durchbruch vor: Der Produzent Dieter Bohlen entwickelt mit dem Sänger Thomas Anders nichts Geringeres als die Weltformel, die aus Pop pures Gold werden lässt.

O-Ton Jim Rakete

Als der Mann, der mit seinen optischen und geschäftlichen Visionen die NDW auch international hoffähig machte, ist der Fotograf und Manager Jim Rakete, heute Ende vierzig, im Berlin der frühen achtziger Jahre ganz vorn dabei. Er managt Nina Hagen, Spliff und Nena, seine hartschattige Porträtfotografie prägt das Jahrzehnt visuell mit.

Was war das Management-Geheimrezept bei Nina Hagen?

Erst einmal: Nina ist etwas ganz Besonderes gewesen, ebenso wie die Band. Das Vermarktungsrezept dazu habe ich von meiner Großmutter gelernt: Verknappung ist die beste Promotion. Nicht so wie heute, sondern von vornherein den Kanal dicht machen. Heute ist das gar nicht hip. Heute ist man immer der Meinung, dass Breitenwirkung toll ist, doch damit verbreitet man nur und vertieft nichts. Von den tiefen Spuren, die Nina hinterlassen hat, lebt sie heute noch.

Was empfanden Sie, als Sie Nena Kerner das erste Mal sahen?

Ich dachte mir: Mit der würdest du gerne mal was zusammen machen. Wenn du das Bild von Nena und die Stimme zusammenbringst - das ist ein Objekt der Begierde. Sie kam nach Berlin und alle halfen ihr, weil wir sie mochten. Die Spliffer waren auf einmal alle ganz erwachsen, auch ich hatte plötzlich etwas Väterliches. Nena machte zuerst die Fanpost von Spliff, sie wurde sozusagen meine Sekretärin. Wir haben sie noch Jahre später vermisst! Wie sie da immer mit dem dicken Staubsauger durch die Fabriketage geheizt ist, weil sie so gerne staubsaugte - das fand sie ganz toll. Ich habe sie in allerbester Erinnerung. Dann kam die erste Platte, und das ging sofort tierisch ab. Da kam leider auch gleich die volle Dröhnung - das kann kein Mensch verkraften. Sie hatte keine Zeit mehr, ihr Leben zu leben.

Wie sehen Sie heute die NDW-Zeit?

Vielleicht ist die NDW so etwas wie die Vorwegnahme des "Light"-Lebensgefühls gewesen. Man hat sich ja noch mal das reingeholt, mit dem einen die Eltern immer geärgert hatten: die Nierentische, die Kristallaschenbecher - jeder hatte das irgendwann mal auf seinem Plattencover. Das war alles schon schräg, aber auch sehr liebenswert. Wenn man sich heute die Texte anhört und mal wirklich nachdenkt, merkt man, dass viele Dinge vorweggenommen wurden, die heute leider kein Witz mehr sind,. Damals konnte man zum Beispiel noch über das Yuppietum in seinen schlimmsten Ausprägungen lachen. Heute ist das längst Realität, die unseren Alltag regiert: Idioten mit komplizierten Brillen und Funktelefonen stehen in wehenden Mänteln auf Flughäfen - darüber hat sich Anette schon vor 20 Jahren lustig gemacht.

Woran ging die NDW kaputt?

Es gab dann die dritte Welle der NDW, die war nicht so gut. Das war nichts als Marketing. Ich habe dann diese typischen Anrufe bekommen: "Du, ich hab hier 'ne ganz tolle Band, die ist so ne Mischung aus..." Und da habe ich gemerkt: Wenn man Dinge vergleichen kann, dann sind sie nicht wirklich gut. Wenn Nina Hagen zum ersten Mal auftritt, dann fällt dir kein Vergleich ein - und genau das ist gut. Das gilt auch für Nena.

<9> SCHLUSS MIT LUSTIG!
ca. 1983 bis 1989

"DAS GRAUEN KEHRT ZURÜCK", titelt 1998 eine große Musikzeitschrift. Gemeint ist nicht eine Neuverfilmung von "Poltergeist", sondern das unerwartet erfolgreiche Comeback eines Pop-Duos, das mit seinen soften Welthits die Charts in der zweiten Hälfte der achtziger Jahre dominierte: Modern Talking. Der Produzent Dieter Bohlen schreibt im Sommerurlaub 1986 auf Mallorca eine Nummer, die er von dem damals 23-Jährigen Sänger Thomas Anders singen lässt. Das Duo nennt sich Modern Talking, die erste Single "You're My Heart, You're My Soul" geht schon kurz nach der Veröffentlichung auf Chart-Rekordkurs.

Mit Bohlen und Anders bricht eine neue Zeit an. Deutschlands Jugend beginnt, sich auf eine lange, eher unpolitisierte Zeit unter Kohls Kanzlerschaft einzurichten. Disco statt Demo - den passenden musikalischen Soundtrack dafür liefern vor allem die Produzenten netter, unanstößiger Pop-Liedchen. Mit der Zeit gewöhnt man sich auch an Modern Talking. "Das erste Lied, 'You're My Heart, You're My Soul', fand ich zunächst zum Kotzen", lacht der Schauspieler Til Schweiger. "Meinen Freunden ging das genauso. Aber dann war ich in Griechenland im Urlaub - und die Nummer lief in den Open-air-Discos rauf und runter. Auf einmal fand ich das Lied klasse."

Globale Ohrwurm-Epidemie made in Germany - in kürzester Zeit wird Dieter Bohlen zu einem der erfolgreichsten deutschen Musikproduzenten. In vier Jahren Modern Talking verkaufen sich seine Platten weltweit mehr als 50 Millionen Mal. Doch nicht von jedem Zeitgenossen wird Quantität mit

Qualität verwechselt. Heinz Rudolf Kunze zum Beispiel findet "die zweite Hälfte der Achtziger musikalisch schwierig und langweilig. Es war das Jahrzehnt, in dem die Engländer ausbluteten".

Modern Talking springen in die Lücke und verkaufen ihre englischsprachigen Songs weltweit. Auf Deutsch hätte das nie funktioniert, wer hätte sich schon freiwillig Titel wie "Du bist mein Herz, du bist meine Seele" oder "Kirsche Kirsche Dame" angehört? Vorbild oder Lachnummer? Thomas Anders ist das Lieblingsopfer aller Lästermäuler: Seine Frau NORA übertreibt es mit ihrem Beschützerinstinkt und ist als Aufpasser immer mit dabei - auch in Form der berüchtigten "Nora"-Kette um Anders' Hals. Es häufen sich die Negativschlagzeilen. Allen voran die Berichte über den Gerichtsstreit, den Thomas und Nora mit dem Verlag des Münchener Musikblatts "Musikexpress/Sounds" führt. Dessen Redakteur Martin Brem hatte Thomas in einer Kolumne als "höhensonnengegerbte Sangesschwuchtel" bezeichnet. Thomas Anders, durch und durch eine waschechte Hete, will sich gerichtlich dagegen zur Wehr setzen. Der Prozess wird jedoch zu einem Fiasko für das Paar. Sie fordern 70 000 Mark Schmerzensgeld und verlieren in der ersten Instanz.

NORA BALLING war die Ehefrau von Thomas Anders, die als das weibliche Wesen in die Popgeschichte einging, das Modern Talking zerstörte. Ein nur zum Teil berechtigtes Vorurteil, denn das auch musikalische Konzept des Duos war Ende 1987 an seine Grenzen gestoßen.

In der Berufung bekommen sie zwar Recht (und 25 000 Mark Schadenersatz, die sie dem Tierschutz stiften) - ihr Image aber ist ruiniert. Dennoch steht Thomas Anders bis heute zu seiner damaligen Entscheidung. "Für mich war der Punkt erreicht, an dem ich mich gefragt habe: Welches Schimpfwort kommt nächsten Monat? Was wollen sich die Menschen eigentlich noch alles erlauben mir gegenüber? Wann muss ich einen Riegel vorschieben? In der ersten Instanz sagte der Richter, ich sei Person des Zeitgeschehens und müsse mir so etwas gefallen lassen.

Der Richter in der zweiten Instanz sagte dann exakt das Gegenteil und gab uns Recht." Anders ist vor allem um eine Erfahrung reicher geworden: "Aus der Sache mit der 'Sangesschwuchtel' hatte ich gelernt, dass es manchmal besser ist, lächelnd über solchen Dingen zu stehen. Allein schon deshalb, weil durch Gerichtsverfahren ja in der Regel noch mehr Staub aufgewirbelt wird." Als ein paar Monate später die Punk-Band Die Goldenen Zitronen den Song "Der Tag, als Thomas Anders starb" veröffentlichen, reagiert der Angegriffene schon viel gelassener. "Ich dachte mir: Es ist doch eine unglaubliche Ehre, wenn ich anscheinend so wichtig bin für diese Menschen, dass sie sogar einen Song über mich machen."

Bohlens Hitfabrik wirft gleichzeitig zu Modern Talking einen Act nach dem anderen auf einen unersättlichen Markt. Die musikalische Dauerwelle reißt nicht ab: CC Catch ("Strangers By Night", "Catch The Catch", "Welcome To The Heartbreak Hotel"), Blue System ("Walking On A Rainbow", "Seeds Of Heaven", "Déjà vu") und auch etabliertere Künstler wie Bonnie Tyler ("Bitterblue"), Roy Black ("Rosenzeit") oder Peter Alexander ("Verliebte Jahre") werden durch Bohlens anscheinend nimmermüde Hitmaschine gedreht.

Die schärfste Konkurrenz für Bohlen kommt aus dem eigenen Land: Michael Cretu und Frank Farian starten die Gegenoffensive. Die beiden alten Hasen des weltweit multiplatinierten Kunsthandwerks residieren auf Ibiza. Farian hat sein Studio in Frankfurt, wohnt aber die Hälfte des Jahres auf den Balearen. Cretu lebt und arbeitet auf der Insel und jagt dort die Stimme seiner Frau Sandra durch den Effektcomputer. "Maria Magdalena" (in 22 Ländern Nummer eins) wird zum Discothekenrenner, Sandra zur Haupteinnahmequelle der Cretus.

Michael Cretu ist ein seltsames Zwitterwesen: Er studierte in Rumänien klassische Tonsetzerkunst, galt als das neue Klavierwunder des Ostblocks, füllt seinen Panzerschrank jedoch seit vielen Jahren mit dem Geld, das er mit seinen Sandra-Platten verdient. "Ich kann alles, nur nicht singen", wusste er schon immer und holte sich aus einem Saarbrücker Haarstudio die Friseuse Sandra. Deren stimmliche Möglichleiten sind zwar ebenso eng limitiert, was aber rund 20 Millionen Menschen auf der ganzen Welt nicht davon abhält, Sandra-Platten zu kaufen. Cretu schwört, dass auf diesen Platten Sandras Stimme zu hören ist: "Da singt keine andere." Das würde nach den Gesetzen zeitgemäßer Unterhaltungskultur zwar auch keinen wesentlichen Unterschied machen, lässt Cretus Pop-Wunderlampe aber ein wenig freundlicher strahlen: Und wenn es eines ganzen Technoparks computergestützter Stimmeffekte bedürfte - für Cretu bleibt es die selbst gewählte Grenze zwischen Erfolg und Mogelei, dass da, wo Sandra draufsteht, irgendwie auch Sandra drin sein muss. Einen Millimeter diesseits dieser Grenze beginnt für ihn der grüne Bereich: "Ich kann doch nicht sagen, dass fünf Millionen Käufer Idioten sind, die Dreck kaufen. Auch wenn ich nicht kapiere, warum sich etwas verkauft, scheint es doch etwas zu haben, was ich halt gerade nicht begreife. Wir machen Unterhaltung, die zum Beispiel die Ansprüche von Musikfachzeitschriften nicht befriedigt. Aber das soll es auch nicht, dafür ist es nicht gedacht."

Auf dem Planeten Pop ist alles möglich. Frank Farian übertritt die Glaubwürdigkeitsgrenze und schickt mit Rob Pilatus und Fab Morvan zwei knackige Tanzmäuse ins Rennen. Milli Vanilli singen bei ihren Hits "Girl, You Know It's True", "Girl, I'm Gonna Miss You" und "Baby , Don't Forget My Number" keine einzige Note selbst -

das unterscheidet sie drastisch von Farians Siebziger-Jahre-Hammer Boney M., bei denen wenigstens zwei von drei Frauen die Tracks noch selber sangen. Egal - die Musik und die Optik stimmen, Milli Vanilli erobern die Welt. In Amerika gewinnen sie als erste deutsche Band sogar einen GRAMMY. Als der Schwindel kurz vor der Aufdeckung steht, weil Rob und Fab unbedingt eine Tournee mit Live-Gesang durch die USA starten wollen, zieht sich Farian das Büßergewand an und lüftet das Geheimnis selbst. Brav geben Milli Vanilli nun ihren Grammy zurück. Farian, mit weit über 100 Millionen weltweit verkaufter Platten Gottvater aller alchemistischen Pop-Vergolder, ist seit Milli Vanillis Lippenbekenntnis und der damit verbundenen Grammy-Aberkennung nachdenklicher geworden: "Mit einigem Abstand zu der Sache muss ich sagen, dass ich es heute nicht mehr so machen würde, auch wenn das Thema in Amerika viel wichtiger war als in Europa", gesteht er später. "Der Fehler war ja nicht, dass die beiden Jungs nicht gesungen haben. Wir hätten nur nicht so tun sollen, als hätten sie gesungen. Letzten Endes war ich sehr froh, mich bei den Leuten entschuldigt zu haben. Ich hatte die Wahrheit gesagt - und war erleichtert."

GRAMMY ist die höchste internationale Auszeichnung, die in den USA für Popmusik und -Musiker vergeben wird.

Farian macht Hits aus dem gleichen Grund, warum sich auch ein Hund an den Eiern leckt - weil er's kann. Cretu kann das auch, doch als er sich später mit seinem gregorianischen Dance-Projekt Enigma auf die gute Seite der Macht begibt (von Sandra-Produktionen aus gesehen), verdient er sich sogar eine zweite goldene Nase damit und wird 1991 nach 14 Millionen verkaufter Enigma-Platten von seiner (englischen) Plattenfirma als deren erfolgreichster Act weltweit geehrt. Gregorianische Chöre mit Dance-Rhythmen zu verheiraten haben vor und nach ihm viele versucht. Dass ausgerechnet ein studierter

Zwölftontheoretiker damit Erfolg hat, liegt auf der Hand: Er ist der Einzige, der nicht nur den Dancefloor, sondern auch die Gregorianik kapiert hatte.

Tanzen ist seit Mitte der achtziger Jahre ohnehin der primäre Antrieb - der Produzenten-Pop ist ausschließlich fürs abendliche Tanzvergnügen gemacht. Die Achtziger haben ihr eigenes Saturday Night Fever: Großraumdiscotheken sprießen aus dem Boden und werden, mit Kino, Videospiel-Center und Erlebnisgastronomie unter einem Dach, zum Auffangbecken der neuen Jugendbewegung - eine Bewegung, die fast ausschließlich Beine und Becken erfasst.

Nicht viel anders das Nachtleben in Ost-Berlin: Discotheken sind der Renner, die Tanzfläche brummt - zu westlichen Disco-Sounds. Entertainment in Großraumdiscos als Balanceakt zwischen Show und politischem Plädoyer. Die FDJ stellt Gelder bereit, um die Jugend zu beschäftigen. Wieder einmal gilt: Tanzen ist systemerhaltender als Demonstrieren. Der DDR-Alltag wird bunter. Einstige Zeichen westlicher Dekadenz werden nun Opium fürs Volk. 1986 finden gar die ersten Misswahlen statt.

Hüben wie drüben gilt: alles dreht sich um den Körper. Seit Anfang der Achtziger die Aerobic-Welle über Deutschland schwappt, wird Körperkult zur Pop-Kultur. Schluss mit ökoschwabbelnder Kopflastigkeit - Deutschland macht sich fit. "Die Zeit hat den Narziss wieder entdeckt", freute sich damals auch der Modeschöpfer Karl Lagerfeld. "Nach Essen, Auto und Reisen haben die Menschen gemerkt, dass Gesundheit der höchste Luxus ist." Doch der Grat zwischen Fitness und Sportverletzung ist schmal: Synchron mit den Squash-Centern und (nach Boris Beckers Wimbledon-Sieg) dem Tennissport boomt auch das Geschäft der Orthopäden, die

die gerissenen Sehnen wieder zusammenflicken müssen. Auch Jungs unterwerfen sich jetzt den Schönheitsdiktaten. Gesalbt, poliert, aalglatt und formschön - neue Männer hat das Land, Männer, die alle gemeinsam einen großen Traum träumen: Waschbrettbauch in zehn Minuten.

Die Lust an der Oberflächlichkeit wird auch von den Zeitschriftenverlagen als Marktlücke erkannt. Lifestyle-Postillen starten Mitte der achtziger Jahre ihre Hochglanzoffensive. "Tempo" und "Wiener" schreiben altlinke Tabus in Grund und Boden. Die Zeitgeistmagazine sind die Prototypen der bis heute gültigen Mediengebote im Zeitalter der großen Verwechslungen: Werbung wird für Kunst gehalten, Form ist Inhalt, und "Lifestyle" ist ein Synonym für "Lebensphilosophie", obschon doch immer klarer wird, dass "Lifestyle" nichts anderes ist als die käufliche Simulation des guten Geschmacks. Die Gegenstände des Alltags folgen in ihrer Form und Beschaffenheit dem Trend zum Glänzenden, zum Harten: Chrom, Glas und Neon sind die Materialien der Zeit, DESIGNER wie Jean Paul Gaultier bestimmen mit harten, eckig-ausladenden Schultern und spitz hervorstehenden Bustiers den Look der Couture. Noch nicht einmal die Bullen sind mehr das, was sie einmal waren: In "Miami Vice" achten die Cops stets darauf, auch in der wildesten Schießerei mit kolumbianischen Koksschurken ja keinen Fleck auf den edlen Designersakko zu bekommen. "Warum müssen sich politisches Engagement und Geschmack gegenseitig ausschließen?" fragt "Tempo"-Chefredakteur Markus Peichl in einer TV-Show. "Ich kann mich doch auch politisch engagieren, ohne dass ich dabei aussehe wie mein eigenes Magengeschwür."

DESIGNER mutierten in den späten Achtzigern zu Popstars – und verdienten Unsummen, weil es immer mehr auch einfache Gebrauchsgegenstände zu kaufen gab, die, mit einem Designer-Logo versehen, für ein vielfaches ihres früheren Preises angeboten werden konnten.

Geschwüre bekommen die Übriggebliebenen. Angesichts der formschönen, aber inhaltslosen Zeitgeistmedienoffensive wachsen dem Tote-

Hosen-Sänger Campino Pickel auf der Nase: "Diese Zeitungen haben doch versucht, uns einen neuen Zeitgeist aufzudrücken. Die waren krampfhaft auf der Suche nach einer neuen Bewegung, und wir wurden dann als die Ewiggestrigen dargestellt." Keine leichte Zeit für aufrechte Punk- oder Deutsch-Rocker, denn Yuppies - und solche, die es werden wollen - füllen nun die Szenekneipen. Die Traumberufe heißen jetzt Investment-Banker oder Art Director. Design bestimmt das Sein, und etliche junge Männer machen tatsächlich als koksbeschleunigte Warenterminhändler die schnelle erste Million.

Nur selten sind in den Metropolen Rufe wie "Yuppies raus!" zu hören. Die Neureichen drängen in Trendviertel wie Altona (Hamburg) oder Haidhausen (München). Vormals bezahlbare Altbauwohnungen werden luxussaniert und für die doppelte Miete angeboten. Doch nur in der Hamburger Hafenstraße entbrennt ein letzter großer Kampf um selbst bestimmtes Leben. Autonome besetzen die leerstehenden Häuser mit dem schönsten Blick der Hansestadt und liefern sich blutige Straßenschlachten mit der Polizei.

Die autonomen Altlinken hören in ihren selbst verwalteten Besetzerzentren nach wie vor harten Punk - und outen sich allein damit als tragische Figuren, die den Zug der Zeit verpasst haben. Für den anderen Teil der Jugend, der sich mit dem gelackten Lebensoutfit der Yuppies nicht anfreunden kann, gibt es längst einen eigenen, massenkompatiblen Sound: Hard Rock und Heavy Metal in all ihren Schattierungen boomen gewaltig. In der Musik für Headbanger und Luftgitarristen ist seit Mitte der achtziger Jahre "made in Germany" auch international ein anerkanntes Härtesiegel. Nieten, Mattenfrisuren und Gitarren, die mindestens die Form einer blutverschmierten Streitaxt haben müssen, sind die Insignien von Bands wie

Füllten riesige Arenen in den USA: Die Scorpions in den achtziger Jahren

Helloween, Accept, Bonfire, Warlock, Kreator - und allen voran die Scorpions. Die Metal-Hymne "Rock You Like A Hurricane" macht das 84er Scorps-Album "Love At First Sting" zu einem der erfolgreichsten Longplayer der Rock-Geschichte. In den Folgejahren sammelt die Band Trophäen wie andere Briefmarken: 1985 spielen die Scorpions vor 350 000 Fans beim "Rock in Rio"-Festival, werden Headliner des "Monsters Of Rock"-Festivals und füllen sogar in den USA die Mega-Stadien. Heavy Metal ist jetzt mehrheitsfähig. Hunderttausende pilgern zu den Festivals. Das Stigma der Asi-Rocker weicht, die Szene zeigt neues Selbstbewusstsein. Zeitschriften wie "Metal Hammer" verkaufen sich in dieser Zeit bis zu 300 000 Mal pro Monat. Aus Deutschland stammt auch der einzige weibliche Star einer Metal-Macho-Gesellschaft: Doro Pesch aus Düsseldorf, Frontfrau bei Warlock.

Auch optisch betreiben die Metal-Fans eine offensive Abgrenzung gegen den allgemeinen Zeitgeist - durch ihr eigenwilliges Outfit geben Heavy-Fans dem alten Rock 'n' Roll ein neues Gesicht. Es ist härter, schneller und wird manchmal zur Fratze: Trash Metal, Death Metal - die Grenzen zu Punk und Hardcore sind fließend. Doch diese harten Varianten des Heavy Metal können ihrem schlechten Ruf nicht entfliehen. Die Szene spielt mit Sexismus, Gewaltverherrlichung und Satanismus. Allerdings ist der Reiz des Okkulten kein Privileg von Heavy-Fans: Die Faszination schwarzer Magie hat bei Jugendlichen in den späten Achtzigern Hochkonjunktur. Bands wie Sisters Of Mercy, Fields Of The Nephilim oder The Cure flirten samt ihren Anhängern - den Grufties, Gothics und Gools - mit der Symbolik des Todes.

Das Jenseits ist schon immer ein zentrales Thema für Pubertierende, doch in den achtziger Jahren erhält die Beschäftigung mit dem Tod eine bis dato unbekannte Qualität: Ein tödliches Virus

GIB AIDS KEINE CHANCE

Das Virus, das die Welt veränderte: Nach AIDS war Sex nicht mehr das, was er in den siebziger Jahren einmal war.

verbreitet sich über die Welt, das dummerweise vor allem beim Geschlechtsakt übertragen wird. Aids verändert bei der Jugend den Umgang mit Sexualität mindestens so grundlegend wie die Pille in den sechziger Jahren. Während man in den Siebzigern bei den ersten sexuellen Kontakten zum anderen Geschlecht vor allem um die richtige Wahl der Räucherstäbchensorte besorgt ist, müssen die Kids jetzt ans Überleben denken. Heike Makatsch pubertiert in den Achtzigern: "Ich hatte immer lange Beziehungen, und so hat mich das nie so doll betroffen. Aber manchmal habe ich mir schon überlegt, mit wem er denn... Und dann hab ich mir im Geist Stammbäume gemalt. Ich selbst kannte niemanden, der AIDS hatte, also war ich nicht hysterisch. Ich will nun nicht sagen, dass Aids etwas Gutes mit sich bringt. Aber dass man sich jetzt zweimal überlegt, mit wem man ins Bett geht, das kann für die Seele auch ganz gut sein." Für andere junge Zeitgenossen stellt sich das Thema weitaus weniger locker da. Dem späteren Scooter-Sänger H. P. Baxxter zum Beispiel hat Aids "den Spaß am Sex verdorben. Für die heutige Generation ist es wahrscheinlich 'selbstverständlicher', damit umzugehen. Für meine Generation war das schon ein Einschnitt - wir hatten Angst davor".

AIDS ist die Abkürzung für Acquired Immune Deficiency Syndrome (erworbenes Abwehrschwäche-Syndrom), eine bisher unheilbare Allgemeinerkrankung, die auf einer Schwächung des Immunsystems beruht und schließlich zum Tode führt. Die Ursache ist das HIV-Virus (Human Immunodeficiency Virus).

Angst, die die Jugendlichen im Osten nicht kennen. Bernd Michael Lade: "Es gab im Osten kaum Aids-Kranke. Und wenn, dann in der Homosexuellenszene. Jetzt hat sich das vermischt. Die Generation, die nach mir kommt, muss Angst vor der Liebe haben, Angst vor dem Ficken - eine harte Zeit." Tobias Künzel von den Prinzen bestätigt: "Wir wussten, dass es das gibt, aber wir waren doch gefangen unter einer Glocke und hatten kaum Kontakt zu potenziellen Krankheitsträgern."

Seit dem 26. April 1986 gibt es jedoch eine Angst, die die Jugend in BRD und DDR verbindet. Strahlung kennt keine Staatsgrenzen: Der Atomreaktor im russischen Tschernobyl brennt durch. Unglücklicherweise zu einer der seltenen Jahreszeiten mit vorherrschend östlichen Winden. Der nukleare Fallout verseucht weite Teile Mitteleuropas. Bis heute wird in den betroffenen

Gebieten vor dem Verzehr von heimischem Wild und selbst gesammelten Pilzen gewarnt. Ausgerechnet in dieser Situation will die Bundesregierung die geplante Wiederaufbereitungsanlage für Kernbrennstäbe (WAA) mit aller Staatsmacht im bayerischen Wackersdorf hochziehen. Monatelang tobt die Schlacht zwischen Polizei und WAA-Gegnern. Auch die örtliche Bevölkerung steht auf der Seite der Demonstranten. Bauern, Hausfrauen, Landräte und Lehrer kommen so zum ersten Mal in ihrem Leben in Kontakt mit Tränengas. Die Medien sind stets dabei, die Berichte treiben den Grünen mehr und mehr Wähler zu. Auch die Deutschrock-Prominenz will was tun. Man veranstaltet das WAA-Festival mit Acts wie Grönemeyer, Rio Reiser und BAP. Erstmals stehen auch die Toten Hosen mit diesen Größen auf einer Bühne - und erleben in der Folge ihren kommerziellen Durchbruch. Bis dato allenfalls Lieblingsspaßvögel der Fun-Punk-Szene, werden sie Ende der Achtziger zum echten Verkaufsschlager. Auch weil sie sich musikalisch dem Rock öffnen und mit Aktionen wie der Clockwork-Orange-Theater-Inszenierung (und dem nachfolgenden Album "Ein kleines bisschen Horrorshow"), der Schlager-Platte alias "Die Roten Rosen" oder den Prozessen um den "wahren Heino" neue Themen erschließen.

Die WAA wird schließlich doch nicht gebaut, als die Bundesregierung später ein neues Nuklearentsorgungskonzept beschließt. Die Infrastruktur des WAA-Geländes wird heute von mehreren Industriebetrieben genutzt.

Die Hosen werden zum Sprachrohr für alle Jugendlichen, die von der Norm abweichen und die sich bedroht fühlen von dem brutalen Neofaschismus einer wachsenden Skinhead-Szene. Campino holt sich dabei selbst die eine oder andere blutige Nase: "Starke Skin-Szenen gab es in Frankfurt und Nürnberg. Die Skins waren am Anfang sehr nah an der Punk-Szene, weil sie ja von dort kamen. Ihnen gefiel auch die Musik, und man konnte sich klasse mit ihnen prügeln. Deshalb hingen die auch ständig bei unseren Konzerten rum. Das war schwierig: In manchen Städten waren die Skins o.k., und dann kamst du vielleicht nur 50 Kilometer weiter in Städte, wo sie schon richtige Fascho-Ärsche waren. Es gab ständig Massenschlägereien, bis wir dann rigoros alle Skins nicht mehr reingelassen haben, auch die linken Skins - das fiel uns schwer. Das schwappte dann auch in andere Länder über, Österreich, Schweiz, Ungarn. Sogar in Brasilien kamen mal zehn schwarze Skinheads, und wir mussten das Konzert abbrechen."

In Berlin formiert sich derweil die nach Clearasil duftende Hosen-Konkurrenz - Die Ärzte. "In der mauerstädtischen Tristesse zwischen Einstürzenden Neubauten und Malaria", schrieb später die "Tageszeitung", "toupierten sich Die Ärzte die Haare so hoch es ging - und hängten ihre Ziele noch höher: In die Charts sollte es gehen. Im von Kriegsdienstflüchtlingen beherrschten West-Berlin war man stolz auf ihren zwar unpolitischen, aber anarchistischen Witz und feierte die Provinzpunks aus den Berliner Außenbezirken Spandau und Hermsdorf triumphal wie Kreuzritter, wenn die von ihren Touren aus dem feindlichen Westdeutschland zurückkehrten." Gegen die bierernste altlinke Berliner Szene, die zu dieser Zeit ihren revolutionären Kern längst in nächtelangen Diskussionen über die Abwaschordung in der Hausbesetzer-WG verloren hat, setzen Die Ärzte als kunstvoll erfundene Provokationen ihre kindischen Attitüden zwischen Pickel und Petting, ihre gezielt sinnlosen Reime und ihre dosenbierverklärte Straßenjungs- und Punk-Romantik. Die Ärzte sind anfangs eine Band, mit denen die Hausbesetzer die Charts instand besetzen wollen. Doch die Geister, die die Szene damit ruft, werden ihr schnell zur Last. Das Publikum wechselt oft: Erst bleiben die Urpunks weg, dann die Hausbesetzer, später die Studenten. "Das waren alles Szenen, die nichts miteinander zu tun hatten", sagt sich Ober-Arzt Bela heute. Die Kids bleiben dennoch - es werden von Jahr zu Jahr mehr.

Kein Wunder, denn Die Ärzte gehören zu den Ersten, die wirklich Gas geben. Sie sind der Musik und Fleisch gewordene Gegenentwurf sowohl für die langhaarige Metal-Szene wie auch für die aufkeimende hedonistische Yuppie-Welle. Den einen sind Die Ärzte nicht musikalisch korrekt genug, die anderen - die erstmals Reichtum, Karrierestreben und Designer-Logos auf den Klamotten nach außen tragen - finden Bela und Konsorten schlichtweg viel zu ungepflegt. Doch es gibt Millionen von Fans, die zwischen eben diesen Stühlen Platz nehmen wollen.

Die deutschsprachige Rock-Musik hat Mitte der achtziger Jahre ihren betroffenheitsmeierischen Tiefpunkt erreicht. Grönemeyer knödelt "Jetzt oder nie", BAP kölschen Korrektes, die Bruttosozialprodukt-steigernde NDW ist abgeebbt - und alle miteinander heulen sie leise "Nackt im Wind". Wer zu dieser Zeit die ersten Pubertätspickel bekommt, hat nichts zu lachen, vor allem aber nichts zum Mitsingen. Kein Wunder, dass Die Ärzte sich mit ihren verpunkten Kinderliedern explosionsartig in diesem Vakuum ausbreiten können - denn Kinderlieder bestechen schon immer durch die vier Eigenschaften, die auch so gut wie alle Ärzte-Songs haben: klarer, einfacher Rhythmus, eine kleine Melodie, liebevolle Reime und eine überzeugende Geschichte. Einziger Unterschied: Die Ärzte erzählen genau die Geschichten, die sich die Kids ins Ohr flüstern, wenn die Eltern nicht zuhören.

Doch es hört auch ein anderer sehr schnell sehr genau hin: der Zensor. Anfang 1987 gehen nicht nur die Grünen in Fulda gerichtlich gegen ein angeblich sexistisches Konzertplakat der Ärzte vor - es kommt auch zum Showdown in dem seit Monaten schwelenden Konflikt mit der BUNDESPRÜFSTELLE für jugendgefährdende Schriften: Wegen den Songtexten von "Geschwisterliebe", "Claudia hat 'nen Schäferhund" und "Schlaflied" wandern die Alben "Debil" und "Die Ärzte" auf den Index. Die Folge: Beide Alben dürfen nicht mehr beworben und nicht mehr an Kunden unter 18 Jahren verkauft werden. Den Ärzten wird verboten, bei Konzerten die indizierten Songs zu singen. Macht nichts - seitdem wird der Sodomie-Song "Claudia" und die Inzest-Hymne "Geschwisterliebe" eben ausschließlich vom Publikum in voller Länge gesungen. Den Fans kann das keiner verbieten. Die Ärzte dürfen die Songs zwar nicht *singen*, die Akkorde jedoch sind frei...

DIE BUNDESPRÜFSTELLE für jugendgefährdende Schriften ist für alle Medienerzeugnisse zuständig – also auch für Schallplatten, CD-ROMs und Internet-Seiten.

Im Westen wird der Punk zensiert, im Osten geht er erst so richtig ab. Im Schatten der Mauer wächst eine riesige Independent-Szene heran. Unzählige Acts stürmen die ästhetischen Bastionen des Sozialismus - Die Skeptiker sind nur eine von vielen so genannten "anderen Bands". Selbst die Kinoleinwand wackelt bei dem Film "Flüstern & Schreien" unter den Pogo-Tänzen von Bands wie Feeling B (die Keimzelle der späteren Rammstein) und ihrer Anhänger. Der Musikwissenschaftler Peter Wicke beobachtet damals: "Der größte Teil der Leute, auch der jungen Leute, hatte sich spätestens Mitte der Achtziger von der DDR verabschiedet. Für sie war die DDR kein Bezugspunkt für ihre Lebensrealität mehr." Auch nicht für den Skeptiker-Frontmann Eugen Balanskat: "Die Jugendlichen sind ja deswegen auf den 'Scheiß-egal- und Punk-Trichter' gekommen, weil es eine unerträgliche Situation ist, in einem Topf zu hocken, aus dem man nicht raus kann, und dabei ständig unter Beobachtung zu stehen."

Dem Staat ist die neue Jugendkultur weiterhin

unheimlich. Auch diese Szene ist bei den Konzerten durchsetzt mit Stasi-Spitzeln, den IMs. Aber was im Alltag so populär ist, kann man nicht mehr einfach verhindern und verbieten. Die Sendung "Parocktikum" im Jugendradio DT 64 spielt die Musik der "anderen Bands", die staatliche Plattenfirma Amiga veröffentlicht Sampler. Eine allmähliche kulturelle Öffnung nagt an den verkrusteten Lebensstrukturen der DDR - Spielerlaubnis und FDJ-Förderverträge für Bands wie Die Skeptiker. Die wundern sich, dass sie ungehindert im TV live "über die Mauer abkotzen dürfen". Keine Frage - die alten Strukturen brechen auf. Gleichzeitig sinkt das Interesse an den alten Recken. Doch auch neue Bands wie Keimzeit oder Die Zöllner können an die Erfolge der DDR-Superbands der siebziger und achtziger Jahre wie Silly, City, Karat oder Puhdys nicht anknüpfen. DDR-Produktionen sind out, ob alte Garde oder neue Bands. Die Unruhe wächst - also karrt die FDJ West-Künstler für teure Devisen ins Land. Die wahre Message jedoch ist deutlich, wenn Hunderttausende DDR-Bürger mit Bruce Springsteen "Born In The U.S.A." singen. Die alten Kämpen wie Karat-Mann Herbert Dreilich sind verbittert: "Mir haben sie auf der Straße Dinge wie 'Ost-Scheiße' hinterhergeschrien."

Kulturell bewegt sich einiges, aber politisch wollen die Funktionäre Gorbatschows Glasnost- und Perestrojka-Kurs nicht folgen. In den Jahren 1985 bis 1988 stagniert die DDR-Entwicklung. Die Inszenierungen der Partei geraten zwar poppiger, ansonsten verzichtet das System aber auf dringend nötige Renovierungsarbeiten. 1989 setzt eine Flüchtlingswelle von ungeahntem Ausmaß ein. In Ungarn, Prag und auch in Polen flüchten DDR-Bürger in West-Botschaften - plötzlich sind die Grenzen sozialistischer Bruderstaaten offen. Bürgerrechtler wie Bärbel Bohley und Jens Reich gründen das Neue Forum, von Leipzig aus formiert sich die größte Protestbewegung in der Geschichte der DDR. Es schlägt der neue Rhythmus, bei dem jeder mit muss - auch Musiker wie Toni Krahl: "In diesem Geschehen haben wir gemerkt: Jetzt ist keine Zeit zum Musikmachen, jetzt ist mehr gefragt. Es war Zeit, als Künstler irgendetwas dazu zu sagen, und da haben wir uns im kleinen Kreis getroffen, einen Text entworfen und unterschrieben, der dann sehr schnell Verbreitung fand und von immer mehr Künstlern unterschrieben wurde. So waren auch wir ein Teil dieser friedlichen Revolution." Bernd Michael Lade ist sicher, dass diese Bewegung zehn Jahre früher mit allen Mitteln unterdrückt worden wäre: "Wenn der Breschnew noch an der Macht gewesen wäre, dann hätte Honecker schießen lassen. Dann hätte er die Massen zusammengeballert."

Massen, die zwar noch "Wir sind das Volk"-Transparente hochhalten, im Geiste aber, wie der Musikwissenschaftler Peter Wicke meint, längst bei einer Sangría auf Mallorca sitzen: "Kritische Intellektuelle und die Bürgerrechtsbewegung prägten zwar das öffentliche Erscheinungsbild, waren aber nur eine kleine Minderheit. Die DDR-Bevölkerung hat das nicht mehr berührt - die saß schon im Trabbi Richtung Westen."

O-Ton Dieter Bohlen

Im Januar 1954 in Oldenburg geboren, arbeitet Dieter Bohlen bereits in jungen Jahren an seiner Komponisten- und Produzentenkarriere. 1979 bekommt er den Job des Hauskomponisten bei einem Hamburger Musikverlag. Der Arbeitsvertrag verpflichtet Bohlen, jeden Monat 36 neue Songs für den Verlag zu schreiben. Er schreibt für Sänger wie Bernd Clüver, Roland Kaiser, Mary

Roos, Bernhard Brink und Katja Ebstein. Im Herbst 1984 nimmt er mit Thomas Anders "You're My Heart, You're My Soul" auf und gründet Modern Talking - eines der erfolgreichsten Musikprojekte der Pop-Geschichte, das 1998 ein unerwartet erfolgreiches Comeback feiert.

Was war der Impuls, Modern Talking zu gründen?

Für mich war die italienische Pop-Musik immer wichtig, weil sie mehr Gefühl hat als die englische. Ich hatte einen Song mehr oder weniger in den Discos Mallorcas geschrieben und ließ ihn mal von Thomas singen. Das war "You're My Heart, You're My Soul". Auf einmal passte alles, was wir vorher entwickelt haben, zusammen. Der Modern-Talking-Sound ist dann ja massenhaft weltweit kopiert worden. Bald gab es allein in Deutschland an die 15 Bands, die so klangen wie Modern-Talking-Nummern, die ich irgendwann mal weggeschmissen habe.

Warum trugen Sie in den achtziger Jahren in der Öffentlichkeit hauptsächlich Jogginganzüge?

Ich dachte damals, dass der Mittelpunkt der Welt mein Studio ist. Wenn dann ein Anruf kam, dass wir zu "Wetten, dass...?" müssen, bin ich da halt im Jogginganzug hingegangen. Wir haben gemacht, was wir wollten. Die Leute glauben ja, dass man sich bei dem, was man tut, immer unheimlich viel Gedanken macht. Aber das ist eine Illusion, da muss ich alle enttäuschen.

Lachen Sie heute über die Mode der achtziger Jahre?

Wenn wir in zehn Jahren Bilder von heute sehen,

Traumpaar der achtziger Jahre: Dieter Bohlen und Thomas Anders

werden wir bestimmt wieder lachen. Damals sind ja auch mehr Leute als heute in Jogginganzügen rumgelaufen. Die Rapper laufen jetzt mit Deckeln auf dem Kopf rum - wer weiß, ob das in zehn Jahren noch angesagt ist?

Wie war Ihr Verhältnis zu Michael Cretu und Frank Farian?

Wir kennen uns recht gut. Das sind richtig gute Leute, die beiden. Frank respektiere ich über alles

- er ist ein echtes Arbeitstier. Ich mag nur keine Leute, die nur einen Hit hatten und jetzt das Maul groß aufreißen.

Wie kamen Sie zu CC Catch?

CC Catch war ein Zufallsprodukt. Ich stand abends in der Disco und war ziemlich angeheitert. Alle möglichen Leute zupften an mir herum und meinten: Die musst du produzieren. Irgendwann, nach dem 24. Bier, hab ich gesagt: O.k. - ich produzier die. Und nach einer Woche stand sie wirklich bei mir vor dem Studio.

Waren die Achtziger das Jahrzehnt des Produzenten?

Das ist Quatsch. Der Produzent ist im Minimum 50 Prozent für einen Hit verantwortlich - aber das war noch nie so schlimm wie heute. In den späten Neunzigern waren Leute wie Denniz Pop und Max Martin für Stars wie Backstreet Boys oder Britney Spears verantwortlich. Wenn die von ihren Produzenten weggehen, ist nicht mehr viel von ihnen übrig. Andererseits: Bei Milli Vanilli waren 99 Prozent von Farian und nur ein Prozent von den Jungs.

Wann kommt das nächste Modern-Talking-Revival?

Ich könnte mir vorstellen, dass "You're My Heart, You´re My Soul" 2008 wieder in die Charts gehen kann.

<10> MACHT DER NACHT

ca. 1989 bis 1994

Die Ereignisse im Sommer und Herbst 1989 lesen sich aus heutiger Sicht wie zwei unterschiedliche Interpretationen der Fabel von den Bremer Stadtmusikanten. Erich Honecker liegt im Sommer mit seiner Sicht völlig daneben, als er in einer seiner letzten Reden sagt: "Den Sozialismus in seinem Lauf halten weder Ochs noch Esel auf!" Der Rest der DDR-Bürger steht derweil schon mit seinem Trabbi im West-Stau und zitiert die Fabel korrekt: "Ei, sprach der Esel, lass uns in die Ferne ziehen - etwas Besseres als hier finden wir allemal." Der Druck auf das Regime wird übermächtig, Honecker muss von allen Partei- und Staatsämtern zurücktreten, und schließlich verkündet am frühen Abend des 9. November das Politbüromitglied Schabowski den Satz, auf den viele DDR-Bürger fast 30 Jahre lang gewartet haben: "... haben wir uns dazu entschlossen, heute eine Regelung zu treffen, die es jedem Bürger der DDR möglich macht, über Grenzübergangspunkte der DDR auszureisen." An den Grenzübergängen drängen sich daraufhin binnen Stunden Zehntausende Besuchswillige - um 23.30 Uhr müssen die Schlagbäume geöffnet werden. Die "Testbesucher" werden von den West-Berlinern frenetisch begrüßt. Am 11. November schließlich drängen rund 600 000 DDR-Bürger nach West-Berlin, die folgenden Nächte werden im Taumel der Wiedervereinigungsfreude durchgefeiert. Nur die Soldaten der Nationalen Volksarmee dürfen nicht feiern, sie sind in "Erhöhte Gefechtsbereitschaft" für den geheimen Plan "Operation Zentrum" versetzt. Der Plan sah vor, West-Berlin innerhalb von zwölf Stunden einzunehmen. Doch das Militär beugt sich der

Macht des Faktischen, die Operation wird nicht ausgelöst. Auch in der Folge verläuft die Grenzöffnung und politische Wende gewaltlos - es fällt kein einziger Schuss. Die Mauer hat ausgedient. Die "Mauerspechte" mit Hammer und Meißel entsorgen sie auf ihre Weise - ein weltweiter Souvenirhandel mit Mauerbruchstücken beginnt.

Eingefleischten West-Berlinern jedoch fällt es wie Schuppen von den Augen: Aus ihrem lieb gewonnenen Inselbiotop ist über Nacht eine europäische Metropole geworden. Auch Blixa Bargeld verliert damit die Herzensheimat: "Ich bin West-Berliner, und die Insel, auf der ich lebte, ist inzwischen untergegangen. Die Stadt, in der ich nun lebe, ist mir zur Hälfte komplett unbekannt. Sie ist eigentlich gar nicht mehr vorhanden, weil auch die andere Hälfte nicht mehr dieselbe ist."

Zunächst aber ist Party angesagt: Pankow, Joe Cocker, BAP, Konstantin Wecker, Silly , Udo Lindenberg, Heinz Rudolf Kunze, Nina Hagen und viele andere Künstler spielen auf einem Spontanfestival. Auch Campino und seine Toten Hosen treten in Berlin auf. "Die Berliner haben es geschafft, innerhalb von zwei Tagen ein komplettes Festival auf die Beine zu stellen. 20 Bands aus Ost und West umsonst in der Deutschlandhalle - das war eine Riesenfete. Es war eine wahnsinnige, naive Stimmung, und niemand dachte an die Scheiße, die dann schon eine Woche später begann."

Die "Scheiße" - das sind vor allem die vollmundigen Versprechungen der West-Regierung, die man im Osten Deutschlands nur allzu gern zu glauben bereit ist. Tobias Künzel von den Prinzen erinnert sich an Transparente, die östliche Mitbürger in diesen Tagen hochhalten: "'Helmut, nimm uns an die Hand, führ uns ins Wirtschaftswunderland'. Ich hab das nur kopfschüttelnd verfolgt." Mit "Helmut" ist Kanzler Kohl gemeint, der 1990 in einer TV-Ansprache anlässlich der

WÄHRUNGSUNION (Ost-Mark werden zwei zu eins in D-Mark getauscht) der wiedervereinten Nation verspricht: "Es wird niemandem schlechter gehen als zuvor, dafür vielen besser." Die SPD-Führung hält sich vorsichtshalber mit solchen Sprüchen zurück - was ihrem Kanzlerkandidaten Oskar Lafontaine bei den Bundestagswahlen im Herbst 1990 in "Neufünfland" äußerst magere Ergebnisse beschert. Einzig Willy Brandt freut sich: "Es wächst zusammen, was zusammengehört."

Die Währungsunion war der letzte Schritt des Beitritts der östlichen Bundesländer zur BRD. Zu diesem Zweck ließ die Bundesregierung Mitte Juli 1990 ganze 25 Milliarden DM in bar nach Osten transportieren.

Darüber kann man geteilter Meinung sein. Herbert Grönemeyer ist in diesen Tagen in England im Studio und verfolgt das Geschehen am Fernseher: "Ich habe mich schon gefreut, dass die Mauer weg ist, aber es war wie so ein komischer Kinofilm. Es wuchs weiß Gott nicht zusammen, was zusammengehört. Und es ist nach wie vor ja noch ungeklärt, ob das überhaupt zusammengehört." Und tatsächlich zeigt sich vor allem in den ersten Monaten der westliche Kapitalismus im Osten mit seiner hässlichsten Fratze. Das schnelle Geschäft mit den nach Konsum hungernden Ossis brummt: Wagenladungweise werden im Westen unverkäufliche Super-8-Sexfilme oder aus dem Schredderwerk gerettete Vinyl-Schrottplatten auf östlichen Marktplätzen zu völlig überhöhten Preisen verdealt. Historischer O-Ton eines Hamburger Plattenmanagers, der Millionen wertloser Cut-out-Platten im Osten zu Bargeld macht: "Die wollen doch gefickt werden - also ficken wir sie." Das Satireblatt "Titanic" bringt "Zonen-Gabi: meine erste Banane" auf den Titel - es ist eine bananig geschälte Salatgurke zu sehen. Doch vielen Künstlern bleibt das Lachen im Hals stecken. Konstantin Wecker: "Ich war und bin bis heute erschüttert darüber, wie die Wiedervereinigung gelaufen ist. Ich kann da nur Günter Grass Recht geben: Ich denke, wir haben einen Blitzkrieg gegen die DDR geführt, wir haben die vereinnahmt auf eine Art und Weise, wie es manchem vielleicht recht war. Doch die sind vielleicht jetzt auch wieder ganz oben, die sind in jedem System immer ganz oben. Für den Großteil der Bevölkerung ist das unangenehm verlaufen. Die Ersten, die drüben waren, das waren doch Autohändler, Pelzhändler und Zuhälter."

Deutschlands Künstlerschaft ist gespalten. Die einen pfeifen sich mit der inoffiziellen Wiedervereinigungshymne "Wind Of Change" zurück in die Charts der Welt und lassen sich bei Roger Waters' Inszenierung von Pink Floyds Rock-Oper "The Wall" in Berlin feiern. Das Album "Crazy World" wird mit Hilfe des Welthits zum bestverkauften Longplayer der Scorpions, die 1991 gar von Michail Gorbatschow im Kreml empfangen werden. Andere, wie Heike Makatsch, begegnen dem neuen Deutschland mit Teilnahmslosigkeit. "Ich war 18, und wenn ich ehrlich bin: Es war mir ein bisschen Wurscht." Oder, wie Blixa Bargeld, mit einer Mischung aus Wut und Verzweiflung: "Die Heavy-Metal-Revolution war für meinen Lebensraum bedeutsamer als der Mauerfall - weil mir da die Leute in den Hausflur kotzten."

Die Symbole des real sterbenden Sozialismus landen auf dem Flohmarkt, die Vergangenheit wird bestmöglich verdrängt. Die Ost-Idole haben ausgedient. Deutschsprachige Rock-Musik verspricht einen gemeinsamen Nenner in der Orientierungslosigkeit der Wiedervereinigung. Die alten Deutsch-Rocker sind jetzt für Ost und West zum Greifen nah. Zum Zugreifen: Der östliche Nachholbedarf katapultiert im November 1990 gar BAP, Grönemeyer und Westernhagen auf die ersten drei Plätze der Album-Charts. Eine echte Vereinigung jedoch, meint Konstantin Wecker, ist heute noch so weit entfernt wie zu Beginn des Jahrzehnts: "Das ist ganz typisch für unser System: diese Arroganz und Überheblichkeit, zu denken, dass wir hier ein paar arme Bürger zu versorgen haben, denen man mal eine Banane in die Hand drücken und ihnen dann zeigen muss, wo es langgeht. Diese Arroganz hat uns die Chance vermasselt, von unseren Mitbürgern aus der DDR zu lernen. So haben wir keine neuen Mitbürger bekommen, sondern ein paar Vertriebene, die wir wieder in unsere Arme genommen haben - es war hässlich!"

Auch der Pop wächst nur langsam zusammen. Gesamtdeutsche Pop-Helden müssen erst geschaffen werden. Westernhagen vereint Fans in Ost und West mit seiner Musik gewordenen Jesus-Christus-Pose, die Prinzen verkaufen "Küssen verboten" beiderseits der Oder millionenfach, wissen aber: "Klar - wir waren so etwas wie die Vorzeige-Ossis. Wir selbst haben uns aber eher als Botschafter empfunden" (Tobias Künzel). Anette Humpe, die das Prinzen-Album produzierte, bestätigt: "Der Erfolg der Prinzen hatte am Anfang auch etwas damit zu tun, dass sie aus dem Osten kommen. Prompt waren sie dann die Vorzeige-Erfolgreichen, nach dem Motto: Guck mal - wenn man sich anstrengt, dann lassen wir auch Ossis erfolgreich sein. Aber natürlich sind die Prinzen gut und haben den Erfolg verdient. Ihr anfänglicher Ost-Bonus ist ja schon lange weg."

Ossis war als Verniedlichungsform von "Ostdeutschen" ein Unwort, das die Menschen im Osten sofort kontern mussten: mit dem "Besserwessi".

Auf dem Fußballplatz ist die Vereinigung schon viel weiter fortgeschritten. Bei der WM 1990 kündigt sich an, was bald explodieren soll. Die Deutschen trauen sich wieder. Ein Nationalstolz, jahrzehntelang unterdrückt, bekommt Gesicht. Das junge, wiedervereinte Deutschland findet Gemeinsamkeiten im Siegestaumel, nachdem die deutsche Nationalmannschaft Fußballweltmeister wird. *Ganz* Deutschland hat endlich wieder einen "Kaiser" - Franz Beckenbauer. Frank Spilker von der Hamburger Band Die Sterne erlebt die WM-Feier auf dem Kiez: "Ich gehörte zu dieser überrollten Linken, die - als Mercedes drüben schon

Verträge hatte - gar nicht wahrgenommen hat, dass das jetzt ein Land ist. Was ich absolut bedrohlich fand, war, dass es gerade im Zusammenhang mit der Fußballweltmeisterschaft diese wieder aufkeimenden nationalen Gefühle gab. Ich hatte das noch nie erlebt: diese Massen, die mit Deutschlandfahnen, die Nationalhymne brüllend, über die Reeperbahn fuhren. Da konnte man plötzlich nirgendwo mehr hingehen, das war komplett national besetztes Gebiet."

Das junge neue Deutschland verschluckt sich an sich selbst. Der Nationalismus wächst - ein brodelnder Sumpf, ein wachsendes Problem, vor allem in den neuen Bundesländern. Für Heinz Rudolf Kunze ist der wachsende Neofaschismus tiefer begründet: "Wann immer man die deutsche Identität anspricht, dann geht irgendwo ein Mauseloch auf und einer sagt: 'Faschist'. Die Deutschen haben immer noch nicht geklärt, wer sie sind und wie sie mit sich selbst zu Rande kommen. Und deswegen haben viele Deutsche - wie auch immer unberechtigte - Ängste vor anderen Leuten, die anders aussehen, eine andere Kultur mitbringen und die ihnen damit noch unklarer machen, wer sie selber sind."

Die Einheit fordert ihren Preis - von jedem Einzelnen. Viele Wünsche gehen nicht in Erfüllung. Das Resultat ist schockierend. Trotz aller "Probleme, sich artizukulieren" (Ärzte-Song "Arschloch"), schreien Tausende bomberbejackte, kahlgeschorene Jugendliche nicht nur in den neuen Bundesländern: "Ich bin dolz, ein Steutscher zu sein!" Campino entscheidet sich mit dem Rest der Toten Hosen, den Osten erst mal zu meiden und stattdessen einen Anti-Neonazi-Hit zu komponieren: "Im Osten stehen zwei Drittel der Kids in ihren Schulen auf und sagen: 'Ja, mit rechts außen kann ich was anfangen. Ich bin kein Vollnazi, aber die Republikaner sind in Ordnung.' Deshalb haben wir das Lied 'Sascha' geschrieben - was anderes fiel uns nicht ein. Wir wollten sagen, dass das Arschlöcher sind. Wir wollten aber nie die Leute der anderen Seite erreichen - wir wollten Kampfhymnen für unsere Seite liefern, die Mut machen und sagen: Du ist nicht allein."

Skinheads, in den Achtzigern als Bewegung und Gefahr eigentlich längst beerdigt, erleben ein brandheißes Comeback - nicht nur als Protesthaltung. Die Gründe für diese Renaissance sind einfach zu erklären - und genauso einfach zu missbrauchen: Arbeitslosigkeit, Orientierungslosigkeit, Zukunftsangst bestimmen das Leben unzähliger Jugendlicher. "Die ganzen Aggressionen, die sich durch die Wiedervereinigung aufgestaut haben, und zusätzlich dieser kulturelle Krampf, den sie mit Ausländern hatten - das alles entlädt sich jetzt in so einer Art Protestbewegung, in der sie alle hinter sich wissen", sorgt sich Herbert Grönemeyer. "Sie fühlen auch die Erwachsenen zum Teil hinter sich und sagen: 'Wir repräsentieren hier, als Kinder unserer Eltern, den Frust, den sie mit der Wiedervereinigung und den arroganten Wessis haben. Die gehen uns auf die Eier.'"

Die einzige Bands mit Eiern - das sind für ihre Fans die Böhsen Onkelz, eine ehemals leicht angebräunte Punk-Band, die Anfang der neunziger Jahre mit ihrem volksnah getexteten Deutsch-Metal von den Medien zum Aushängeschild einer ganzen Welle deutschnational gesinnter Rock-Gruppen hochgejazzt wird. Wahr ist: Die Onkelz, die in ihren Anfangstagen auf Demokassetten tatsächlich Texte wie "Türkenfotze kahl rasiert" grölten, bekommen bei einer großen Münchener Plattenfirma dennoch eine Chance - und nutzen sie: Keiner will es glauben, aber die Onkelz-Platten gehen in die Top ten. Für den Sänger Stefan Weidner ist "dieser Zusammenhang zwischen dem Rechtsruck 1992 und den Böhsen

Onkelz immer schwer nachvollziehbar. Es ist klar, dass man damals Schuldige gesucht hat - und da waren wir natürlich ein gefundenes Fressen. Dass dann aber ganz gezielt Lügen aufgebracht wurden, um uns zu denunzieren, ging einfach zu weit". Weidner, der bei Onkelz-Konzerten Fans, die sich als Rechte outen, konsequent von der eigenen Security vor die Tür setzen lässt, drückt sich in Interviews dennoch erfolgreich um eine klare Distanzierung von den Rechten: "Klar - wir waren junge Punks. Man darf aber nicht alles auf das Alter schieben und die Sache damit verharmlosen. Ich versuche gerade zu analysieren, wie weit damals meine Ausländerfeindlichkeit wirklich ging und woher sie kam. Trotzdem, Fakt ist, dass keiner von uns jemals in einer rechten Partei Mitglied war und wir diese Parteien niemals unterstützt haben. Wir haben niemals Embleme solcher Parteien getragen und haben auch niemals mit Hakenkreuzen kokettiert." Gleichzeitig hält er die Sache vage am Köcheln: "Ich schäme mich auch nicht, Deutscher zu sein. Wenn ich Engländer oder Costaricaner wäre, wäre ich genauso stolz oder nicht stolz. Es spielt für mich keine Rolle, in welches Land ich reingeboren wurde. Ich bin Vegetarier und habe deshalb noch nicht mal besonderen Spaß an der deutschen Küche."

Eine Küche, die vor allem im Osten auch nicht vor gegrillten Ausländern Halt macht. Am 23. August 1992 brennt in Rostock-Lichtenhagen das erste ASYLANTENHEIM. Es folgen weitere. Die Täter: meistens Jugendliche mit mehr oder weniger rechtsradikaler Überzeugung. Selbst Campino wünscht sich langsam mehr Polizei in dieser "Sheriff-freien Zone". Eine Polizei, die bis zum heutigen Tag die Sicherheit auch nur anders aussehender Mitbürger in den neuen Bundesländern nicht garantieren kann. Denn eines ist - auch wenn es nach belehrendem Zeigefinger klingt -

ASYLANT war noch so ein Unwort in den Neunzigern. Die offizielle Bezeichnung für Menschen, die in Deutschland Asyl beantragen, ist nach wie vor "Asylsuchender".

Fakt: Wer einen anderen Menschen, gleich welcher Herkunft, blutig oder totschlägt, ist ein schwerer Körperverletzer oder Totschläger und gehört - so sieht es das Strafgesetzbuch vor - hinter Gitter.

In der Bevölkerung flackert ein letztes Mal die friedensbewegte Protestkultur der achtziger Jahre auf: Lichterketten, Demonstrationen, Solidaritätskonzerte und Aktionen wie "Mein Freund ist ein Ausländer" (später von einer Metal-Band aus Meschede wieder aufgegriffen mit dem Shirt-Aufdruck "Mein Freund ist ein Sauerländer"). In allen Musikredaktionen des Landes wird bis in die Nacht darüber diskutiert, wie man mit dem Phänomen der neuen rechten Bands von Störkraft bis Stoßtrupp journalistisch umgehen soll. Die Mannschaft des "Musikexpress/Sounds" entwirft eine eigene Aktion, über die sogar in amerikanischen Zeitschriften berichtet wird: Unter der Überschrift "Help - Helfen statt Hauen" stellen

Pop-Prominenz gegen Ausländerhass: Eine Doppelseite aus „Musikexpress/Sounds“

Wolfgang Niedecken, Marius Westernhagen, Peter Maffay und Udo Lindenberg das legendäre "Help"-Cover der Beatles nach - das ernste Thema vereint Künstler, die noch nie zuvor gemeinsam auf einem Foto zu sehen waren.

Der größte Teil der Jugend - wir kennen das aus den Vorgängerjahrzehnten - ist natürlich auch in den Neunzigern eher daran interessiert, nach Dienstschluss in der Bank, der Fabrik oder der Schlosserei endlich ein bisschen Spaß zu haben. "Spaß" - das wird nach dem letzten Kerzenflackern der Friedensbewegung zu dem zentralen politischen Ziel der Jugend. Erst jetzt beginnen die neunziger Jahre wirklich, die Dekade von Individualismus, Rezession und Jugendwahn. Der alte Underground hat als Brutstätte des Kreativen ausgedient. Die Jugendkultur sucht nach neuen Nährböden. Und findet sie - auf den Tanzflächen.

Am 2. Juli 1989 zockeln erstmals 150 muntere Tänzer hinter einem von Matthias Roeingh gemieteten VW-Bus her, mit dem er seine voll aufgedrehte Stereoanlage über den Berliner Wittenbergplatz kutschiert. Die "Love Parade" ist erfunden. Der inzwischen 40-jährige Ex-Punk tauft sich kurz darauf in Dr. Motte um und brütet Jahr für Jahr einen neuen Love-Parade-Wahlspruch aus. Dr. Motte hat bereits die erste "Love Parade" 1989 als Demonstration angemeldet. Motto: "Friede, Freude, Eierkuchen". Motte: "'Friede' steht für Abrüstung auf der Erde, 'Freude' steht für Musik als Mittel der Verständigung, und 'Eierkuchen' steht für die gerechte Nahrungsmittelverteilung." Acht Jahre später, am 12. Juli 1997, ist die "Love Parade" längst zum Massenspektakel geworden: Eine Million Raver tanzt zu Mottes Devise "Let the sun shine in your heart" und der Musik von 39 Techno-Trucks im kollektiven Rausch durch Berlin, verschaffen dem örtlichen Dienstleistungsgewerbe satte 150 Millionen Mark Mehreinnahmen, hinterlassen 200 Tonnen Müll und gießen 3000 zertretene Sträucher im Tiergartenpark mit insgesamt 750 000 Liter Urin. Schon im Vorjahr musste das Areal zwei Wochen lang täglich gewässert werden, um die beißende Geruchsmischung aus Red Bull und Gatorade-MINERALDRINKS zu verdünnen. Das bringt die Umweltschützer auf den Plan. Verkehrte Welt: Miesepetrige Alt-68er in den roten und grünen Fraktionen Berlins bekämpfen die fröhlich tanzende Jugendbewegung, während der CDU-Fraktionsvorsitzende Klaus Landowsky seinen rechten Parteikollegen aus dem Herzen spricht, wenn er die Parade-Gegner als "piefige Miesmacher" bezeichnet. Die Veranstaltung, erklärt er gegenüber der "Berliner Morgenpost", bringe "der Stadt mindestens zehn Millionen Mark an Steuermehreinnahmen", dem Berliner Dienstleistungsgewerbe das Zehnfache, "von kostenloser Touristenwerbung ganz zu schweigen".

MINERALDRINKS sind das Lieblingsgetränk der Techno-Generation, die nach durchtanzten Nächten dem dehydrierten Körper wieder Flüssigkeit und Mineralien zuführen.

Vor allem aber bringt Techno unter Gottes Himmel den Ravern Spaß. Für Campino ist das hoch politisch: "Dieses Statement 'Wir interessieren uns nicht für Politik' war das politischste, was man in diesen Tagen sagen konnte. Vor vier Jahren war ich selbst dort. Ich war begeistert: so viele Leute, die sich in Ruhe lassen - alle haben die Regeln der Veranstaltung beachtet. Punk hat das nicht geschafft. Die Love Parade ist nach wie vor gut - ein Wochenende voller Anarchie. Da ist die Hölle los. Jeder, der Bock auf Leben hat, muss das gut finden!" William Röttger, mit seinem Techno-Label Low Spirit ein Mann der ersten Stunde, bestätigt: "Das war eben auch etwas Neues: Sound-Systems auf Lastwagen zu laden, durch die Straßen zu fahren und auf diese Weise zu demonstrieren - ohne 'Ho Tschi- Minh' zu schreien und mit Pflastersteinen Fensterscheiben kaputtzuschmeißen." Den meisten Ravern entgeht dieser politische Ansatz. Doch das war auf großen

Festivals schon immer so. Westbam lacht: "Auch die wenigsten "Woodstock"-Besucher wussten, dass mit der geilen Massenparty, zu der sie gekommen waren, eigentlich gegen den Vietnamkrieg protestiert werden sollte."

Bevor Techno zum Massenbewegungsmittel wird, lebt der neue Underground vom Mythos des Illegalen. Ein Hauch von Abenteuer im Großstadtdschungel. Das legendäre "Ufo" in Berlin ist ein 100 Quadratmeter kleiner, niedriger Kellerraum unter einem Hinterhof. Runter geht es über eine Hühnerleiter, unten warten Nebel, ein Stroboskop und zwei dröhnende Boxen mit den ersten Techno-Tracks der Stadt. Verwegen, spontan, aktionistisch - das ist das neue Berlin. Im Niemandsland der Mauer, mitten im ehemaligen Todesstreifen, entstehen Clubs wie der "Tresor", der Geldschrankraum des ehemaligen Kaufhauses Wertheim. Der Club wird zum Universum, zur Heimat für alle, die sich und ihren Körper ganz neu kennen lernen: durch brachiale Beats und brutale Lautstärke. Die Szene entwickelt eigene Kommunikationsformen wie FLYER und Telefonketten, meist kostenlose Insider-Magazine geben Techno eine Stimme. In kürzester Zeit wird Techno zur eigenen Welt, die Party zum Mittelpunkt des Seins. Die Form folgt der Funktion, die Musik ihrer Aufgabe: Der Tänzer steht im Mittelpunkt, und er löst sich auf in der schwitzenden Masse seiner Gleichgesinnten.

FLYER sind die kunterbunten, meist auf wasserunempfindlichem Papier gedruckten Einladungskarten zu Tanzveranstaltungen in Diskotheken und Clubs.

Ein ganz eigenes Körpergefühl begleitet die Techno-Fans und spült sie in den Fokus der Medien. Gestützt von der schwulen Subkultur der House-Clubs und gestählt von vielen Stunden im Fitness-Studio, legen viele Tänzer auch die letzten Hemmungen ab: "Die Frauen hatten teilweise nichts an", freut sich der Scooter-Mann Rick. "Auf der 'Love Parade' wurde zum Teil auch nackt getanzt. Das Witzige daran war: Es lag immer eine knisternde Erotik in der Luft, aber jeder wusste, wo die Grenze war." Tanzen bis zur Ekstase. Techno schafft, was keine andere Musik vorher erreicht hat: die vollendete Simulation eines Wir-Gefühls, die vollständige Abgrenzung des Ichs in der Masse - alle zappeln, doch jeder tanzt für sich allein.

Und sie tanzen zu der Musik ihrer neuen Pop-Stars - der DJs. Die haben längst damit begonnen, ihre eigenen Platten zu produzieren. Künstler wie Westbam (bürgerlich: Maximilian Lenz) und Sven Väth zählen zu den Pionieren, die aus der Begeisterung um den Dancefloor in Deutschland langsam eine eigene Szene entstehen lassen. Das Frankfurter Produzentenduo Münzing-Anzilotti landet mit Snap und einem eigenen internationalen Sound einen ersten globalen Dance-Hit. Sven Väth spürt schon früh - beim Auflegen in seinem Frankfurter Club "Omen" -, dass nichts mehr so sein wird wie früher. "Mir wurde klar, dass sich da etwas generell ändern wird in der Zukunft, dass die Position des DJs eine ganz andere sein wird: in A&R-Etagen, als Labelbetreiber, als Remixer." Zunächst basteln sie mit Minimal-Equipment an eigenen Tracks. Sequencer, Drum-Machine und Synthies sind günstig zu bekommen, die ersten DJ-Platten entstehen in Heimstudios mit Geräten für zusammen nicht mal 10 000 Mark. Heim und Herd als Plattenküche - die House Music war geboren. Sven Väth erinnert sich: "Es war Musik, die du nirgendwo hören konntest, außer in den Clubs. Es waren keine Radio- und Fernsehstationen da, die so was supported hätten. Also haben die Leute in den Clubs etwas vorgefunden, das sie von draußen gar nicht kannten. Auf einmal war der DJ der Meister, der die Beats predigte. Die Leute wollten tanzen, und das ist auch das Schöne daran, dass die Leute immer tanzen wollen. Das ist schon seit Tausenden von Jahren so, und das wird nie out sein."

A&R steht für Artist & Repertoire – jenen Abteilungen der Plattenfirmen, von denen neue Künstler gesucht und betreut werden.

Musik ohne Message, Funktionsmusik, gesichtslos - ohne wieder erkennbare Stars will Techno ursprünglich sein, die Songstruktur überwinden, nur im Mix alle Kraft entfalten. Eine Vision, die sich schnell überholt. Wieder einmal springt die große Industrie auf das Underground-Boot und übernimmt die Brücke im Handstreich. Zunächst ist es ein U-Boot, das als erster Techno-Track in den Charts auftaucht: Alex Christensen alias U96 interpretiert mit der technoisierten Titelmelodie des Films "Das Boot" die Underground-Kultur für den Mainstream und gibt den Startschuss für die gnadenlose Kommerzialisierung der neuen Tanzmusik. Tim Renner, damals Leiter der Abteilung "Progressive Musik" beim Plattenmulti Polydor: "'Das Boot' hat die Tür aufgestoßen, durch die danach viele andere Acts marschiert sind." Die Industrie erkennt sofort, was dem Techno fehlt: Für die massenhafte Vermarktung müssen Gesichter her, Stars zum Anfassen statt anonymer Plattenauflegekünstler. So unterschiedliche DJ-Stars wie Marusha, Mark'Oh und Westbam erobern die "Bravo" - und ihre geistigen Enkel folgen auf dem Fuße. Scooter verkaufen von ihren Techno-inspirierten Pop-Songs fast sieben Millionen Platten. Stars, im ganz herkömmlichen Sinn, obwohl auch sie auf ihren Platten so gut wie nie singen - schon gar nicht auf Deutsch. Die Kinder des Techno - oder Techno für Kinder?

Der DJ wird zum Traumberuf für Abertausende. Der Discjockey ist Symbol für einen musikalischen Entwicklungsschritt: Nicht das Instrument zählt, sondern die Idee, das Gefühl, die Wirkung. Turntables, Mixer und Headphones sind austauschbare Mittel zum Zweck - der symbolische Todesstoß für die Rocker- und Muckermentalität. Sven Väth, dem fürs Auflegen bis zu 10 000 Mark pro Stunde geboten werden, versteht nur zu gut, warum plötzlich so viele Jugendliche DJ werden wollen: "Tanzen, Musik, Spaß, Reisen, in jeder Stadt willkommen zu sein, dabei auch noch Geld zu verdienen - das ist schon eine schöne Sache."

Mit dem "Mayday " erreicht die Techno-Totalvermarktung ihren Höhepunkt. Die Kids bezahlen einen Eintrittspreis von 75 Mark - für 16 Stunden Pfadfinderlager bei 150 Dezibel. Die "Mayday" zelebriert den DJ - und den Tänzer. Zweimal im Jahr wird die größte Indoor-Party der Welt zum Wallfahrtsort der Raver. Ein treuer Fan, der Raver. Er macht Techno letztendlich zur Jugendbewegung. Und er ist kauf- und konsumwillig. Ein begehrter Kunde für Devotionalien jeglicher Art von Klamotten bis Deos - die gesamte Markenartikelindustrie versucht, mit ihren Werbebotschaften die Leere zwischen zwei Gedanken im Hirn des gemeinen Ravers (immerhin eine Zielgruppe mit geschätzter Kaufkraft von fünf Milliarden Mark jährlich) zu füllen, der auf die Frage, was er hier will, stets das Gleiche absondert: "Tanzen, Party, Energie rauslassen."

Eine verbrauchte Energie, die kein Schokoriegel der Welt sofort wieder zurückgibt. Doch dafür gibt es andere kleine Helferlein: Mindestens eine halbe Million Jugendlicher nehmen zur Techno-Hoch-Zeit regelmäßig Ecstasy. Trotz der ersten Herz-Kreislauf-Toten wird das Amphetamin in Massen konsumiert. Es scheint zu Techno zu gehören wie Bier zu Bayern. Sven Väth sieht das inzwischen selbst mit Sorge: "Ich glaube, dass Musik und Droge schon immer gut zusammen funktioniert haben. Was wir nicht im Griff haben, ist unsere Gier, dass wir immer mehr wollen - höher, weiter, breiter."

Und kommerzieller: Techno in Reinform hat als trendsetzende Musikform den kommerziellen Höhepunkt überschritten, lebt jedoch in etlichen Undergroundclubs nach wie vor ein munteres und kreatives Leben weiter. In den Charts treibt dagegen der Kinder-Techno immer absurdere Blüten:

Blümchen, E-Rotic, sogar die braven Schlümpfe zucken nun zu der - wie Skeptiker der deutschen Bewegungsfreude meinen - einzigen Tanzmusik für Menschen, die nicht tanzen können. Eine Musik, die plötzlich auch aus dem Drittfernseher im Jugendzimmer dröhnt. Hallo, liebe Kinder - der VIVA-Vutzelmann steht vor der Tür!

O-Ton Marusha

Die ehemalige Nürnberger Schuhverkäuferin Marusha Gleiss, heute Anfang 30, hat mit ihrem Hit "Somewhere Over The Rainbow" nicht nur eine der bestverkauften Techno-Singles aller Zeiten - mit ihren grün gefärbten Augenbrauen ist sie auch eine der wenigen Frauen, die im DJ-Gewerbe jahrelang den Ton angeben. Dadurch wurde sie zum Vorbild für eine neue Generation musikschaffender junger Frauen - den DJanes.

Wie sind Sie zum Techno gekommen?

Richtig geknallt hat es bei mir, als ich mit 21 in Griechenland im Urlaub war. Ich verliebte mich in einen Engländer aus Leeds. Als ich ihn dann zu Hause besucht habe, nahm er mich in den Acid-Club "Warehouse" mit. Solche Leute hatte ich noch nie vorher gesehen: nur Acid-House-Musik, und alle sangen "Aciiiiiid!". Das war der Hammer, das war genau mein Ding. Mir war klar: Solche Partys muss ich auch zu Hause organisieren. Das war Ende der Achtziger.

Was hat Sie an Techno fasziniert?

Diese Musik lebt vom Austausch, sie lebt von der Liebe zur elektronischen Musik, sie lebt von der Liebe zu anderen Kulturen - und sie lebt auch von

Der erste erfolgreiche weibliche DJ des Landes: Marusha

der Selbstdarstellung, etwas Revolutionäres zu tun, auch optisch individuell sein. Jeder Einzelne begreift sich als einen Teil von einem Ganzen, aber auch als etwas ganz Spezielles. In dieser Bewegung hat sich das ganz natürlich entwickelt, und die Leute fingen an, sich verrückt zu stylen. Man hat angefangen, zusammen zu tanzen, aber auch jeder für sich alleine. Niemand kommt sich einsam vor, weil alle zusammen tanzen - Erwachsene verstehen das ja nicht. Das Tanzen steht im Mittelpunkt. Ein Raver ist ja auch kein Laberer, sondern er will tanzen, schreien und flippen.

Wie fühlten Sie sich, als Sie Ihr Foto zum ersten Mal in der "Bravo" sahen?

Ich fand das eigentlich ganz lustig, nur bin ich ja irgendwann in ein Alter gekommen, in dem ich nicht mehr darauf aus war, dort zu stehen. Heute macht es mir nichts aus, nicht drinzustehen. Als ich nicht mehr in den Top ten war, war ich auch kein Thema mehr für die - so hatte ich aber auch das Teenieprogramm vom Hals.

Was wird aus Techno nach dem großen Ausverkauf?

Techno ist bis heute cool. Der Radius ist zwar größer geworden, aber wenn man sich an dem Kern aufhält, dann ist Techno noch immer total cool. Alles andere ist wie eine Welle, die ausläuft. Da setzten sich welche drauf, die nicht aus der Szene sind, um Geld zu machen. Es gibt ja viel Musik, die sich wie Techno anhört. Die Kunst besteht darin, sich zu orientieren: Da, wo du dich wohl fühlst, ist dein Techno.

<11> SCHWARZ ROT GELD
ca. 1993 bis 1999

Mitte der neunziger Jahre hat es die Jugendkultur immer schwerer. Sie zerfällt in ein wirres Puzzle aus lauter kleinen Jugendkultürchen. Grunge und Euro-Disco, Crossover und deutscher HipHop, Skater und Boygroups, Fit For Fun und Schlager-Schmerbauch, Elektro und Comedy-Spaßvögel - überall dabei und doch nirgendwo ein echtes Zuhause. "Jugend", das ist nun vor allem eines: "Zielgruppen" mit großer Kaufkraft, die es für clevere Marketingstrategen zu erobern gilt. Überall in den Werbeabteilungen und Redaktionen arbeiten berufsjugendliche Überzeugungstäter an der jeweils hippsten Formel zur Erklärung des morgigen Kaufverhaltens der Jugend. Die wiederum ist getrieben von ihrer Suche nach einer Nische, die noch nicht schon von einer Volksbank-Werbekampagne besetzt ist. Pop-Star kann jeder werden, gleich ob als Model, DJ, Extremsportler, Modedesigner oder TV-Ansager. Gleichzeitig wird "Die Jugend" aber auch immer abgeklärter und geübter im Umgang mit den an sie gerichteten Werbebotschaften: Man lässt sich - zum Schrecken der Marketingleute - längst nicht mehr jeden Dreck als trendy verkaufen. Auch die Gründergeneration der Techno-Bewegung hat viel gelernt: Erstmals haben es ehemalige Helden aus dem Underground geschafft, an der folgenden Kommerzialisierung ihrer "Jugendkultur" ordentlich mitzuverdienen.

Mit Letzteren geht es los: "Sesamstraße auf Speed" - die Pop- und TV-Kritiker sind entsetzt. Quasselnde Moderatoren, die nicht nur so aussehen wie ihre potenziellen Zuschauer, sondern sich auch genauso benehmen. Weihnachten 1993 startet Viva, die "Bravo"-Welt im 24-Stunden-Format, als deutsche Herausforderung zum großen Original MTV. Ursprünglich von vier der fünf großen Plattenmultis Deutschlands als billige Abspiel- und Promotionstation für die eigenen Produkte angeschoben, entwickelt Viva binnen kürzester Zeit ein gewaltiges Eigenleben. Als der Sender im Winter 1993 mit einem nur einmonatigen Vorbereitungskraftakt ins Kabel gepresst wird, ahnt noch keiner, wie schnell die Jugend des Landes sich in Viva verlieben würde. Der Sender reagiert prompt und busserlt mit dem Werbeslogan "Viva liebt dich" zurück. Dieter Gorny, als Erfinder der Branchenmesse "POPKOMM" prädestiniert dafür, den neuen Sender als Geschäftsführer zu Ruhm, Ehre und Umsatz zu führen, lacht sich bei jedem Prozent Marktanteil, den er dem Konkurrenten MTV abnimmt, ins Fäustchen. Seine Idee des Kuschelfernsehens mit vom Schulhof weggecasteten Moderatoren geht voll auf: "Das war magisch - sich kackfrech in ein Medium zu stellen und zu sagen: Tach, hier sind wir, wir wollen jetzt mit euch leben. Wir sind genauso wie ihr: launisch, amateurhaft, unvollkommen. Morgen sind wir vielleicht schon besser, vielleicht auch nicht. Aber ab jetzt machen wir es gemeinsam."

POPKOMM ist seit 1989 die Messe, bei der sich jedes Jahr im August die gesamte Musikbranche in Köln trifft. Von Jahr zu Jahr kamen mehr Veranstaltungen rings um die Messe hinzu – inzwischen lockt der Event mehr als zwei Millionen Menschen in die Stadt.

Die Moderatoren lernen tatsächlich mit den Monaten ein Mindestmaß an Professionalität hinzu, ohne jedoch ihren naiven Charme zu verlieren. Star-Backfisch Heike Makatsch zum Beispiel fällt neben ihrer honigkuchenpferdchenmäßigen "Mischung aus Pipi Langstrumpf und Nina Hagen" ("Wiener") anfangs eher dadurch auf, dass sie sich wie ein Zappelphilipp unbeholfen beidarmig durch die Sendung rudert.

Zuschauerbindung ist das höchste Gut - der

Sender leistet sich von Beginn an eine personell gut ausgestattete Zuschauerredaktion zur Bearbeitung der säckeweise eintreffenden Fanpost. Viva wird zum Sprachrohr für eine ganze Generation, die nicht mehr bloß Fernsehen gucken darf, sondern fortan mittendrin und dabei ist. "Interaktiv" ist das Zauberwort: In fast jeder moderierten (und nicht nur angesagten) Viva-Sendung können die Zuschauer per Telefon oder Fax ihre Wünsche äußern. Die Viva-Moderatoren werden zu Stars einer neuen Gattung: unmittelbare, unvollkommene Jungs und Mädels, die ganz nah an ihrer Zielgruppe sind. Vertrauenspersonen, deren zum Teil unbeholfenes Gestammel zwar viele abschreckt, aber gleichzeitig auch eine Art Viva-Filter darstellt: Wenn du Viva nicht liebst, bist du zu alt.

Heike Makatsch wird die große Schwester der Kids: "Diese Art der Moderation, die ja jetzt überall stattfindet, war etwas völlig Neues. Das erste Mal ist jemand im Fernsehen wirklich jung und redet frei von der Leber weg." Diese Unmittelbarkeit macht aus Viva für den Fernsehbereich das, was der Rock 'n' Roll in den Fünfzigern für die Musik geleistet hat: TV für Jugendliche von Jugendlichen. Viva wird zum Hit - und Viva macht Hits! Der Anteil deutscher Produktionen an den Charts verdreifacht sich. Viva spielt die Titel der Eurodance-Produzenten. Acts wie Culture Beat, Mr. President, Das Modul, Blümchen, Nana oder DJ Bobo werden von vorneherein auf Viva-Kompatibilität hin produziert und erobern mit Hilfe des Senders die Charts. Ein neuer Markt entsteht für Produzenten, Regisseure, Tänzer, Sänger. Die Musikindustrie liefert einen unglaublichen Ausstoß an Videoclips. Rund 70 Clips bahnen sich jede Woche ihren Weg in die Musiksender - nur ein knappes Viertel davon wird auch eingesetzt. Der Rest ist als teures Promotioninstrument nur noch für die Mülltonne interessant.

Doch Viva generiert auch einen anderen, neuen Moderatorentypus: Stefan Raab landet nicht nur als Musikproduzent mit "Böörti Vogts" selbst einen Hit, er löst mit seinem Anarcho-Fernsehen, seinem bis an die Grenze des Erträglichen komischen Guerilla-TV eine Lawine von Comedy-Produktionen los. Stefan Raab ist der gespielte Witz schlechthin - und er weiß: Witzischkeit kennt keine Grenzen, Witzischkeit kennt kein Tabu: "Ich finde gar nicht, dass ich da nur rumblödele. Ich mache ja auch kein Fernsehen für eine Zielgruppe, die zum Beispiel die 'Harald Schmidt Show' anguckt. Ich mache Unterhaltung für eine sehr junge Zielgruppe. Und da kann ich mich nicht hinstellen und intelligente Witze über das 'Literarische Quartett' machen, weil sie dann glauben, es geht um ein Kartenspiel. Ich muss etwas machen, was die witzig finden. Wenn ich Scherze mache, muss ich sie über die Kelly Family oder DJ Bobo machen, weil die mein Publikum eben kennt. Das ist manchmal schade, aber ich arbeite nun mal für diesen Sender, und deshalb bekommt der Sender von mir auch das Programm für sein Zielpublikum."

Humor ist, wenn man trotzdem lacht. Ein Comedy-Boom bricht los, wie man es den ernsten Deutschen nie zugetraut hätte. Mit Wigald Boning und seinem Duo Die Doofen als Aushängeschild, versuchen sich RTL, Sat 1 und Pro 7 mit Comedy-Serien ("Die Wochenshow", "7 Tage - 7 Köpfe", "Samstag Nacht") gegenseitig vom Spaßgipfel zu stoßen. Ein Trend, der schnell zu einer Übersättigung des Publikums führt. Ende der Neunziger gehen die Deutschen zum Lachen wieder lieber in den Keller als ins

Der VIVA-Wutzelmann: Stefan Raab hat die Lizenz zum Blödeln

Fernsehzimmer. Der Grund für diese neue deutsche Unlustigkeit liegt in der grassierenden Humorinflation: Immer mehr Komödilettanten klopfen in immer mehr Shows immer unterirdischere Witze. Ein Overkill ähnlich wie seinerzeit bei der Neuen Deutschen Welle: Auch Comedy fing in Deutschland anarchistisch-aberwitzig mit

Könnern wie Kerkeling, Helge Schneider und die frühen Boning/Dittrich viel versprechend an, wurde aber ratz, fatz von der Verwertungsmaschine der Entertainmentindustrie mit heißer Luft aufgeblasen. Luft, die inzwischen allerorten raus ist. Die Einschaltquoten der wichtigsten Comedy-Shows sind im freien Fall.

Prominentestes Opfer ist Wigald Boning. Im Affensakko hat er lange die Lizenz zum Blödeln, im Doofen-Duo ohne Deo ("Mief") die Plattenmillionen in der Tasche und die Toyota-Werbekohle auf dem Konto. Boning steigt gerade noch rechtzeitig aus "Samstag Nacht" aus, schreibt ein wenig beachtetes Buch zur Bundestagswahl, albert mit einer Parteigründung herum und fragt sich nun in der inneren Einkehr, warum das Leben doch kein Witz ist. Olli Dittrich, der zweite Doofe und ehemaliger "Samstag Nacht"-Star, erkennt schon früh den Fluch der Lach-Abwärtsspirale: "Wir müssen zu immer stärkeren Mitteln der Sinnlosigkeit greifen, um diesen herrlichen Zustand völliger Irritation beim Zuschauer zu erreichen."

Der Trend von der Comedy zur Tragedy ist unaufhaltsam und hat längst auch den CD-Markt erfasst. Konnten vor wenigen Jahren Blödelplatten wie "Lieder, die die Welt nicht braucht" (Die Doofen) noch eine Million CD-Käufer begeistern, gehen 1999 einschlägige Witzalben noch nicht einmal mehr Gold. Außer Dauerbrenner Rüdiger Hoffmann , der nach Otto und Badesalz 1998 den Comedy-"Echo" bekommt, schaffen es inzwischen fast nur noch CDs mit direkter Anbindung an populäre (und wirklich witzige) Radioshows in die Charts: die Telefonterroristen von Studio Braun (Radio Hamburg), Teddy Schultze und Elmar Brandt alias Schrödi & Helmut von der Kanzler WG (unter anderen RTL Berlin und Antenne Thüringen) oder das SWR-3-Duo Osterwelle & Ützwurst, deren absurde Fahrten im "Taxi Sharia" stets bei Elvis in Memphis enden.

Während sich halb Deutschland totlacht, erlebt Mitte der neunziger Jahre die Leinwand eine überraschende Renaissance. Plötzlich schlafwandelt die deutsche Komödie äußerst erfolgreich zwischen Klamauk und internationalem Anspruch. Filme wie "Männerpension" und "Der bewegte Mann" werden Millionenerfolge und verdrängen zum Teil gar große US-Produktionen von den Kinocharts.

Kurz zuvor erwacht auch bei den deutschen TV-Produzenten ein neuer Nationalstolz. Im Mai 1992 flimmert mit "Gute Zeiten Schlechte Zeiten" die erste in Deutschland produzierte tägliche Seifenoper über den Bildschirm. Der Erfolg ist überwältigend und fördert ähnliche Konzepte. Heute sehen jeden Tag rund 14 Millionen Zuschauer die vier erfolgreichsten Serien "Gute Zeiten Schlechte Zeiten", "Verbotene Liebe", "Marienhof" und "Unter Uns" - allesamt von der wieder erstarkten Ufa im Osten (Potsdam) produziert. Doch die SOAPS - und mit ihnen prominente Gaststars bis zu Kanzler Schröder - sind gleichzeitig auch willkommenes Feindbild für Mitbürger, die sich einen kleinen Rest an Idealen bewahrt haben: "Man muss sich das mal vorstellen: Wir leben in einem Land, in dem der Kanzler in 'Gute Zeiten Schlechte Zeiten' auftritt", tobt Bernd Michael Lade. "O.k., die Leute freuen sich über die Unterhaltung, aber ein Kanzler, der darin auftritt, der wird nie meine Stimme bekommen."

SOAP ist die Kurzform von Soap Opera - jenen Fernsehseifenopern, die wochentags Millionen von Serien-Fans davon abhalten, vernüftigere Dinge zu tun, als nur vor dem TV-Schirm zu sitzen.

Lades Ruf verhallt kaum gehört in der Sendewüste. Viele Jugendliche würden, wenn sie es könnten, die "GZSZ"-Darsteller in den

Bundestag wählen. Für sie gehören die Serien zum täglichen Leben, die Darsteller werden zu Begleitern des Alltags - und zu Identifikationsfiguren der Viva-Generation.

Ein wundervolles System, die Welt der Seifenopern: Stars übernehmen Gastrollen in den Soaps und verkaufen so ihre Platten besser. Die Soap-Stars fangen selber an zu singen und können auf eine eingefleischte Fangemeinde zählen. Bei so vielen Zuschauern kann kein Musiksender mithalten. Burgschauspieler sind nicht gefragt im Wunderland der Seifenopern. Nur wenige sehen das so realistisch wie der "GZSZ"-Star Oliver Petszokat: "Viele Leute, die durch drei Jahre harte Schauspielausbildung gegangen sind, würden sich zu Recht auf den Schlips getreten fühlen, wenn ich mich als Schauspieler bezeichnen würde. Ich lasse mir auch von keinem, der ab und zu in der Disco tanzt, erzählen, er sei Tänzer - schließlich hab ich jahrelang jeden Tag drei Stunden professionell getanzt."

Die Soap-Stars sind Jungs und Mädels von nebenan, denen alles passieren kann - und die alles erreichen können: Fast-Food-TV schafft Fast-Food-Hits: Christian Wunderlich ("Heaven"), Andreas Elsholz ("Weil ich dich liebe") und allen voran Oli.P. Fast zwei Millionen Menschen kaufen Oliver Petszokats Interpretation von Herbert Grönemeyers "Flugzeuge im Bauch". Oli und seine Kollegen sind keine unnahbaren Glamour-Boys. Sie sind Stars - und bleiben ob all ihrer Stärken, Schwächen und Probleme dennoch erreichbar. Ganz natürlich, ideale Schwiegersöhne, tolle Freunde.

Und tolle Feindbilder. Oli.P mutiert binnen kürzester Zeit für die meisten aufrechten deutschen HipHopper zum Abbild des schlechten Geschmacks. Petszokat findet das ungerecht:

"Hausmarke von den Fantastischen Vier hat im Interview mit Viva zum Lied 'Flugzeuge im Bauch' gesagt , dass er es voll Scheiße findet, weil es so kommerziell ist. Dann habe ich mal zusammen mit meinen Kumpels, die ja alle nur deutschen Rap und HipHop hören, überlegt, dass Hausmarke da 'ne schlechte Leistung gebracht hat. Sein Hit 'Mädchen Nummer 1' hat auch einen von einer Frau gesungenen Refrain, und die Raps sind bestimmt genauso kommerziell. Nur kam er mit dem Song leider nicht in die Top ten. Er hat doch so viel geleistet. Er hat es gar nicht nötig, so was zu sagen. Das finde ich echt traurig. Wegen den Fantastischen Vier habe ich überhaupt angefangen, diese Musik zu hören, und ich bin auch immer noch froh, dass es sie gibt."

DISSEN, zu Zeiten von "Die Da" (Die Fantastischen Vier) ein Lieblingssport der deutschen Rapper, erlebt nach dem Erfolg von Oli.P ein breites Revival. Klappern gehört zum Handwerk: "Das ist meistens nur Flachs, der zum Geschäft gehört", meint Petszokat. "Aber es muss gut gemacht werden. Harald Schmidt, Stefan Raab oder Oliver Kalkhofe sind richtig gute Disser. Ich finde, dass Dissen in Deutschland sowieso nicht allzu sehr angesagt ist. Wenn es cool und lustig gemacht ist, dann ist das okay. Aber nicht, wenn die Leute so pseudomäßig ankommen nach dem Motto: Am besten disse ich jetzt mal, vielleicht krieg ich ja ein paar mehr Fans, die Oli auch nicht gut finden."

DISSEN ist ein beliebtes Stilmittel des Hip Hop: Dadurch, dass man einem anderen Hip Hopper Respektlosigkeit (Disrespect) entgegen bringt, stellt man sich im spielerischen Battle eine Stufe über ihn.

Der schnelle Erfolg wird für viele jungen Menschen möglich im Jahrzehnt der 50 Fernsehkanäle. Castings sind PR-Aktionen, die Karriere ein Lotteriegewinn. Über Nacht ein Star sein? Vom Schulmädchen wie Jasmin Gerat zum "Bravo-Girl" und ruck, zuck ins Fernsehen? Kein

Problem mehr. Sogar die "Foto Love Story" der "Bravo" gebiert jetzt Stars wie Just Friends oder Abi Ofarims singenden Sohn Gil. Smudo kratzt sich nachdenklich am Kopf: "Das sind immer normale Leute, die sich bei einem Casting gemeldet haben; dafür werden sie gemocht. Vielleicht ist dieses Begaffen der Normalheit in dem Wald der ganzen Superstars auch ein Zeichen der Neunziger: jemanden zu haben, der einem viel näher steht. Zu sagen: Ich finde das toll, wie die sich selbst verwirklicht haben; freilich ohne zu hinterfragen, was auf dem Weg dieser Verwirklichung wirklich vor sich geht."

Stars werden gemacht, ein Markt wird bedient. Auch die nicht einmal 16-jährige Jasmin Wagner gedeiht 1995 als "Blümchen" zum erfolgreichen Kunstprodukt in der wundervollen Welt der perfekten Unterhaltung. Das ist Pop in Reinkultur. Und Hoffnung für viele Jugendliche, es in einer rezessionsgebeutelten Zeit doch noch zu etwas bringen zu können: "Heute glaubt man nicht mehr daran, dass man, wenn man studiert hat, mit seinem Wissen Erfolg haben wird", meint Heike Makatsch. "Jeder denkt, etwas finden zu müssen, mit dem er einen Instant-Erfolg haben kann. Man glaubt nicht mehr an die klassischen Ausbildungsschritte. Und weil es überall Leute gibt, die es auf diesem Weg geschafft haben, glauben vielleicht auch viele andere, dass sie ein Talent haben."

Viva macht es einem knappen Dutzend jedes Jahr leicht. Mit Aktionen wie "Werde VJ bei deinem Lieblingssender!" rekrutiert der Sender seinen plappernden (und für den Sender unglaublich preiswert zu bekommenden) VJ-Nachwuchs. Campino lacht über die trendgerechte Umsetzung des Andy-Warhol-Mottos vom "Berühmt sein für fünf Minuten": "Dieses Bedürfnis, einmal ein Held zu sein, ist in jedem

VJ ist die Abkürzung von Video-Jockey – die TV-Abart des DJ. Ein VJ präsentiert Video-Clips mit kurzen Zwischenmoderationen, deren Texte er zumeist vom Teleprompter abliest.

drin. Aber die Möglichkeit, es wirklich zu tun, sich auf die Kiste zu stellen und sich zum Affen zu machen - die ist wesentlich größer geworden."

Tim Renner meint, Jasmin Wagner sei auch deshalb so erfolgreich, "weil sie 'Blümchen' lebt; insofern verkörpert sie eine wahre Ware". Oder zumindest die hinreichend perfekte Simulation von Authentizität. Echt sein - das ist ein schmaler Grat, der zwischen Plastikprodukt und perfekten Identifikationsfiguren trennt. Die Jungs von der Flensburger Schülerband Echt nennen sich gleich so - werden zu "Bravo"-Stars, weil sie allen Gesetzen einer Boygroup entsprechen, gleichzeitig aber (zumindest nach außen hin) so funktionieren wie eine Rock-'n'-Roll-Band. Echt singen in Liedern wie "Alles wird sich ändern" oder "Wir haben's getan" von den Dingen, die Teenager bewegen. Und sie tun es fast so, als hätten sie es selbst erlebt. Die vertonte "Dr.-Sommer-Seite" - ganz normale Sorgen des Erwachsenwerdens. Deshalb werden sie geliebt - auch wenn sie ihre Texte (noch) nicht selber schreiben.

Alles wohlkalkulierte Images und Rollenspiele? Auch die Kelly Family spielt mit dem ehrlichen Charme des Authentischen. Für einen eingeschworenen Fankreis liefert sie die perfekte Showinszenierung von der heilen Welt der intakten Großfamilie. Nachkriegsromantik für eine Generation von Scheidungskindern. Große Gefühle für kleine Menschen, ein perfektes Rock-Theater, das auf das Gemeinschaftserlebnis von Riesenkonzerten setzt. Bis zu 200 Gigs spielen die Kellys pro Jahr, bis zu zwei Millionen Menschen erreichen sie damit, rund 20 Millionen Platten verkaufen die Kellys während ihrer Karriere.

Und obwohl die Familie selbst längst im Schloss residiert und die meiste Zeit des Tages damit beschäftigt ist, die Plattenmillionen gewinnbringend anzulegen, gelten die Kellys für ihre Fans nach wie vor als die Schmuddelkinder, mit denen keiner spielen will. Fans, die sich schon von weitem erkennen: Kelly-Anhänger haben nie das Problem, was sie anziehen sollen - sie nehmen einfach drei Teile, die farblich möglichst schlecht zusammenpassen. Dass die Band immer wieder in negative Schlagzeilen gerät, löst nur bei wenigen Fans einen Lernprozess aus.

Zu den ersten Dingen, die zum Beispiel der Bonner Schlossherr, der ehemalige US-Lehrer und cholerische Familiengott Daniel J. Kelly, gelernt hat, gehört die wichtige Erkenntnis: Jede Mark, die nicht in der Familie bleibt, ist eine gottlose Mark. Nach dieser Devise baut er im Laufe der neunziger Jahre Stück für Stück jenes stattliche Firmenimperium auf, von dem Millionen minderjähriger Fans nun glauben, es sei die Kelly "Family". Und wenn der ehemalige Emi-Boss Helmut Fest, dessen Firma die Kelly-Platten jahrelang vertreiben darf, behauptet, "die Kelly Family funktioniert nach ihren eigenen Gesetzen", dann hat er damit nur zum Teil Recht. Denn in dem Reich von Kaiser Kelly gibt es nur drei Gesetze, und das sind dieselben Gesetze, denen sich die gesamte Branche der Pop-Vergolder unterwirft: 1. Geld. 2. Geld. 3. Geld. Gottvater Kelly kassiert, wie der "Stern" behauptet, bei der Gema Tantiemen für (tantiemenfreie) Volkslieder auf Kelly-Platten, hortet angeblich im Kelly-Tourbus mit Geldscheinen aus den Abendkassen prall gefüllte Plastiktüten, steuert den selbst verwalteten Merchandisebetrieb und soll nebenbei auch noch den regulären Pflichtschulbesuch seiner jungen Schützlinge verhindert haben.

Ordentlich frisiert und täglich frisch gewaschen sein - das ist für den Großteil der weiblichen Teenager nach wie vor Voraussetzung, wenn es um die Wahl des Lieblings-Pop-Stars geht. Ein Bild, das von den großen BOYGROUPS der neunziger Jahre bis ins letzte Detail perfekt erfüllt wird. Was den Eltern die Beatles, ist der Tochter die Boygroup. Choreographie und Chorgesang statt Schlagzeug und Gitarre. Boygroups wie Take That, Backstreet Boys und die (komplett von Deutschland aus weltweit aufgebauten) 'N Sync sind exklusives Terrain von Mädchen. Sie bieten die hochglanzpolierte Projektionsfläche für erste Phantasien von Kuschelsex und ewiger Treue. Gleichzeitig erfüllt die Boygroup-Hysterie auch noch eine andere Funktion: Sie ist das perfekte - weil in der Gruppe Gleichaltriger halbwegs akzeptierte - Ventil, um den ansteigenden pubertär-hormonischen Überdruck auch in einer Welt herauslassen zu können, die viele Kids mit dem omnipräsenten Gruppenzwang zu einer zur Schau gestellten, abgeklärten Coolness überfordert. Eine verdammt harte Lebensphase - auch in den Neunzigern. Smudo windet sich auf dem Interviewstuhl, wenn er an seine eigene Pubertät zurückdenken soll. "Ein Junge - was macht der in seiner Pubertät? Der fährt mit einem frisierten Mofa, er raucht Zigaretten, guckt heimlich Pornofilme und wichst mit seinen Kumpels um die Wette. Und was machen Mädels? Die träumen gerne, weinen gerne, und das machen sie am liebsten im Kollektiv zusammen. Teenager neigen grundsätzlich zur Hysterie, zum Extremismus. Teenie sein ist sowieso so schwer. Bin ich froh, dass das bei mir vorbei ist! Das war schlimm, das war so schlimm."

Noch nicht einmal die Geschlechterrollen sind das, was sie einmal waren. Im großen

BOYGROUPS bestehen zumeist aus zwei bis fünf hübschen, jungen Männern mit garantiert unbehaarten Brustbeinen und Waschbrettbäuchen, die Lieder von hochbezahlten Hit-Produzenten singen und auf der Bühne gleichzeitig Flicflacs turnen können. Das Verfallsdatum der Gruppe ist immer schon auf der ersten CD aufgedruckt, wird aber erst nach zwei Jahren durch einen komplizierten chemischen Zerfallsprozeß sichtbar.

Selbstbedienungsladen der Weltentwürfe am Ende dieses Jahrtausends kann sich jeder den passenden Paradigma-Parka von der Stange aussuchen: Tougher Rapper oder kreischender Boygroup-Fan, feierfreudiger Snowboarder oder knallhartes Girlie mit Bauchnabel-Piercing? Alles preiswert zu haben auf dem großen Jahrmarkt der Eitelkeiten. Mädchen, die aus dem Kreisch-Alter herauswachsen, schreien nun "Girl Power" - und finden unter "T" im Plattenladen den passenden Soundtrack: Tic Tac Toe repräsentieren die Girlie-Bewegung, die gleichermaßen selbstbewusst und sexy ihren Weg gehen will. Blöde Anmache, Macho-Freunde, Drogen, Liebe, Enttäuschung, Trauer und Sehnsucht - Tic Tac Toe schreien die Sorgen und Träume ihrer fast ausschließlich weiblichen Fans in die Welt hinaus. Fans, die bereitwillig Singles wie "Leck mich am A, B, Zeh", "Verpiss Dich" oder "Warum" in die Charts kaufen. Für ihre Anhängerinnen sind Ricky, Jazzy und Lee echte Freundinnen, mit deren Sorgen sie leben, deren Schicksale sie teilen. Skandale und Eklats tun ihrer Solidarität keinen Abbruch. Auch wenn die "Freundschaft" der Heldinnen zerbricht - so ist das halt im Leben.

Spätestens seit Lucilectrics Hit "Weil ich ein Mädchen bin" sind die Jungs nicht mehr allein im Gitarrenladen. Unzählige Girlie-Bands schießen aus dem Boden, und auch die zweite Generation weiblicher DJs (nach Marusha) geht ihren selbstbewussten Weg durch Deutschlands Clubs. Eine Bewegung, deren "Urmutter" längst nichts mehr damit am Hut hat. "Für mich war das ein marketingstrategisches Ding, womit man T-Shirts verkaufen konnte, in denen man dann 'Girl-Power' schrie", resümiert Heike Makatsch. "Ich weiß nicht, was das mit Emanzipation zu tun haben soll."

Die Jugendkultur hat's schwer in den Neunzigern. Selbst Grunge wird schneller als Mode annektiert, als die Fans gucken können. Der Underdog-Look aus den Secondhandläden verkommt zum reinen Modegag. Grunge lässt zwar auch in deutschen Proberäumen den Marshall-Verstärker wieder kurzzeitig aufheulen, doch der Selbstmord des Nirvana-Sängers Kurt Cobain bereitet dem Spuk ein jähes Ende. Umsonst auch die Hoffnungen der deutschen Muckerseele: "Nach den keyboardlastigen Achtzigern war diese Gitarrenmusik für mich eine Erlösung", klagt Heinz Rudolf Kunze. "Ich hätte es gerne gesehen, wenn Kurt länger gelebt hätte."

Wieder war eine Verweigerungshaltung vor die Hunde gegangen. Der schnelle Tod des Grunge illustriert das größte Problem der Jugend in den neunziger Jahren: Wie hebe ich mich ab? Bestimmt eher durch eine - wie auch immer gefestigte - erzkonservative Lebenshatung, sicher nicht jedoch durch hellblau gefärbte Haare. Westbam meint: "Der Generationenkonflikt der neunziger Jahre wird nicht mehr zwischen den Kids und den Eltern, sondern zwischen den Kids und ihren größeren Geschwistern ausgetragen." Und wenn der große Bruder aus der Club-Culture kommt, dann wende ich mich eben Gitarren, schlauen, deutschen Texten und Inhalten zu. Vielleicht.

Tocotronic aus Hamburg werden gerne in die große Schublade der zukunftsmüden Generation X gesteckt. Ungekämmt und ungeschminkt ist ihr Lebensentwurf - Tocotronic werden zu Hymnenlieferanten der Cordhosenfraktion, die es cool findet, Songtitel-Bandwürmer wie "Ich verabscheue euch wegen eurer Kleinkunst zutiefst" oder "Ich möchte Teil einer Jugendbewegung sein" auf der CD-Hülle einer

Band der "Hamburger Schule" zu lesen. Sind Bands wie Die Sterne oder Tocotronic die Pin-ups für vergeistigte Gymnasiasten oder einfach nur Rock 'n' Roll für eine Szene, die sich von den Verkaufsstrategen der Markenartikler nicht packen lassen will? Tocotronic Jan Müller jedenfalls ist sich sicher: "Ich denke oft, dass zu den Konzerten Leute kommen, die meinen, sich durch das Hören dieser Musik abgrenzen zu können von den üblichen Leuten ihres Alters." Tim Renner, bei dem Tocotronic unter Vertrag stehen, freut sich, zur Abwechslung auch mal mit Inhalten Umsatz generieren zu können: "Was diese Bands können, ist, Haltung vermitteln. Eine Haltung, die Deutschland-typisch und stimmig ist. Eine Haltung für Menschen, die Sachen reflektieren."

Sie schreiben Texte zwischen Traurigkeit und bissig-ironischer Gesellschaftskritik. Rock 'n' Roll mit Seele. Kiezpoesie, Blues und Soul für deutsche Großstadtkids, die lieber im Schatten ehemaliger Rotlichtbars abhängen, als im Rampenlicht abzutanzen. Da geht für Heinz Rudolf Kunze natürlich die Sonne auf: "Der Sänger von den Sternen würde das wahrscheinlich - mit Händen und Füßen wirbelnd - bestreiten; aber für mich ist das allein durch die poetische Mühe, die sie sich gibt, eine Band, die die Sinnsuche noch nicht ganz aufgegeben hat. Oder die zumindest doch darunter leidet, wenn sie merkt, dass es keinen Sinn gibt."

Sinnsuche kontra Spaßgesellschaft, Nischensuche kontra Mainstream-Gehopse, Ironie kontra Lebensfreude, Körperkult und Poesie gleichberechtigt nebeneinander - wie passt das in eine Ära, in der sich die halbe Bevölkerung durch ihre Kurven und Konturen definiert? Ein halbes Regal neuer Fitness- und Stylingmagazine wie "Men's Health", "Fit For

Hauptsache, extrem: BMX-Trendsportler in der Halfpipe

Fun" oder "Life & Style" verspricht Waschbrettbauch statt Bierwampe. Wer heute einen Schatten wirft, ist schon zu dick: Männer, Muskeln, Mutationen. Optische Statements durch Kleidung sind nicht mehr möglich in den neunziger Jahren. Der Körper selbst wird nun zum Ereignisfeld. Das Ziel heißt Perfektion - und da muss notfalls der Chirurg nachhelfen: 1999 sind Brustvergrößerungen der häufigste Geschenkwunsch bei amerikanischen

Teenagermädchen, und kaum einer regt sich auf, wenn sich selbst Pop-Sternchen wie Britney Spears noch ein paar Pfund silikonisiertes Holz vor die Hütte stopfen lassen.

Tattoos, Piercing und Branding werden zu alltäglichem Modebeiwerk und haben als Chiffre des Protests und der Abgrenzung längst ausgedient. Tattoos sind zum puren Zeichen geschrumpft, allenfalls noch ein Statement für den eigenen Mut, ein schmerzhafter Ausdruck für die eigene Individualität. Schmerz gehört in der alles überspülenden Reizüberflutung zu einem der wenigen Gefühle, die noch real spürbar sind: "Ich hab ein Tattoo auf meiner rechten Leiste", verrät Oli.P, "einen Pegasus, den ich mir auf Mallorca stechen ließ. Es war grauenhaft - ich dachte, die nehmen mir den Blinddarm raus! Ich bin stolz darauf, aber ich weiß, dass man Tattoo-süchtig werden kann. Deshalb bleibt es bei dem einen!" Auch Sabrina Setlur will nie wieder unter die Nadel. Sie hat ein Tribal-Motiv auf dem Rücken: "Warum ich mich diesen Schmerzen unterzogen habe, warum ich das mit mir machen ließ, kann ich mir bis heute nicht erklären. Ich kann nicht sagen, welcher Teufel mich da geritten hat, wie ich auf die bekloppte Idee gekommen bin, eineinhalb Stunden lang solche Qualen durchzumachen. Ich hab mich in der Hölle schmoren sehen. Das ist die schmerzvollste Stelle überhaupt. Ehrlich gesagt, ich weiß nicht, ob ich es noch mal tun würde."

Branding war eine Zeit lang neben Tätowierungen die beliebteste Methode, die eigenen Haut mit dauerhaften Zeichen zu versehen. Ähnlich wie bei den Brandzeichen, mit denen Bauern ihre Kühe markieren, wird ein glühend heißes Eisen mit einem geschmiedeten Motiv so lange auf die Haut gedrückt, bis die dadurch entshenden Brandwunden unauslöschlich das gewünsche Muster zeigen.

Ob Tattoo oder Nasenring, Salto mit dem BMX-Rad in der Halfpipe oder House-Hotten bis zum Verlust der Muttersprache - es wird immer schwieriger, sich vom Nebenmann in der U-Bahn abzusetzen. Und immer extremer. "Extrem" - ein Zauberwort der Neunziger. Im Extremsport finde ich mich selbst, denn ich suche meine Grenzen - um sie zu überwinden. Grenzerfahrungen. Das schweißt zusammen, lässt Gleichgesinnte finden. Fast zwei Millionen Snowboarder gibt es in Deutschland. Das Brett ist für sie ein Symbol, anders zu sein. Anders als die "spießigen" Skifahrer. Freier. Wilder. Cooler. Und Crossover-Bands wie Thumb ("Haunted") oder H-BlockX ("Move") liefern den Soundtrack dazu. Ende des Jahrzehnts erlebt eine - eigentlich der gutdeutschen Muckerhandwerkskunst verpflichtete - Band aus Göttingen einen kometenhaften Aufstieg. Guano Apes liefern mit "Lords Of The Boards" den offiziellen Titelsong zur Snowboard-EM - obwohl sie selber alles andere als überzeugte Boarder sind. Sängerin Sandra Nasic: " Wenn ich mal Zeit habe, boarde ich gerne. Notfalls auch im Harz. Aber wir sind keine Snowboarder-Band, wir sind Musiker!" Der Hit "Lords Of The Boards" war für Guano Apes eine reine Auftragsarbeit. "Im November 1997 kam unser Plattenfirmenboss an und fragte uns, ob wir nicht den offiziellen Song für die Snowboard-EM in Fieberbrunn schreiben wollen", erzählt Schlagzeuger Dennis. "Für uns war das eine interessante Herausforderung. Der Songtitel war vorgegeben und musste im Refrain vorkommen. Alles andere war völlig offen. Dazu gab es noch ein kleines, dämliches Fax, in dem stand, dass der Song ein 'Crossover-Brett mit Charts-Potenzial' sein sollte."

"Crossover-Brett mit Charts-Potenzial" - da sieht man förmlich den smarten Mittdreißiger in der Marketingabteilung, wie er im Geiste schon die Scheine zählt. Snowboarden ist Trendsport - und hinter Trendsport lauert Geld. Die Formel ist einfach und lukrativ: Jugendkultur ist Spaßkultur. Spaßkultur ist längst Massenkultur, und das ist stets ein lukrativer Markt. Snowboarder sind die Partytiere unter den Wintersportlern - ständige Events transportieren die Mixtur aus Feiern, Lifestyle, Sport und Musik.

Doch es gibt auch noch andere Bretter, die für diejenigen, die drauf stehen, die Welt bedeuten: Skateboards. Für Skateboarder gibt es zwei Sorten Menschen: Skater und Nichtskater. Nach außen hin wirkt Skateboarden wie ein Trendsport für Wahnsinnige, Freiübungen für Freaks. Doch Skateboarden ist viel mehr: gleichzeitig Sport und Fortbewegungsmittel, nicht gebunden an Vereine, Trainer, Obrigkeiten - Zeichen einer Zeit, in der Individualismus über allem steht. In den Siebzigern geboren, wird Skateboarden mal als hipper Trendsport ausgeschlachtet, mal für mausetot erklärt. Immer hat sich Skateboarden gerettet, weil es eine eigene Philosophie mitgebracht hat. Eine Geheimwissenschaft, ein "Darum-Wissen" statt eines "Darüber-Reden". Eine Szene von Individualisten, die auch gemeinsam ihr Ding machen. Das Hobby ist Lebensart - und die wird zum Beruf. Beim Berliner "Lodown"-Magazin zum Beispiel hat sich aus dem Vibe des Skateboardens ein völlig eigener visueller Stil geformt. Das gilt für Mode, Grafik, Fotografie und mehr. Das ist selten in einer Zeit, in der alles, was sich vermarkten lässt, bis aufs Mark ausgesaugt wird.

Ähnlich wie die Welt der HipHopper - ein über Jahre hinweg belächelter Underground-Zirkel mausert sich bald zum größten Hit der späten Neunziger.

O-Ton: Dieter Gorny

Dieter Gorny, Jahrgang 1953, übernimmt nach dem Musikstudium den Fachbereich Popularmusik an der Wuppertaler Hochschule und baut 1985 das "Rockbüro NRW" auf. 1989

Brachte Deutschland das Musik-TV: Dieter Gorny bei der Gründung von VIVA

erfindet er als Geschäftsführer die Branchenmesse "Popkomm". Seit 1992 leitet er den TV-Sender Viva. Gorny gilt als einer der Vordenker der Popkultur in Deutschland und gehört im Bundestagswahlkampf 1998 auch zum Beraterteam von Gerhard Schröder.

Haben Sie geweint, als sich Tic Tac Toe und die Spice Girls auflösten?

Nee, warum? Es ist vielleicht Geschmackssache, aber ich denke, es wäre von der Kreativität her bestimmt schlimmer, wenn sich andere Gruppen auflösen würden - R.E.M., U2 oder Die Ärzte zum Beispiel.

Sind Boygroups nun ausgestorben?

Ja, das ebbt ab. Aber Teenie-Idole wird es immer geben. Es wird immer Musik geben, die den ersten Schritt der Teenager aus der Pubertät in die Sexualität hinein erleichtert. Wie ein Teddybär, in den kann ich mich ohne Konsequenzen verknallen. Das ist nie Aerosmith; immer so etwas wie die Backstreet Boys. Allenfalls noch ein bisschen Robbie Williams, wobei der jetzt schon etwas düsterer ist. Der leckt mit der Zunge - igittigitt!

Kann man den Kids alles verkaufen?

Nein. Überhaupt werden die Kids ja dauernd unterschätzt. Man glaubt, sie sind eine unpolitische, beliebig manipulierbare amorphe Masse, die sich ständig von irgendwelchen hippen Marketingexperten völlig neu durchkneten lässt. Das ist Quatsch - die wissen meistens schon ganz genau, was sie wollen und warum sie das wollen.

Von Ihnen stammt der Satz, Pop habe ausgedient als Trägermedium für gesellschaftliche Gegenentwürfe. Stehen Sie weiter dazu?

Ich würde sogar so weit gehen zu sagen, dass wir jetzt wieder einen Schritt zurückgehen sollten: Vielleicht müssen wir dafür sorgen, dass Pop - als winziger Teilbereich dieses Gesamtgebildes der gesellschaftlichen Kultur - wieder gegenentwurfsfähig wird.

Viva dudelt dagegen den ganzen Tag nette Musik vor sich hin. Das brachte dem Sender die Kritik ein, die Kids würden keine CDs mehr kaufen, weil sie die Musik rund um die Uhr kostenlos ins Haus gesendet bekommen.

Ich musste feststellen, dass dies nichts daran ändert, dass die Kids auf ganz bestimmte Sachen sehr scharf sind. Erst gestern hatte ich eine erregte Diskussion im Hause Gorny, weil die Lieblings-CD von meiner Tochter - Xavier Naidoo - verschwunden war. Ich glaube nicht, dass Viva ein Ersatz sein kann für eine klare, produktbezogene Emotion. Im Dance-Bereich mag das zum Teil anders sein. Dance irgendwo hören und Dance kaufen muss nicht so sehr miteinander verknüpft sein. Aber wenn ich mir die Jugend ansehe, spüre ich, dass solche Bewegungen in Zyklen ablaufen. Als Romantiker und Optimist glaube ich daran, dass es einen Backdrop gibt. Dass die Leute wieder in die Oper gehen, wieder Zeitschriften lesen, wieder konkrete musikalische Botschaften bevorzugen werden.

Damit stirbt Techno

Soziologisch gesehen war Techno richtig spannend: Leute rotten sich unter einer Klangglocke zusammen, kommunizieren miteinander - und ehe man daraus kommerziell was machen kann, sind sie schon wieder weg. Vom Demokratisierungsaspekt der Musik war das genau so spannend wie von den Kompositionsstrukturen her. Trotzdem merkt man jetzt: Die Spannung legt sich. Das Phänomen, sich zur Musik bewegen zu wollen, bleibt natürlich bestehen - das hat es auch bei "Saturday Night Fever" gegeben. Aber das Phänomen, dass es zu einer Massenbewegung wird und den gesamten Musikmarkt bestimmt, wird garantiert verschwinden. Schon jetzt schießen wieder personalisierte Acts wie R.E.M. oder Alanis Morissette in den Charts hoch. Wir haben eben keine permanente Travoltaisierung der Pop-Musik, die mit den Bee Gees angefangen hat und nun als Endprodukt "Alles ist Dance" heißt. Im Gegenteil, wir haben Pendelbewegungen, Zyklen.

Dance war die Pop-Musik der Neunziger. Aber dieses Jahrzehnt ist nun zu Ende.
Genau. Das wesentlich spannendere Phänomen war für mich die Entwicklung des deutschen HipHop in den letzten fünf Jahren. Das ist ein eigenständiges Stück Musik, bei dem die Leute am Wort interessiert sind, es sogar verstehen, und das massenhaft in der Lage ist, unsere Zeit zu prägen.

Was wird der nächste große Trend zu Beginn des nächsten Jahrtausends?

Was weiß ich? Der Marketing-Gorny sagt: Viva zwei. Der Gorny-Gorny sagt: Wir werden wohl noch eine Zeit lang damit leben müssen, dass es die großen Trends nicht mehr gibt. Unsere Gesellschaft wird zwar als Mainstream tituliert, ist aber längst nicht mehr dieser kalkulierbare Mainstream. Wir haben noch nie in einer Epoche gelebt, in der wir einen derart demokratischen Zugriff auf jegliche Information hatten, wie heute. Schau dir die Mode an: Wo ist der nächste große Modetrend? Es ist doch ein klares Zeichen, dass dir das keiner sagen kann. Das trifft doch nur die Teens, die gerade erwachsen werden. Die sind natürlich anders, die schnüren sich in enge Klamotten ein. Für die anderen gibt es alles Mögliche parallel. Ich muss in der letzten Zeit ja öfters mal Krawatte tragen und habe gesehen, dass es zwar viele verschiedene Hemdkragenarten gibt, die aber alle in einem klar eingegrenzten Spektrum bleiben. Die Opinion Leader tragen jetzt vielleicht wieder Kragen, die ein kleines bisschen spitzer sind, dann gibt es den sportlichen Typ, der immer Button-down tragen wird, Leute, die alle Polo tragen, die Kentkragenträger - aber alle sind sich ziemlich ähnlich. Natürlich gibt es ein paar Leute, die wieder engere Anzüge tragen, oder kleinere Gruppen, die Achtziger-Jahre-Sachen kaufen, aber diese großen, allumfassenden Modetrends wie früher gibt es nicht mehr. Die Leute sagen jetzt: Hey, ich bin 45 und zieh so einen Scheiß doch nicht an! Ich möchte bequeme Klamotten. Und schon schiebt der Modemacher eine bequeme Linie ein. Diese Chance der Individualität ist gleichzeitig die Tragik, keine großen Trends mehr zu haben.

<12> MADE IN GERMANY
ca. 1995 bis 1999

DEUTSCHLAND AM ENDE DES ZWEITEN Jahrtausends. Eine unüberschaubare Zahl von juvenilen Mikrokulturen buhlt um das nun wichtigste aller Güter: die Aufmerksamkeit. Und doch gibt es in all der Unübersichtlichkeit eine kulturelle Zeitströmung, die als neuer Mainstream das Leben in den und außerhalb der Musikcharts wesentlich prägt: der HipHop als Lebensentwurf, der Rap als die dazugehörige Artikulationsform. Akim Walta von MZEE gehört als Sprayer, Breakdancer, Manager und Musikproduzent zur Gründergeneration - ein echter HipHop-Aktivist eben: "HipHop war für mich ein Weg, rauszukommen aus dieser normalen Anonymität, in der man als Jugendlicher lebt." Zu HipHop - verstanden als geschlossenes Paradigma und ursprünglich entstanden als "CNN der Schwarzen" in den USA - gehört weit mehr als nur Musik. "HipHop besteht schon immer aus der Dreifaltigkeit Musik, Tanz und die Kunst an der Wand", erklärt DJ Rabauke, die eine Hälfte des deutschen Rap-Duos Eins, Zwo. "Ich wollte mich als Jugendlicher halt weiterentwickeln, und HipHop lässt einem da relativ viele Freiheiten." Freiheiten, die auch Smudo, Rapper der Fantastischen Vier aus Stuttgart, immer gesucht hat, aber erst im HipHop findet: "Das ist mein Ding, das ist meine Welt."

Mehr als ein Jahrzehnt nachdem sich die ersten Jugendlichen in Deutschland nachts mit Spraydosen in S-Bahn-Abstellgeländen herumtreiben, entert die dazugehörige Musik in Deutschland auch die Charts. Im September 1992 preschen Die Fantastischen Vier in die Hitparade. "Die da" ist der erste Nummer-eins-Hit, der mit

Sprechgesang in deutscher Sprache hantiert. Rap mit deutschen Texten, lange Zeit belächelt, peinlich oder im Ghetto des politisch überkorrekten Underground gefangen, von heute auf morgen wird er mehrheitsfähig. Und erntet sofort die Kritik der Lordsiegelbewahrer des HipHop. Für Moses Pelham aus Frankfurt-Rödelheim, heute einer der erfolgreichsten Rap-Produzenten des Landes, stand der Feind in Stuttgart: "Für mich waren die Fantastischen Vier vor allem eine Warnung: So machen wir das nicht!"

Und trotzdem ist der inzwischen in Hamburg lebende Smudo mit seiner Band Die Fantastischen Vier das Aushängeschild der zweiten Generation von deutschsprachigen HipHoppern geworden - jener Generation, die mit Charthits wie "Die da" deutschen Sprechgesang massenkompatibel gemacht hat. Ein kurzes Interview mit Smudo:

Haben die Fantastischen Vier den deutschen HipHop erfunden?

Als Fanta Vier prägen wir ganz bestimmt die Jugendkultur mit, aber es wäre arrogant zu behaupten, dass wir den deutschen HipHop erfunden haben. Richtig ist, dass wir ihn populär gemacht haben.

Galten deshalb die Fantas am Anfang ihrer Karriere in der Szene als HipHop-Verräter?

Wir haben einiges auf die Fresse bekommen, weil wir anders waren als die anderen. Wir waren nie groß in diesem Club drin, als wir unsere Musik machten, HipHop-Musik. Wenn du auf einen Jam gegangen bist, wo die ganzen anderen HipHopper waren, haben die ihre Hand in den Schritt genommen und die ganzen Anglizismen nachge-

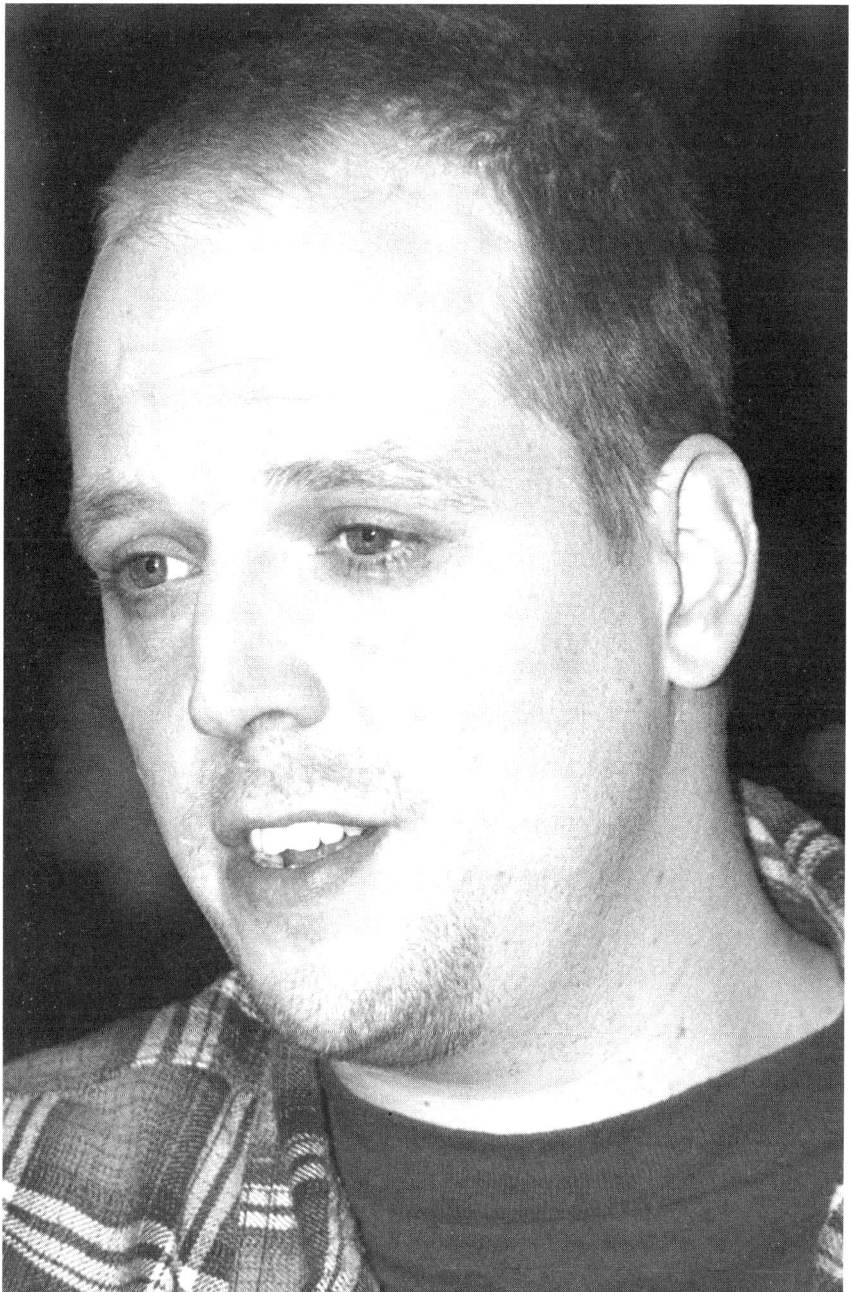

Mit seinen Fantastischen Vier machte er den HipHop massenkompatibel: Rapper Smudo

macht. Das fanden wir irgendwie albern, wir wollten eigen sein. Und dann war auch unser klarer Wille da, Pop-Stars zu werden. Als der große Pop-Erfolg mit 'Die da' kam, gab es einen Grund für viele andere, uns anzupissen. Wir haben eine Geheimwissenschaft, die auch andere für sich beanspruchen, auf eine große Bühne gezerrt, in ein Licht, in dem unheimlich viele Ketzer sitzen, die mit dieser Geheimwissenschaft nicht viel zu tun haben.

Ist es schwer, in den Neunzigern jung zu sein?

Die Neunziger sind beherrscht von Extremitäten - gestern noch Tattoo und morgen schon Branding. Diese zur Schau gestellten Extreme dienen den Jugendlichen zur Steigerung ihres Selbstbewusstseins - aber das gab es schon immer. Im Prinzip ist Rebellion gegen die Eltern immer ein wichtiger Motor für Jugendkultur. Nur, in den Neunzigern kann man nicht mehr richtig auffallen, weil alles so extrem ist, das ist ja nichts Besonderes mehr. Ich glaube, das wird sich ändern. Der Trend zur Schlichtheit wird kommen, ein reiner, untätowierter Körper - wie meiner - wird dann etwas Besonderes sein.

Ihr Bandkollege Thomas D. wäre dann mit seinem riesigen Tattoo über Rücken und Schultern völlig out?

Als ich ihn fragte, warum er seinen Rücken mit einem Tattoo verschönert hat, meinte er: "Bis dahin hatte nur eine Akne meinen Rücken verschönert." Aber auch Thomas ist nur auf der Suche nach sich selbst und macht das mit seinen Mitteln. Für mich kam ein Tattoo nie in Frage, weil mir der Gedanke des Unvergänglichen eher Angst macht.

Wie unvergänglich die Fanta-Hits sein werden, muss sich in der Zukunft erst zeigen. Fest steht allerdings: Ohne den Mut der vier Stuttgarter, deutschen Sprechgesang in einen griffigen Pop-Kontext zu stellen, wäre der deutsche HipHop nicht das, was er jetzt ist - Stammgast in den oberen Rängen der Hitparaden. Auch Dendemann, der Zweite von Eins, Zwo, hat keine Berührungsängste mit der Popularisierung des Rap: "Die Fantas haben selbst gesagt: 'Und selbst wenn es kein HipHop war, war es halt der derbste Schlager, den überhaupt jemand gehört hat. Dann nennt es doch Schlager - aber zumindest haben wir in dem Bereich etwas erfunden, was es so noch nicht gab.' Das waren HipHop-Fans, die einfach ihre Lieblingsmusik gemacht haben." Die Fantas machen diese Lieblingsmusik überall - auch beim Klassenfeind Dieter Thomas Heck in dessen Sendung "Musik liegt in der Luft". Smudo weiß, dass er seit diesem Auftritt bei der Hardcore-Fraktion bis ans Ende aller Tage verschissen hat: "Es gibt Dinge, die wir nie wieder machen würden. Und dazu gehört ganz bestimmt Dieter Thomas Heck." Das Schöne daran: Ist der Ruf erst ruiniert, lebt sich's völlig ungeniert. "Das Tolle ist, dass man durch Reue, die man zeigt, durch Läuterung Authentizität einsammelt."

Eine Authentizität, die sich bei den Fantas vor allem durch ihren ungezwungenen Umgang mit ihrer Lebensrealität einstellt. Die Spätzle-Rapper sind eben keine armen Negerkinder, sondern in wohl geordneten schwäbischen Verhältnissen aufgewachsen. Fanta-Mann Thomas D. bringt das in einem Interview mit MTV in London auf den ergreifend schlichten Punkt: "We are from the Mittelstand, you know?" Die Mittelstandskids aus dem Ländle treten mit Spaß statt Problembewusstsein an. Die Fantastischen Vier stehen für ein neues Selbstverständnis der Rap-Musik. Ein entscheidender Schritt auf dem Weg zu einer eigenen deutschen Identität der HipHop-Kultur. Und genau dieser Schritt war es auch, der selbst Kollegen aus ganz anderen Ecken den Hut ziehen ließ. Campino: "Rap war für mich am Anfang vergleichsweise so etwas wie Punk-Rock für die Blackies in Amerika. Dort machte das für mich Sinn. Als man anfing, das hier zu machen, habe ich mir überlegt, wie das funktionieren soll, ohne dabei pathetisch zu wirken, peinlich zu sein. Und die Fantastischen Vier haben es das super hingekriegt. Sie haben gar nicht versucht, sich als Ghetto-Boys hinzustellen, sondern haben ihre Mittelklasse-Nummer - so wie sie eben sind - gefahren. Das war humorvoll und gut."

Die Recken der ersten Stunde stört eigentlich auch nicht der Erfolg, den die Fantas haben, sondern eher die Reaktion der bürgerlichen Medien darauf. HipHop - das schmerzt die Reinheitsgebotler schwer - wird in einen Topf mit dem poppigen Fanta-Rap geworfen. Akim Walta: "Wenn das von den Medien als Rap bezeichnet worden wäre, dann hätten wir auch nicht so viele Probleme damit gehabt. Aber es war dieses HipHop-Ding, das war uns heilig." Nach dem Vorbild der Zulu Nation des US-Rappers Afrika Bambaata sollte HipHop zu Beginn auch in Deutschland Stimme der Unterprivilegierten sein. Heidelberg und Umgebung sind Anfang der Neunziger eine Hochburg der HipHop-Aktivisten. Advanced Chemistry sind die - nicht immer ganz unverbissenen, aber stets multikulturell auftretenden - Pioniere. Während die amerikanischen Vorbilder Rap-Musik machen, um dem Ghetto zu entfliehen, tun es die deutschen Kollegen - so scheint es -, um das Ghetto für sich zu erschließen. Hören will das aber kaum jemand. Gereimte Sozialkundeaufsätze kommen allzu bemüht daher und bleiben weitgehend erfolglos - die Mülltonnen in den deutschen Vorstädten wollen nicht recht brennen.

Trotzdem, die US-Vorbilder zeigen Wirkung an der deutschen Basis. "Graffiti Wild Style", ein Spielfilm über den New Yorker Sprayer Zoro, erschließt für viele deutsche Kids zum ersten Mal HipHop in seiner gesamten Dimension als Kultur, als kompletter Lebensentwurf mit Rap, DJing, Breakdance und Graffiti. So ernst es ist, so einfach ist es auch. Es geht um das Battle, den Wettstreit, darum, der Bessere zu sein, sich Anerkennung zu verschaffen. "Den Battle-Gedanken gibt es schon länger als den HipHop", erklärt Dendemann. "Den gibt es, seit ein paar Typen auf die Idee kamen, Samstag- oder Sonntagnachmittag raus in den Park zu gehen, dort ein paar TURNTABLES aufzubauen und Musik zu machen. Man hat irgendwann angefangen , schwarze Musik aufzulegen und das Publikum mit Sprechgesang zu animieren. Dabei ging es darum, wie man auf möglichst clevere, humorvolle Weise klarmacht, warum man der Tollste ist. Das war eine reine Animationsgeschichte. Und schon gab es den Battle-Gedanken, weil klar war, dass jemand anders versuchen würde, noch mehr aus den Leuten rauszuholen." Akim Walta bestätigt: "Beim HipHop spielt eigentlich der kreative Aspekt die größte Rolle neben dem Wettkampfaspekt. Das heißt, als HipHop-Aktivist will man aktiv sein, ob es beim Graffitimalen, Sprühen oder beim Tanzen ist. Man will sich weiterentwickeln, will nach oben kommen. Das ist fast wie in unserer normalen Gesellschaft, nur die Mittel sind anders." Auch Moses Pelham benutzt diese Mittel, um auf sich aufmerksam zu machen. "Ich hab am Anfang in keinem Rap etwas anderes gesagt als: Ich bin Moses P., ich bin der Beste, ich kauf mir jetzt eine Goldkette!"

TURNTABLES , sind nichts anderes als stinknormale Plattenspieler, wobei DJs allerdings die belastbaren Geräte der Firma Technics bevorzugen.

Einfache, primitive und preiswerte Produktionsmittel in Verbindung mit einer Idee - dieses Muster ist wie ein roter Faden der Jugendkultur. Für Punk brauchte man eine Gitarre, drei Akkorde und die Wut im Bauch. U2-Sänger Bono genügten "drei Akkorde und die Wahrheit". Und nun, im HipHop, braucht es nicht viel mehr als zwei Plattenspieler, ein Mikrofon und ein gesundes Selbstbewusstsein, um nach oben zu kommen. Um Anerkennung in deiner Gruppe zu erhalten, zählen deine Skills, deine Fähigkeiten.

Vor allem Breakdance lässt HipHop schon um 1984 herum nach Deutschland schwappen. Für viele ist es eine vorübergehende Mode, ein weiterer cooler Trend. Für die Breakdancer ist es natürlich viel, viel mehr. Akim Walta: "Du konntest es überall machen, du konntest in der Schule trainieren. Einmal haben wir ein Battle gegen eine Wiesbadener Gruppe gehabt, und meine Paradeübungen waren der Turtle - auf zwei Händen laufen - und der gesprungene Jump-Turtle. Ich hatte mir aber die Hand verstaucht und musste versuchen, die Figur mit einer Hand zu machen, ohne mich abzustützen - und es hat funktioniert. Auf einmal war ich der Erste, der den einarmigen Jump-Turtle gemacht hat!" Als Einarmiger im Reich der Jump-Turtles König zu sein - diesen Traum träumte ganz kurz auch ein Jugendlicher in Rödelheim. Ganz kurz, wie sich Moses Pelham, längst mit einer eher Turtle-inkompatiblen Leibesfülle ausgestattet, erinnert sich daran, dass auch er der erste, schnellte beste in der Posse sein wollte: "Ich hab damals auch gesprüht und gebreakt - natürlich mit sehr mäßigem Erfolg."

Jenseits von Hitparade und Versandhauskatalog überlebt der HipHop in Jugendzentren und auf HipHop-Jams. Eine eigene, abgeschottete, kleine Szene bildet sich heraus. Hier leben die Säulen des HipHop noch: Breakdancer, Sprayer, DJs, Rapper - HipHop repräsentiert ihr Lebensgefühl, eine Haltung bietet ihnen Heimat. Die Jams sind Treffen Gleichgesinnter - der Posse -, die sportliche Aspekte mit einer ganz eigenen Leichtigkeit des Seins verbinden. Um dich zu verwirklichen, brauchst du nicht viel mehr als deinen Körper und einen glatten Boden. Oder ein paar Sprühdosen und eine Wand. HipHop hinterlässt eine Spur im Betonwald - ein ewiger Drang der Jugendlichen, die im Dickicht der Städte aufwachsen. Zwischen strafbarer Schmiererei und verachteter Kunst sind die Graffiti dort, wo jeder sie sieht, aber nur Eingeweihte sie wirklich verstehen. Ein Teil der Geheimwissenschaft HipHop ist, dass seine Zeichen auf keinen Fall von den Erwachsenen oder gleichaltrigen Nichteingeweihten verstanden werden dürfen. Auch Xavier Naidoo schreibt's an jede Häuserwand und sagt heute: "Wir sind Kinder des Asphaltdschungels; da müsst ihr damit rechnen, dass wir die Wände anmalen."

Bei den Wänden bleibt es natürlich nicht. Bahnwaggons bieten eine hervorragende Möglichkeit, auch HipHoppern anderer Regionen die eigenen Meisterwerke - die Pieces - zu zeigen. Erwischt werden die wenigsten. "Zwischen uns und der Deutschen Bundesbahn gab es ein sehr liebevolles Verhältnis, weil die Bundesbahn uns damals die Flächen zur Verfügung gestellt hat, ohne dass sie es wusste", feixt Akim Walta, stellt aber klar: "Wir hatten einen Grundrespekt in Bezug auf schützenswerte Gebäude. Es ging ja darum, seinen Namen präsent zu machen - und das hat sich bei mir auch eher auf öffentlichen Bahnstrecken bestätigt." Rund 100 000 Sprayer gibt es in Deutschland. Die Verkehrsbetriebe geben jedes Jahr zweistellige Millionenbeträge aus, um Graffiti zu beseitigen. Die Polizei setzt

Sonderkommissionen ein, Sprayern drohen hohe Geldbußen, sogar Haftstrafen. Der Straftatbestand ist eindeutig: Sachbeschädigung. Die künstlerische Komponente einer kompletten Jugendkultur fällt dabei meist unter den Tisch - schließlich hat die Zeichensprache der Sprayer nicht nur eine ganze Generation sondern inzwischen längst auch die bildene Kunst beeinflusst.

Nicht so in der Musik. Ende des Jahrzehnts erlebt der HipHop ein grandioses Comeback in Deutschland. Aus Hamburg und Stuttgart kommen die meisten Bands, die in den Jahren 1998 und 1999 scheinbar aus dem Nichts in die oberen Chartregionen vorstoßen. HipHop einer neuen Generation, die keinen Grund mehr hat, in ihren Reimen Multikulti zu predigen. Für die deutsche HipHop-Szene ist die multikulturelle Gesellschaft längst Realität und selbstverständlich.

5 Sterne Deluxe, Massive Töne, Afrob, Absolute Beginner, Freundeskreis, Der Wolf, Cappuccino, Fettes Brot, Fischmob - allesamt Vertreter einer Generation, für die die Demos, Straßenkämpfe und Hausbesetzungen der Siebziger und Achtziger nur noch eine Seite im Geschichtsbuch sind. Eine Generation, die ebenso selbstverständlich in ihrer Muttersprache reimt, wie sie die Themen aufgreift, die sie berührt. Keine Angst vor Spaß, keine Angst vor Politik, keine Angst vor stilistischen Grenzen. Und vor allem keine Angst vor grundlegenden Erkenntnissen. Smudo scherzt: "Bei Musik geht es nicht um irgendwelchen gesellschaftspolitischen Schnickschnack. Es geht nur darum, dass die Jungs die Mädchen knutschen wollen. Und das geht nur, indem sie interessant sind. Also erfinden die Jungs coole Musikstile, damit die Mädchen sie cool finden."

Rap-Musik hat sich emanzipiert, eine deutsche Identität gefunden. Genau darin liegt der Reiz begründet - und der Erfolg. Grabenkämpfe gehören der Vergangenheit an. Falls doch noch gedisst wird, dann eher aus HipHop-sportlichen Gründen. Moses Pelham hat aus Frust und Enttäuschung ein kleines Imperium geschaffen. Der Rödelheimer gehört zur ersten Rap-Generation in Deutschland. Er stammt aus einer Zeit, in der Rapper selten mehr waren als Garnitur auf Dance-Platten. Pelham ist der Kontrollfreak, der mit Wut im Bauch und Hass in den Augen gegen alles schießt, was sich ihm in den Weg stellt. Und das nicht nur verbal. Viva-Lästermaul Stefan Raab hat im Anschluss an eine "Echo"-Verleihung in Hamburg eine schmerzhafte Begegnung mit der Betonstirn des Rödelheimer Rappers. Den Vorfall lässt Raab über seinen Anwalt so darstellen: "Moses Pelham hat mehrfach in der Öffentlichkeit, zum Teil auch unter Gewaltandrohung, seinen Unmut über die Verulkungen seiner Person durch Stefan Raab in dessen Sendungen bei Viva kundgetan. Im Rahmen der 'Echo'-Feierlichkeiten suchte S. R. das Gespräch mit Moses P. und lud diesen auf einen Drink ein. Moses P. akzeptierte diese Einladung, und es kam zu einem sachlichen Gespräch, in dem S. R. Moses P. versicherte, dass seine Verulkungen, wie bei anderen Künstlern auch, die mit den Mitteln der Satire arbeiten, keinesfalls persönlich gemeint sind. Nach einer circa zehnminütigen entspannten Unterhaltung schlug Moses P. ohne Vorwarnung und ohne jeden Anlass brutal seinen Kopf in das Gesicht von S. R. Als S. R. daraufhin zu Boden stürzte, versetzte Moses P. ihm noch gezielte Fußtritte und Faustschläge, packte S. R. an den Haaren und schlug mehrfach brutal dessen Kopf auf den harten Boden. Erst herbeieilende Helfer konnten Moses P. stoppen. S. R. erlitt dabei eine schwere Gehirnerschütterung sowie einen Nasenbeinbruch, der operativ behandelt werden musste. S. R. hat gegen Moses P., der schon mehrfach wegen

Echo ist der höchste Preis, den die deutsche Schallplattenindustrie zu vergeben hat. Einziges Kriterium, um einen Echo zu bekommen: Wer hat in welcher Sparte die meisten Platten verkauft?

Körperverletzung angezeigt worden ist, Strafanzeige erstattet und wird im Übrigen seine Ansprüche gegen Moses P. zivilrechtlich verfolgen."

Wie immer im Leben gibt es auch bei diesem Zwischenfall eine andere Seite. Moses bestreitet zwar eine "Kopfnuss" für Raab nicht, sehr wohl jedoch den Vorwurf des Nachtretens. "Ich würde mich wirklich gerne als der Rächer der Entrechteten verkaufen - aber diese Sache ging nur ihn und mich was an. Allerdings kamen anschließend eine Menge Faxe und Anrufe von Kollegen mit positiven Reaktionen wie: Es war einfach an der Zeit, dass sich einer mal wehrt. Wenn Raab auf der Straße dem Falschen so blöd kommt, wie er das in den Sendungen mit seinen Gästen macht, könnte er ernsthaftere Verletzungen davontragen. Insofern ist er bei mir noch glimpflich davongekommen. Eine Kopfnuss mag nicht im Einklang mit rechtsstaatlichen Gepflogenheiten stehen, aber durchaus mit alltäglichen Gepflogenheiten draußen in diesem unserem Lande. Wenn der Raab zum Beispiel mit Dieter Gornys Tochter - falls er eine hat - so umgesprungen wäre, hätte Gorny ihn auch gedotzt. Oder zumindest gefeuert. Ich bin sicher nicht nach Hamburg gefahren, um mich an Stefan Raab zu rächen. Es war einfach so, dass ich dort meinen Vergewaltiger damit konfrontiert habe, wie sehr mich seine Angriffe verletzt haben."

Trotz - oder wegen - solcher Skandale geht Moses seinen Weg nach oben unbeirrt weiter. Pelhams 3P-Label ist eine Hitschmiede, ein konsequent und knallhart agierendes Unternehmen, das geschickt den Bekanntheitsgrad seiner Stars nutzt, um die Karrieren neuer Künstler aufzubauen. Xavier Naidoo und die ehemalige "Schwester S" Sabrina Setlur werden zu den neuen Superstars der Nation. Eine "Artist Company" wollen viele Plattenfirmen sein, doch nur auf wenige trifft diese Bezeichnung derart schnittkantenlos zu wie auf das Label 3P. Die drei "P" stehen für Pelham Power Production - und schon dies zeigt, wer Mastermind der Firma ist. Gemeinsam mit seinem Rap-Partner Thomas Hofmann geleitet Moses von der Rödelheimer 3P-Villa aus Acts wie das eigene Rödelheim Hartreim Projekt (RHP), Illmatic, Bruda Sven, Sabrina Setlur oder Xavier Naidoo auf ihren Wegen in die Charts. Wege, die sich drastisch von den ausgelatschten Pfaden des Business unterscheiden. Das liegt vor allem an der ungewöhnlichen Entstehungsgeschichte der Firma: "Am Anfang", erinnert sich Moses Pelham, "waren wir eine Produktionsfirma für unsere eigene Band, die die Kontrolle über das Marketing haben wollte und deshalb zu einem Label geworden ist. Wir haben zunächst für unsere eigenen Bedürfnisse eine Labelstruktur geschaffen, die wir unseren Freunden nun auch zur Verfügung stellen können."

3P ist aber vor allem eines: der Beweis, dass Rap-Musik im Pop-Gewand Ende der neunziger Jahre die zeitgemäße Form des Schlagers geworden ist. Das Problem des deutschen Selbstbewusstseins in Sachen Pop liegt ganz woanders: in der scheinbar mangelnden internationalen Relevanz. Der drittgrößte Musikmarkt der Welt leidet unter einem notorischen Minderwertigkeitskomplex, dessen Herr zu werden man langsam versucht. Nachdem Viva - dem MTV-Vorbild folgend - schon sehr früh damit begann, Acts einmal jährlich mit einem Award ("Comet") auszuzeichnen, legt die Plattenindustrie mit dem "Echo" einen Preis nach, in dem es nur um eines geht: den Erfolg, die Zahl der verkauften Platten. Moses Pelham schleppt 1999 in einem Alukoffer mit der Aufschrift "3P - Mehr Echos" gleich serienweise Preise von der Bühne. "Da passen ja auch nur sechs Stück rein", lacht Moses. "Aber ehrlich gesagt: Wir haben acht von diesen Koffern."

Innerhalb von fünf Jahren durchläuft die Branche einen grundlegenden Wandel: Branchenevents werden zu Weltspektakeln, die "Popkomm" in Köln wird zur wichtigsten Pop-Messe, fünf Musikkanäle flimmern in die Wohnzimmer: Viva, Viva zwei, MTV, VH-1 und Onyx. Auch die großen Privatsender ziehen mit und machen Platz für Pop-Sendungen wie "Bravo-TV", "The Dome" oder "Top Of The Pops". Festivals, Events und Supershows transportieren Musik und Jugendkultur ins Fernsehen. Deutschland ist Pop-Nation und feiert sich nur allzu gerne. Nicht zu Unrecht, denn noch nie waren so viele deutsche Produktionen so weit oben in den Charts wie in den späten neunziger Jahren. Es hagelt Gold- und Platinauszeichnungen. Selbst alte Underground-Heroen gehören jetzt zum Pop-Mainstream. Die Ärzte landen mit dem Sekretärinnen-Schlager "Männer sind Schweine" den größten Hit ihrer Karriere und gehen auf eine ausverkaufte Tournee durch 40 Städte, noch bevor ein einziges Plakat gedruckt ist. Auch Die Toten Hosen begeben sich auf ungewohntes Terrain - sie liefern mit "10 kleine Jägermeister" den unfreiwilligen Sommerhit für den Strand von El Arenal.

Der wahre Meister aber ist Guildo Horn mit seinem (von Stefan Raab produzierten) "Grand Prix"-Hammer "Guildo hat euch lieb". Wunder gibt es immer wieder. Doch das größte Wunder des deutschen Schlagers geschieht am 26. Februar 1998: Der selbst ernannte "Kreuzritter der Zärtlichkeit" gewinnt die nationale Vorentscheidung für den "Grand Prix d' Eurovision". Und er löst einen wahren Schlager-Revival-Hype aus. Die Neunziger als das Jahrzehnt der Revivals spülen mit einem Mal wieder

Foto: WDR

Er war einen Sommer lang „Der Meister“: Schlagersänger Guildo Horn

Schlaghosen und Rüschenhemden, Afri Cola und "Hossa, Hossa!"-Rufe ans Tageslicht. Wie so viele Trends hat auch das Schlager-Revival seine Wurzeln in der Schwulenszene der Großstädte. Bereits 1987 begannen die DJs etlicher Gay-Clubs in Berlin, München, Köln und Hamburg damit, Marianne Rosenbergs "Er gehört zu mir" als letzten Song des Tanzabends aufzulegen. Doch erst mit Guildo Horn bekennen sich immer mehr Clubgänger quer durch ganz Deutschland wieder zu ihrer Sehnsucht nach den großen, gerne auch mal leicht angekitschten Gefühlen - freilich nicht ohne das Hintertürchen der Distanz. "Bad-taste-

Partys" ziehen Tausende heimlicher Schlagerfans an, die aber notfalls immer noch die Ausrede parat haben, "schlechter Geschmack" sei im Moment eben kultig - und dadurch hip. Die Folge: "Griechischer Wein" vereint nun Sozialhilfeempfänger und Studienräte im süßen Rausch der Melodien.

Auf die Plattenverkäufe der alten Schlager-Helden wirkt sich das jedoch nicht aus. Vicky Leandros zum Beispiel verkauft trotz Revival nur noch runde 20 000 CDs von jedem neuen Album, und auch die kommerziellen Erfolge für ehemalige Schlager-Gurus wie Jack White oder Ralph Siegel bleiben aus. Stattdessen bittet eine neue, jüngere Schar von Schlager-Apologeten zur Kasse: Mark'Oh landete mit seiner Techno-Version von Michael Holms "Tränen lügen nicht" einen Riesenhit, der Viva-Moderator Stefan Raab reaktiviert erfolgreich Jürgen Drews für ein Remake von "Ein Bett im Kornfeld", Dieter Thomas Kuhn hebt mit Reinhard Meys "Über den Wolken" ab, und über allem thront der "Meister" - Guildo Horn. In Wahrheit ist er ein Meister des psychologischen Spiels aus Nähe und Distanz. "Zum Geheimtip wurde er", schreibt die "Süddeutsche Zeitung" über Guildo, "nicht nur dadurch, dass er das Potenzial entdeckte, das der deutsche Schlager der Siebziger für die Jugend der Neunziger hat. Sein Auftreten mit wirrem Haar, nacktem, speckigem Oberkörper und Kostümen, die jede Geschmacksgrenze sprengen, ist zu skurril, um ernst genommen zu werden. Und seine Musik und Show sind zu gut, um ihn als bloße Comedy abzutun, die den Schlager lächerlich macht."

Der Horn-Hype verliert jedoch schon am 9. Mai beim "Grand Prix"-Finale in Birmingham mächtig an Fahrt. Horn landet weit hinten, zieht noch eine Tour durch und versucht erst ein Jahr später wieder, mit einem Kinofilm und neuem Album an den

Erfolg des Vorjahrs anzuknüpfen. Das Beispiel Horn zeigt, wie schnell Trendphasen Ende der neunziger Jahre oszillieren. Der "Meister" wird zum Prototyp des Medienprodukts. Bad taste ist das Spiel mit dem Ballermann-Prinzip. Doch die Grenzen zwischen Realität und Satire verschwimmen bei den Fans immer mehr. Dieter Thomas Kuhn hat im Sommer 1999 seine "Schlager-Karriere" freiwillig beendet.

Der Reiz des Revival sorgt wenige Jahre nach der Wende auch in den neuen Bundesländern für nostalgische Seufzer - Ostalgie-Partys boomen. Für Wessis eine fremde Welt, denn sie sind ja mit einer ganz anderen Musik aufgewachsen. Fritz Puppel von City will da nicht mitmachen. "Das ist doch ein Sammelsurium zwischen Kasperltheater und Sehnsucht nach regionaler Befindlichkeit." Freilich steckt mehr dahinter: Eine Generation, die überrollt wurde vom Zug der Geschichte, holt sich mit den Hits ihrer Eltern, mit den Songs ihrer Kindheit, mit den Stars der Ex-DDR ein Quäntchen kulturelle Identität zurück. Tobias Künzel von den Prinzen grinst: "Was hab ich mich amüsiert - plötzlich ist Ost-Musik klasse. Man hat den Staat ja im tiefsten Inneren gehasst und fand das peinlich. Und jetzt stellt man fest, dass es doch gar nicht so peinlich war. Ich gönne das allen Ost-Bands, die jetzt zum lange verdienten Ruhm gelangen. Ich sehe das aber nicht als Ostalgie, sondern als normale Nostalgie."

Volles Rohr retro auch in den alten Bundesländern: Modern Talking schaffen das erfolgreichste Comeback aller Zeiten. Neun Millionen Singles und Alben gehen im Jahr 1999 über den Ladentisch. Mit einer kleinen Bad-taste-Welle sind solche Massenumsätze nicht zu erklären; da muss wohl doch das ganze, breite Volk zugeschlagen haben. Tim Renner: "Ohne den Kollegen Bohlen und Anders zu nahe treten zu wollen:

Modern Talking sehe ich schon im Zusammenhang mit dieser Faszination, die White Trash auslöst. Es gibt in der unteren Mittelklasse plötzlich eine Faszination für Trashigkeit, die sicher durch Modern Talking bedient wird." Diese "untere Mittelkasse" traut sich tatsächlich in Massen aus den Löchern - und feiert sich ganz ungeniert selbst. Die Rache der "Normalos" ist fürchterlich: Bands, die von allen Kritikern totgeschwiegen werden, aber über riesige Fangemeinden verfügen, wie sie treuer nicht sein könnten, füllen die Fußballarenen. Jugendkultur und Volkskultur vermischen sich dort, wo Schlager zum Rock-Ereignis werden. Acts wie Pur und Wolfgang Petry erleben ihr Coming-out - Petry kassiert für sein Album "Alles" Dreifach-Platin und mehr. Ihre Stärke: Sie sind Kumpeltypen aus der Eckkneipe, Menschen wie du und ich. Und solche sprechen sie auch an: Pur und Konsorten sind - regional gesehen - dort am beliebtesten, wo man sogar beim Italiener den Cappuccino mit Sprühsahne serviert bekommt.

Andere Acts haben mit teutonischen Gesten Erfolg. Witt/Heppner ("Die Flut") und vor allem Rammstein bedienen sich germanischer Symbolik. Ist das nur ein Spiel mit Tabus oder - wie ihnen oft vorgeworfen wird - ein unerträglich unbefangener Umgang mit den Idealen dunkler Jahre der deutschen Geschichte? Egal wie man zu dem inhaltlichen Horizont der Wahl-Berliner Rammstein (von Inzest über Kinderschändung bis hin zu SM-Praktiken) stehen mag - musikalisch sind die knallharten Gitarrensample-Riffs ihrer Studioalben voll auf der Höhe des zeitgemäßen Industrial Rock. Dass dieser Sound live von der Band noch nicht einmal annähernd reproduziert werden kann, weiß jeder, der bei einem Rammstein-Konzert schon mal mit dem Rücken zur Bühne stand. Aber darauf kommt es nicht an.

Was einen Rammstein-Gig interessant macht, ist weniger die bemühte Gitarren-Breitwand, es ist die Disneyland-mäßige, rauchende und brennende Inszenierung einer scheinteutonischen Wagner-Oper für den kleinen Mann (und die kleine Frau, sofern sie auf die Fitnesscenter-gestählten nackten Oberkörper dieser Bitterfeld-Dream-Boys steht). Hier zeigt sich die Mad-Max-Show aus NEUFÜNFLAND in ihrer ganzen Opulenz. Und Harmlosigkeit. Ein US-Cop, der angesichts überdimensionaler Plastikpenisse bei einem Rammstein-Konzert in Amerika über die Einhaltung der guten Sitten zu wachen hatte, kommentiert wohlwollend: "Good show - no penetration!"

NEUFÜNFLAND liegt im Osten: Damit werden scherzhaft die fünf Neuen Bundesländer bezeichnet

So schlimm scheint Rammstein nicht zu sein. Heinz Rudolf Kunze zumindest läuft nicht rot an, er bleibt im grünen Bereich: "Ich habe Rammstein in Hannover gesehen - die Show hat mich sehr amüsiert. Das ist ein abwechslungsreiches Vorkriegskabarett - ich meine vor dem nächsten Krieg. Hinter der Bühne sind das ganz liebe und sanfte Typen - ich wünsche ihnen alles Gute. Diese typischen Faschismusvorwürfe kann ich nur lächerlich finden, die sind nicht nachzuweisen. Dass man mit Leni-Riefenstahl-Ästhetik etwas anfangen kann, das muss man Rammstein nicht vorwerfen; die alte Dame kommt auf der ganzen Welt gut an ."

Rammstein wird in den USA für einen "Grammy" nominiert und ist damit sogar über das ganz große Ziel noch hinausgeschossen: Ursprünglich, vor vielen Jahren, waren die Musiker mit einem Industrial-Rock-Demo in der Hand zu ihrer Plattenfirma gekommen und wollten nur eines wissen: Wie schaffen wir es, mit dieser Musik in die "Bravo" zu kommen? Was folgte, war eine der konsequentesten Imagekampagnen der deutschen Pop-Geschichte. Rammstein kamen an - als die Marvel-Figuren des deutschsprachigen Pop.

Nena hat das sofort kapiert: "Rammstein sind für mich so richtige Comicfiguren."

Amerika-Tournee, ausverkaufte Hallen, "Grammy"-Nominierung - das alles mit urdeutschen Texten. Spielen Rammstein Charade mit dem Bild des hässlichen Deutschen? Eine Tour de force der Symbole? "Ach was", meint Campino, "die Amis mögen Unterhaltung. Die mögen auch David Copperfield und Siegfried & Roy. Wenn da nun so ein Siegfried&Roy-mäßiger Fuzzi kommt und ein bisschen Feuer macht, ist das was Tolles." Und auch Tim Renner, Plattenboss von Rammstein, ist weit entfernt von "Ab heute wird zurückgerockt"-Geschrei: "Bei Rammstein geht es nicht darum, dass wir amerikanischen Teenagern Coca-Cola verkaufen wollen. Es ist eher so, dass amerikanische Teenager zum ersten Mal in ihrem Leben Weizenbier verkauft bekommen."

50 Jahre Pop-Musik, 50 Jahre Jugendkultur, 50 Jahre Hysterie, Rebellion und Party. Doch ist das alles wirklich so elementar, wirklich so wichtig? Campino zumindest meint, dass man vielleicht etwas häufiger auch mal ein Auge zudrücken könnte: "Ich glaube, wir alle nehmen Musik als solche zu wichtig - im Verhältnis zu dem, wie es die Gesellschaft sieht. Die Musikindustrie macht im Jahr weniger Geld als die Weihnachtsbaumindustrie. Da weiß man doch schon, wo man steht."

<13> PERSONENREGISTER

I

J

K

L

M